“十四五”全国高等院校采购管理专业规划教材

U0846618

供应商管理

杨　喆　彭永芳　朱艳新　主编

中国财富出版社有限公司

图书在版编目（CIP）数据

供应商管理／杨喆，彭永芳，朱艳新主编．—北京：中国财富出版社有限公司，2021.8（2025.2 重印）

（“十四五”全国高等院校采购管理专业规划教材）

ISBN 978－7－5047－7273－2

Ⅰ．①供…　Ⅱ．①杨…　②彭…　③朱…　Ⅲ．①企业管理—供销管理—高等学校—教材　Ⅳ．①F274

中国版本图书馆 CIP 数据核字（2021）第 166554 号

策划编辑	王　靖　徐　妍	**责任编辑**	徐　妍	**版权编辑**	李　洋
责任印制	尚立业　荀　宁	**责任校对**	杨小静	**责任发行**	敬　东

出版发行	中国财富出版社有限公司		
社　　址	北京市丰台区南四环西路 188 号 5 区 20 楼	**邮政编码**	100070
电　　话	010－52227588 转 2098（发行部）		010－52227588 转 321（总编室）
	010－52227566（24 小时读者服务）		010－52227588 转 305（质检部）
网　　址	http://www.cfpress.com.cn	**排　　版**	义春秋
经　　销	新华书店	**印　　刷**	北京九州迅驰传媒文化有限公司
书　　号	ISBN 978－7－5047－7273－2/F·3332		
开　　本	787mm×1092mm　1/16	**版　　次**	2022 年 7 月第 1 版
印　　张	16	**印　　次**	2025 年 2 月第 3 次印刷
字　　数	409 千字	**定　　价**	49.80 元

总　序

采购供应作为政府、企业等组织满足内部需求的主要途径，是组织运营管理的关键职能。同时，采购供应也是市场资源配置的重要方式，在社会生产、流通和消费等重要环节的衔接中发挥着重要作用。

进入21世纪后，随着经济全球化和跨国经营步伐加快，以及互联网、数字化等信息技术快速发展，企业供应链竞争意识加强，采购供应职能进一步与企业所有业务整合，成为衔接供应链上下游的重要环节。政府、企业等组织对于采购供应这一职能的认识经历了“购买—采购—供应”的发展阶段。采购供应管理的战略目标从传统注重产品本身和价格，开始向采购过程、供需关系、外部资源和供应绩效方面侧重，采购供应逐渐从面向交易的战术职能上升到面向增值、赋能的战略职能。

随着全球社会分工进一步深化、全球供应链体系逐步完善，采购供应职能在企业中的战略地位不断提升。企业对于采购人才的需求也越来越强烈，我国对采购人才的需求与要求在量和质上都有了极大的增长和改变。由于受国内经济发展环境、生产生活资料流通模式变化的影响，相比于国外采购供应管理的教学、研究和实践，我国采购供应管理的理论系统和知识体系起步相对较晚，采购供应管理人才在实际中具有较大的需求缺口。目前，我国采购供应管理知识体系尚未进行系统梳理，核心课程体系没有形成统一标准，缺少本土化采购教材，本科专业建设潜力与物流管理与工程类中物流管理、物流工程以及供应链管理专业相比需要深入系统发掘。

鉴于上述背景，本套“十四五”全国高等院校采购管理专业规划教材以“新文科建设背景下我国采购管理专业本科系列教材”建设为抓手，传承物资管理特色，创新国内采购管理体系，对接国际采购管理标准。坚持“系统性、结构性、前瞻性、特色型和应用性”编写原则，通过合理设计体系、机制，高质量编写第一套具有中国特色的采购管理专业教材，对采购供应管理相关的前沿发展、理论知识、实际案例进行详细介绍，全面阐释采购供应管理在供应链中的影响因素及其作用机理；在政府采购规范与模式、企业采购服务与运行、采购组织管理与体系、采购供应策略与决策、采购认证标准与质量、采购法律制度与道德、采购绩效指标与评价等方面，进行创新性分析。

本套“十四五”全国高等院校采购管理专业规划教材，作为我国第一套自主编写的采购管理专业系列教材，将联动课程体系、培养方案、师资队伍、人才培养等一体化专业建设工作，推进采购管理专业知识体系论的发展，对现代采购供应管理深入学习具有良好的启示意义。同时，培养采购管理专业学生掌握“决策、规划、优化”知识，提升“沟通、协同、实践”能力，具备“国际、应用、创新”素养，成为政府及企事业单位从事采购管理相关工作的“拔尖人才”，有效助力我国采购管理专业建设和高水平应用型采购供应管理人才培养。

本套教材由北京物资学院牵头组织编写。北京物资学院作为我国采购管理教育教学理论和实践、专业建设发展、人才培养体系的开拓者和先锋军，于2010年成立国内第一个采购管理专业，2020年获批国内第一个国际采购与供应管理联盟（IFPSM）国际标准认证。近些年，北京物资学院自主出版了《采购供应管理》等教材，翻译出版了国际贸易中心（ITC）的采购管理国际资格系列认证教材，推进了采购经理人指数（PMI）落地中国。经过多年的专业建设和发展，北京物资学院采购管理专业被评为5星级专业，北京物资学院获批北京市一流本科专业建设点、物流管理与工程类新文科建设点。本套“十四五”全国高等院校采购管理专业规划教材包括《公共采购概论》《供应商管理》《采购模型与技术》《招投标管理》等。

在此衷心感谢每一位专家、老师为本套“十四五”全国高等院校采购管理专业规划教材出版做出的贡献。一切支持与帮助，铭记于心！虽几经努力，但因时间有限，难免有一些错误或疏漏之处，恳请广大读者予以宽容和赐教。

编委会

2022年2月22日

前　言

通用电气公司前 CEO（首席执行官）杰克・韦尔奇说过，在一个公司里，一个好的采购员可以抵得上一个销售团队。由此可见采购的重要性与突出贡献。而这一观点也逐渐被更多的管理者所认可，采购的重要性不言而喻。供应商管理，是采购工作的重中之重，也是供应链运营中不可或缺的关键环节，关系着供应链管理的多个维度，甚至决定着整个供应链管理的成败。

本书创作的初衷在于采购管理专业在国内刚刚兴起，相关教材、书籍缺乏，为了更系统、全面地阐释供应商管理相关知识体系，给学生带来更丰富、有趣的课程体验，提升学生的理解能力。

本书涉及供应商管理概述，供应商开发与评估，供应商合同、交货期、质量管理，供应商绩效考核，供应商关系、风险管理等内容。作为一本采购管理专业教材，内容系统全面，知识体系完善，逻辑架构清晰。

采购管理专业实用性很强，对于教材的实践性、可读性自然要求较高。本书以图文结合的形式，配以多个案例，多个供应商管理制度和方法，多个供应商管理表格，生动、详细地讲述了供应商管理各环节中的策略、方法，方便读者理解、掌握。

本书适合企业管理人员、采购从业者、管理咨询人士、采购培训师及高等院校相关师生，乃至对采购管理感兴趣的人阅读和使用。

在编写过程中，参考了大量的国内外文献资料，除了书后列出的参考文献外，还有许多未能一一列出，在此向文献资料的作者们深表感谢。当然，限于编写时间和编写水平，本书难免有不妥、不足甚至错误之处，还望读者包涵，也请专家、学者予以指正。

编　者

2021 年 8 月

目　录

第一章　供应商管理概述

学习目标

1. 了解供应商定义和分类。
2. 明确供应商管理的定义。
3. 理解供应商管理的必要性。
4. 掌握供应商管理的目标和内容。
5. 了解供应商管理常见的问题。

知识要点导图

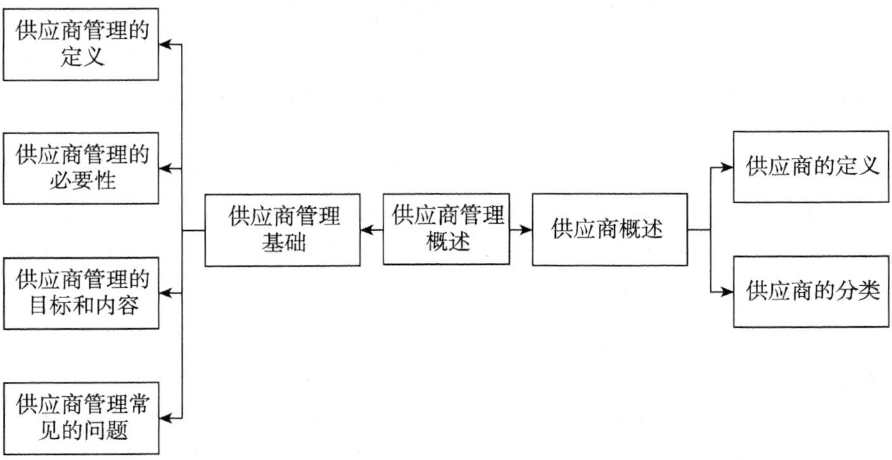

导入案例

谈判内容：公司某类产品所用五金零部件涨价谈判（该五金零部件主要原材料是紫铜和黄铜，将该零部件所用甲款物料、乙款物料等统称为五金物料）。

谈判时间：2 月 24 日至 3 月 6 日。

谈判背景：春节后铜价急剧上涨，飙升至 69600 元/吨（对比去年年底 58000 元/吨的铜价，涨幅为 20%），该零配件所用五金物料的合作供应商共计三家（A、B、C 供应商）。

我刚接手采购该类五金物料的工作，对三家供应商以及对接的工作人员，只是做了初步了解，对三家供应商和我司的关系、工作人员的具体性格以及做事风格不甚了解。但是能够感觉出，A 供应商和 C 供应商的工作人员容易沟通，B 供应商的工作人员不易沟通。

应对措施：由于对对接的工作人员不是很了解，我提前向同事打听，并结合自己和他们接触后的感受初步制定了策略，待谈判时再视具体情况灵活调整，具体过程如下。

1. 提前关注该类五金物料的价格波动情况，预计供应商会提出涨价要求，心理上做了一些准备，也想了一些应对的措辞。

2. 2月24日接到A供应商涨价通知电话后，先告知其其他供应商（竞争对手）均未提出涨价要求，且以当前铜价不稳为由，成功说服A供应商先维持原价，预留观察期，待铜价稳定后再做核算。

3. 立即整理三家供应商物料清单，对比价格，寻找差异，提前了解供应商单价。同步打听和上网查询三家供应商经营状况，尽可能收集市场上该类五金物料的供应情况，初步分析我司对于三家供应商的重要程度。

4. 2月27日收到B供应商涨价10%的申请函，同时被告知，B供应商因价格问题拒接甲款物料订单。因为甲款物料二元化供应商（C供应商）已经完成验证，可转移订单，所以当时我未立即联系B供应商。之后了解到该类五金物料尚有部分库存，短时间内不会影响生产。于是将各供应商价格进行对比，根据物料图纸初步核算后，发现原材料成本预计占比40%~50%，而当前铜价对比上次维护价格时已上涨20%，供应商提出的涨价幅度10%符合实际价格波动趋势。

5. 对于该类五金物料，B供应商系统价格是8元，上涨10%后单价是8.8元；C供应商系统价格是8.5元。2月28日尚未接到C供应商涨价申请，但预计会有涨价要求。当天联系C供应商并告知其有采购需求，需提供最新报价，果然，C供应商要求涨价。我告诉对方，价格目前还是偏高，同时以成功说服A供应商的相同方式说服C供应商，目前暂时维持原价。

6. 与B供应商电话沟通，首先希望用相同方式让B供应商暂时维持原价，然而被对方拒绝，且对方涨价态度坚决。于是我比对铜价涨幅后，再以成本分摊为由，尝试说服其将涨幅降至3%。B供应商仍坚决不同意，且以电镀等其他成本上涨为由，坚持要求上调10%，并拒绝继续谈判。该次谈判未果。

7. 对于甲款物料需求，已与C供应商敲定，维持原价，保住了自己的后路。下单采购甲款物料，C供应商的价格有效可执行，B供应商拒收订单可取消。

8. 一周后，在采购乙款物料时，再次与B供应商沟通价格。本次沟通，B供应商态度缓和，对于上涨10%的要求开始松口，但要求上涨8%，并询问上次取消的订单状况。回复其甲款物料目前暂无需求，只有乙款物料有需求，但其价格上涨8%没有优势。（实际上C供应商对乙款物料的报价高出B供应商现有价格较多，在原材料行情大涨的大环境下，不打算打破C供应商维持原价的现状，而找B供应商谈判。）

谈判结果：B供应商物料价格上涨6%。（考虑点：B供应商目前所供物料优于其他二元化供应商，需先将其稳住并引导其在沟通价格时配合谈判，通过本轮接触了解到B供应商当初态度强势其实并非真的强势，而是对我司订单量期望较大。）

20世纪60年代，供应商管理模式是对有限数量的关键供应商的管理，并且重点进行供应商的质量管理，同时和供应商展开有限合作。再之后，出现了供应商认证、与供应商进行同步双向沟通，开始将供应商融入企业的供应链管理战略。

20世纪80年代以来，国内开始兴起供应商管理研究，学术界根据中国企业发展的特点，逐步扩展供应商管理的内涵和外延，形成了一套具有中国特色的供应商管理理论。随着理论的发展，供应商管理的内涵和外延不断丰富，供应商管理进入了一个新的阶段，涵盖了对供应商的搜寻、开发、评估、选择、使用和控制。

20 世纪 90 年代中后期，供应商管理规则从单赢变成双赢。在新的采购环境下，供应商管理发生了根本性变化，供应商正在从单纯的货物提供者转变为买方的战略性商业伙伴。

目前，我国供应商管理还处于发展阶段。随着行业竞争的加剧，不稳定的供应商关系给企业带来的经营风险也越来越大。实践证明，供应商管理在一定程度上起到整合行业供应链、优化资源配置、增强买卖双方的竞争优势和降低营运风险的作用。

简言之，采购企业与供应商关系的发展是从买卖关系向合作伙伴关系再向战略合作伙伴关系转变的过程。

第一节　供应商概述

一、供应商的定义

供应商是指那些向买方提供产品或服务并收取相应费用作为报酬的实体，是可以为企业生产提供原材料、设备、工具及其他资源的企业。

二、供应商的分类

供应商分类是对不同供应商进行分别管理的首要环节，任何一个企业都不应该用同一个模式去管理所有的供应商，只有在供应商细分的基础上，采购企业才能依据供应商的不同类别实施恰当的管理策略。

为了将有限精力在不同供应商间合理分配，加强管理的针对性，提高管理的效率，不同企业应根据供应商性质、经营业务、自身特点将供应商分类，并依据类别进行切实的关系管理，主要的分类方法如下。

（一）按供应商的重要程度分类（见图 1-1）

1. 重点型供应商

指本企业非常重视供应商，但供应商认为本企业的采购业务对其无关紧要，这样的供应商就是需要引起注意的，叫作“重点型供应商”。

2. 伙伴型供应商

指本企业非常重视供应商，或供应商的业务对本企业十分重要，同时供应商也认为本企业的采购业务对其非常重要，供应商自身又有很强的产品开发能力，那么该供应商就是“伙伴型供应商”。

3. 商业型供应商

指对于那些对本企业和供应商双方而言均不是很重要的采购业务，其相应的采购商和供应商可以很方便地选择和更换，该类供应商就是“商业型供应商”。

4. 优先型供应商

指本企业认为供应商的业务对本企业不是十分重要，可随时更换供应商，但供应商认为本企业的采购业务对其非常重要，这样的供应商对本企业非常有利，被称为“优先型供应商”。

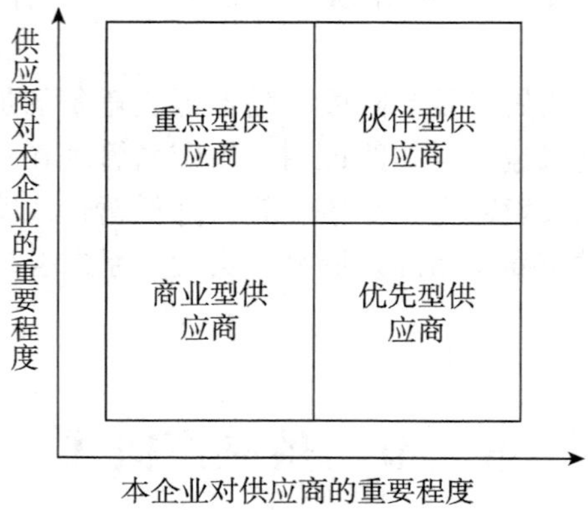

图 1-1　供应商分类图

（二）按 ABC 分类法分类

1. A 类供应商

A 类供应商占总供应商数量的 10%左右，但其供应的物料总价值占企业采购物料价值的 60%~70%。

2. B 类供应商

B 类供应商占总供应商数量的 20%左右，其供应的物料总价值占企业采购物料价值的 20%左右。

3. C 类供应商

C 类供应商占总供应商数量的 60%~70%，但其供应的物料总价值仅占企业采购物料价值的 10%~20%。

（三）按合作关系的深入程度分类

1. 短期目标型供应商

指企业和供应商之间是交易关系，即一般的买卖关系。双方的交易仅停留在短期的交易合同上。双方最关心的是在这一两次的合作中获得利润，而不是未来合作以及双方共赢。

2. 长期目标型供应商

指企业与供应商保持长期合作的关系，双方可能为了共同的利益或未来长期合作而改进各自的工作，并以此为基础建立起超越买卖关系的长期合作伙伴关系。

3. 渗透型供应商

渗透型供应商是在长期目标型供应商的基础上发展起来的，其指导思想是把对方企业看成自己企业的一部分，对对方的关心程度大大提高。通常企业双方会相互投资、参股等，以保证双方利益的共享与一致性。同时，在组织上也应采取相应的措施，如双方指派员工加入对方的有关业务。

4. 联盟型供应商

联盟型供应商是从供应链角度提出的，围绕核心成员建立供应链，企业间的竞争变成了供应链与供应链之间的竞争。其特征是在更长的纵向链条上管理成员之间的关系，双方维持关系的难度更高，要求也更严格。

（四）按综合因素分类

在综合了供应商自身条件、合作情况、社会环境等因素下，可把供应商分为以下几类。

1. 战略供应商

指那些对企业有战略意义的供应商。例如提供技术复杂、生产周期长的产品的唯一供应商。它们的存在对公司至关重要。更换供应商的成本非常高，有时甚至不可能实现。对这类供应商应该着眼长远，培养长期关系。

2. 优先供应商

优先供应商提供的产品或服务可在别的供应商那里得到，但转换成本较高或双方合作较好。因此，企业倾向于使用优先供应商，这是与战略供应商的根本区别。

3. 考察供应商

供应商第一次提供产品或服务给企业，企业对其还不够了解，于是给定期限对其进行考察。考察完成，要么升级为优先供应商，要么淘汰。

4. 消极淘汰供应商

消极淘汰供应商不应该再得到新的采购业务，但企业也不主动把现有业务移走。随着主产品生命周期结束，这样的供应商就自然而然被淘汰出局。如果绩效还可以的话，企业就不主动破坏平衡。从供应商角度来说，产品已在生产，额外的投入不多，也乐于继续支持采购商；从采购商角度来说，重新选择供应商可能成本太高。这样，双方都认识到维持现状是最好的选择。

5. 积极淘汰供应商

积极淘汰供应商不但得不到新的采购业务，而且连现有业务都得移走。这是供应商管理中极端的供应商类别。

6. 身份未定供应商

指供应商的身份未定。在综合评析之后，要么升级为考察供应商，要么划定为消极淘汰供应商或积极淘汰供应商。

管理办法范本 1-1

供应商管理暂行办法

1　总则

1.1　适用范围

本暂行办法适用于国内企业的物料采购供应资源管理，适用对象为企业生产过程中所需物料的供应商。企业控股子公司、合资（合作）公司、境外投资项目的物料采购供应资源管理参照执行。

1.2　企业物料采购供应资源管理实行统一管理、分工负责的管理体制

1.3　管理原则

1.3.1　资源共享。建立企业物料采购供应资源管理系统，在企业层面实现供应资源共享。

1.3.2　资格审查。敞开供应服务大门，广泛吸引有竞争实力且通过资格审查的国内外供应商参与物料采购活动，营造公平公开、透明诚信的市场竞争氛围。

1.3.3　动态量化考评。建立供应商动态量化考评体系，对供应商整体实力、履约情况等方面进行动态考核、量化评价。

1.3.4　实行分级管理，落实采购责任。根据供应商动态量化考评结果，实施星级管理，动态调整供应商星级级别，防控物料供应风险。

2　部门职责与分工

2.1　企业物料供应部门是企业物料采购供应资源归口管理部门，负责制定企业物料采购供应资源管理制度，组建企业统一的物料采购供应资源管理系统，负责企业物料采购供应资源优化管理，对下属各单位物料采购供应资源管理工作进行指导、监督和检查。

2.2　企业下属各单位负责制定本单位物料采购供应资源管理实施细则，负责单位层面物料采购供应资源的管理，负责配合企业物料供应部门对供应商实施动态量化考评。

3　供应商管理方法

3.1　供应商资格审查

3.1.1　根据企业物料采购需求，按照物料类别，供应商自愿申请参与采购活动。

3.1.2　对所有申请参与采购活动的供应商进行资格审查。该审查包括资质审核和现场审查。

3.1.3　资质审核内容包括但不限于供应商的营业执照、组织机构代码证、税务登记证、生产经营许可证、HSE（健康、安全和环境）管理体系认证证书、质量管理体系认证证书等。

3.1.4　对资质审核合格的供应商，一般应进行现场审查，并视供应商变化情况调整，实行动态管理。现场审查内容包括但不限于供应商的基本资质、设计研发能力、生产能力、检验能力、仓储运输能力、质量保证体系、售后服务体系等。

3.1.5　资格审查合格的供应商，按照企业物料分类标准与代码，向其发放物料类别目录。

3.2　供应商动态量化考评

3.2.1　建立供应商动态量化考评体系，实时评价交易供应商整体实力和履约情况，促使供应商重视其供应服务质量。

3.2.2　将供应商动态量化考评结果记入供应商档案，作为调整供应商并对其实行动态管理的依据。

3.3　供应商分级管理

3.3.1　按照物料类别，对供应商实行分级管理。赋予不同星级供应商不同的供货范围、品目。

3.3.2　根据供应商动态量化考评结果，及时调整供应商星级，并纳入后续物料采购供应资源管理。

3.4　供应商违约处理

3.4.1　实行违约供应商“零”报告制。供应商在质量、服务、交货、廉洁从业等方面发生违约问题的，在规定的时间内向企业物料供应部门上报。

3.4.2　针对用户对履约情况评价为非常差的，以及被相关方投诉举报的、下属各单位上报违约行为属实的供应商，根据对企业生产建设的影响程度，给予通报降级、暂停交易资格或取消供应商资格等处罚。

4　重点管控内容

4.1　企业下属各单位物料供应部门要主动发现优秀供应商，拓宽物料供应渠道，不断提高物料供应保障能力，促进企业生产。

4.2　对供应物料用于生产装置、涉及生产安全的供应商，原则上应进行现场验收。现场验收应集中讨论、集体评价，形成现场验收结论，并由现场验收小组成员全体签字确认。现场验收小组由熟悉供应物料的技术、经济人员构成，人数为3人以上单数。

4.3　对供应商实行动态管理，不断吸收技术先进、管理规范、业绩优良的供应商，并不定时淘汰不合格供应商，优化企业供应商结构。

4.4　通过竞争方式择优选择供应商，坚持从制造商中直接采购，控制或限制从中间商（流通商、代理商）采购。严格控制指定采购和独家采购，必要时，应详细说明采购理由并由企业负责人或采购主管领导确认。

5　监督与检查

5.1　企业物料供应部门通过物料采购供应资源管理检查、物料供应绩效考核等方式，对各单位物料采购供应资源管理工作进行监督、检查。

5.2　企业纪检、监察、审计等部门，按国家相关法律、法规和政策，对企业物料供应部门进行监督，查处采购过程中的违法、违规、违纪行为，按国家相关法律、法规和政策追究相关人员责任。

第二节　供应商管理基础

一、供应商管理的定义

供应商管理是对供应商的了解、选择、开发、控制和使用等综合性管理工作的总称。其中，了解是基础，选择、开发、控制是手段，使用是目的。

二、供应商管理的必要性

（一）有利于企业提升核心能力

企业之间的竞争已经变成了供应链与供应链之间的竞争。供应商已经成为一种战略筹码，供应商管理也成为提高企业竞争力的有效手段，谁拥有具有独特优势的供应商，谁就能赢得竞争优势。

随着企业越来越注重核心能力的培养和核心业务的开拓，从外部获取资源，通过供应商介入新产品开发以提升自身的核心能力的情况也逐渐增多。

（二）有利于降低商品采购成本

有研究表明，采购成本在企业总成本中占据着相当大的比重。对美国制造企业而言，原材料采购成本一般占产品成本的40%～60%，大型汽车制造企业的这一比例更高。研究报告指出，采购成本所占比例将随着核心能力的集中和业务外包比例的增加而增加。

而供应商作为供应链中的结盟企业直接关系着产品的最终成本。一些采购经理预测，未来5年，竞争压力将迫使制造企业每年降低5%～8%的产品成本（除去通货膨胀因素）。但这仅仅依靠制造企业是无法实现的，制造企业必须与供应商联合才能实现产品成本的降低。

（三）有利于提高产品质量

研究表明，30%～50%的质量问题是由供应商引起的。因此，提高原材料、零部件的质量是提高产品质量的有效手段。

（四）有利于协调库存

减少库存的压力使制造企业将前端库存转嫁到供应商身上，将后端库存转嫁到销售企业身上，这不利于合作伙伴关系的建立，而供应商管理可以有效协调库存。

（五）有利于缩短交货期

据统计，80%的产品交货期延长问题是由供应商引起的。因此，供应商管理能够从源头缩短产品交货期，保障产品供应。

（六）有利于新产品开发上市

要想缩短新产品上市时间，仅仅依靠制造企业的核心能力是远远不够的，与供应商合作已势在必行。在开放性的动态信息交互环境下，面对市场需求的变化，如果供应商能够做出快速反应，则可提高制造企业的应变能力。

（七）有利于准时化采购的实现

供应商与制造企业的合作关系对于准时化采购的实施是非常重要的，只有建立良好的供需合作关系，准时化采购才能彻底贯彻和落实，并取得预期的效果。

三、供应商管理的目标和内容

（一）供应商管理的目标

供应商管理的主要目的就是建立起一支稳定、可靠的供应商队伍，为企业提供可靠的物料。为了执行方便，可将这个总目标分解为以下分目标。

（1）以合适的成本获得符合企业质量和数量要求的产品或服务。

（2）确保供应商及时送货并提供最优服务。

（3）开发潜在的供应商。

（4）及时对供应商进行考核和评价，激励供应商提高供应质量。

（5）定期与供应商进行互访，发展和维持良好的供应商关系，保证采购的顺利进行。

（二）供应商管理的内容

供应商管理的主要内容如下。

1. 主动、有步骤地开发供应商

采购部门需要依据企业年度生产计划以及供应商信息库现状，初步制订供应商开发进度计划，主动按计划进行供应商信息的拓展和置换，以保证合格供应商信息的有效性和真实性。

2. 严格评审和选择供应商

采购部门在评审前需要确定评审目标、范围、细则、流程和评委等，严格按照供应商评审的流程对所有拟申请的供应商开展公开、公平、公正的审核，详细记录评审意见，而后按照评审结果进行合格供应商的选择。

3. 加强供应商日常管理

加强供应商订单管理、交货期管理，确保按时交货；加强供应商质量监管、严格要求来料验收和进货检验；注重供应商谈判、招投标管理、风险管理等；注重供应商日常管理数据收集和分析。

4. 加强合同管理和监管

关注合同内容，加强合同审查，做好合同管理日常工作；建立合同管理制度并严格执行，做好合同授权、廉政合同签订等工作。

5. 定期和全面评价供应商

在业务合作过程中，企业应制定完整的供应商评价指标，包括供应商的供货价格、产品质量、服务状况、企业资质等，采购部门应结合需求部门、工程部门、技术和质量部门等评价意见对合作供应商进行评价，以全面掌握合作供应商的绩效状况，优胜劣汰，提高优质供应商的比例。

6. 及时反馈评价意见

结合供应商评价信息和定期评价意见，采购部门应及时和公平地公布评价信息，包括各类供应商名录及意见，促进供应商及时完善自身管理和服务，提高自身竞争力。

7. 开展供应商关系管理

因资源有限，采购部门需依据采购物料的类别、供应商的重要程度、合作关系的紧密程度等因素对所有供应商分类并对供应商实行差异化关系管理和控制。

参考资料 1-1

采购员小李发现内部供应商很难管理。在小李手头管理的 20 多家供应商当中，事情最多的就是一家内部供应商。交付不及时、质量问题不做改进、配合程度低，可谓问题多多。小李认为该做的都做了，无论是好言相劝，请求其配合，还是向其总经理反映情况，该供应商就是不配合。

小李利用总公司领导班子开会的机会，将供应商的总经理、本公司的领导及总公司领导找来，现场开会进行讨论。当时供应商的总经理非常客气，说："有什么问题直接找我，我帮你解决。"当场向总公司领导做出保证，但还是没有用，问题依旧得不到解决。

这家供应商 80%的产品都是给本公司的，价格比市场价格便宜 20%左右，这个价格不光是历史原因造成的，也是总公司制定的。

小李也想过在市场中找新的供应商，但市场上供应商的价格比较难谈，再说容易出现问题，小李认为风险很大。毕竟本公司的领导也很不赞同找新的供应商，希望小李把工作做好，让内部供应商做出改善，不到万不得已，不要轻易替换。

在一次公司内部讨论会议中，本公司的销售主管对小李说："其实我们的内部客户也很难管理，他们的要求稀奇古怪，什么要求都敢提，我们做不到就说我们不配合，然后到总经理那里告状，说是紧急订单，要求马上供货。还常常跑到生产线上，将生产线上的单子截下，把自己的订单插进去，打乱了我们的生产秩序。而且内部客户的订单也不规范，说改马上改，说要马上要，眼睛都不眨一下，好像我们是神仙似的，什么都能变出来，愁死了。"

小李心想：我可不像销售主管讲的那样，我的要求都是合理的，看来我们公司是在上下游中间夹着受气。

结合上述资料，分析如何管理内部供应商。

四、供应商管理常见的问题

在传统买卖关系对立的意识形态下，企业过去经常把与供应商的关系置于你进我退的单赢局面，供应商管理的核心主要集中在如何降低采购价格上。如今，企业逐渐认识到供应链一体化在竞争中的重要性，越来越重视与供应商合作共赢。尽管与供应商的关系不断发展，但很多企业对供应商的管理依旧存在着很多的问题，常见的问题如下。

（一）缺乏供应商战略规划

企业很少把采购及供应商管理纳入企业整体战略中，也很少有企业将采购管理提升到战略管理的高度。企业大多缺少长期的供应商发展规划，供应商管理同企业的战略也缺乏联系。

（二）一味压价，注重短期利益，缺乏共赢观念

近年来，采购成本居高不下，而采购管理必然重视成本，部分企业过于关注成本降低，无节制压低供应商价格，以此提高自身成本竞争优势。但如此可能导致供应商因无利可图而被迫停止供货或以次充好。

企业过于注重短期利益，与供应商的关系停留在竞争或交易层面，缺乏共赢观念，难以长期合作。

（三）频繁更换供应商

部分企业认为，更换供应商易如反掌，有太多的中小企业等着成为它们的供应商。在不断更换供应商的过程中，企业确实能够从中得到好处，尤其是价格方面。但缺点显而易见，即在供应链整体能力提升方面无所作为，同供应商关系不稳定，供应商缺乏安全感可能导致供应商没有动力改进服务等。

（四）缺乏完整的供应商考核体系

部分企业缺乏供应商分类体系与完整的供应商考核体系。供应商数量庞大，企业无法获知每个供应商的具体表现。即使有供应商考核体系，也缺乏持续有效的跟踪和改进。

（五）对供应商多审核监管，少辅导支持

许多企业抱怨，供应商能力低下，交货品质等达不到要求。面对问题，企业更多的是加强审核、监督或加重惩罚，缺少对供应商的辅导或很少帮助供应商提升管理水平，导致

供应商能力提升缓慢，考核和处罚还会增加双方的不信任感，以致相互推诿的现象发生。

（六）缺少日常供应商关系管理机制

很多企业都缺少一套完善的日常供应商关系管理机制，未能使得供应商管理日常化、规范化、制度化，这不仅给企业的采购业务带来了很多负面的影响，也使得企业很难建立起真正意义上的供应系统，很难提升企业在市场上的竞争力。

管理制度范本 1-1

××企业供应商管理制度

第一节 供应商选择与评审

一、总则

1. 制定目的：选择合格的供应商并对其进行持续监督，以确保其能为企业提供合格的产品与服务。
2. 适用范围：本制度适用于给企业提供产品与服务的所有供应商。
3. 权责范围：

（1）采购部、品质部、技术开发部负责对供应商进行评审。

（2）采购部、品质部负责对供应商进行考核。

（3）总经理负责合格供应商的审批工作。

二、合格供应商的标准

审批合格供应商时，应按照以下标准综合考虑。

1. 供应商应有合法的经营许可证，应有必要的资金筹措能力。
2. 优先选择按国家标准建立质量体系并已通过认证的供应商。
3. 对于关键物料，应对供应商的生产能力与质量体系进行考查，其中包括下列五个方面的要求。

（1）进料的检验是否严格。

（2）生产过程的质量体系是否完善。

（3）出厂的检验是否符合我方要求。

（4）生产的配套设施、生产设备是否完好。

（5）考察供应商的历史业绩及主要客户，其产品质量应长期稳定、合格，主要客户最好是知名的大型企业。

4. 具有足够的生产能力，能满足本企业连续的需求及进一步扩大产量的需要。
5. 能有效处理紧急订单。
6. 有具体的售后服务措施且令人满意。
7. 同等价格择其优，同等质量择其廉，同价同质择其近。
8. 样品通过试用且合格。

三、供应商的评审程序

1. 供应商初步评审

（1）品质部、采购部、技术开发部及其他部门视企业实际需求寻找适合的供应商，同时收集多方面的资料，如质量、服务、交货期、价格等方面的资料，并要求有合作意向的供应商填写“供应商基本资料表”。

（2）采购部对“供应商基本资料表”进行初步评审，挑选出值得进一步评审的供应商，召集本部门、品质部及技术开发部相关人员对供应商进行现场评审，现场评审时使用“供应商现场评审表”。

（3）在对供应商进行初步评审时，采购部须确定采购的物料是否符合政府法律法规要求和安全要求，对于有毒品、危险品，应要求供应商提供相关证明文件。

2. 供应商的现场评审

（1）根据所采购物料对产品质量的影响程度，可将采购的物料分为关键、重要、普通物料，对不同级别的物料实行不同的控制等级。

（2）对于提供关键与重要物料的供应商，采购部组织品质部、技术开发部对供应商进行现场评审，并由采购部填写“供应商现场评审表”，品质部、技术开发部签署意见，供应商现场评审的合格分数为70分。

（3）对于普通物料的供应商，无须进行现场评审。

四、“供应商质量保证协议”的签订

1. 采购部负责与供应商签订“供应商质量保证协议”。

2. “供应商质量保证协议”一式两份，双方各执一份，作为供应商提供合格物料的一种证明。

五、提出样品需求

1. 若企业相关部门有样品需求，部门人员需填写“样品需求申请单”报部门负责人审核，并由领导审批后，由采购部采购人员通知供应商送交样品，品质部相关人员需对样品提出详细的技术质量要求，如规格、包装方式等。

2. 样品应为供应商在正常生产情况下生产出的代表性产品，数量应多于两件。

六、样品的检验

1. 样品在送达企业后，由技术开发部、品质部负责完成样品材质、性能、尺寸、外观、质量等方面的检验工作，并填写“样品检验确认表”。

2. 经确认合格的样品，需在样品上贴“样品”标签，并注明“合格”。

3. 合格的样品应至少为两件，一件返还供应商，作为供应商生产的依据；一件留在品质部，作为今后检验的依据。

七、确定合格供应商的名单

1. 在完成“供应商基本资料表”“供应商现场评审表”“供应商质量保证协议”和

“样品检验确认表”四份资料后，采购部将供应商列入合格供应商名单，交公司总经理批准。

2. 原则上一种物料需暂定两家或两家以上的合格供应商，以供采购时选择。

3. 对于唯一供应商或独占市场的供应商，可直接列入合格供应商名单。

4. 接单生产时，如果客户指定供应商，采购部采购人员必须按客户提供的供应商名单进行采购。

5. 适时对供应商进行考核，并根据考核结果修订合格供应商名单，修订后的合格供应商名单经公司总经理批准后生效。

八、供应商档案管理

1. 采购部负责建立供应商档案，使用部门予以配合，每个选定的供应商必须有详尽的档案。

2. 供应商档案由采购部指定人员负责管理，未经采购部经理允许，任何人员不得随便查阅。

3. 供应商档案包括“供应商基本资料表”“供应商现场评审表”“供应商质量保证协议”，供应商所提供的合格证明、价格表及相关资料等。

第二节　供应商政策的执行、反馈与变更

一、供应商政策的执行、反馈

供应商管理相关部门在接到供应商政策执行通知书后，须按规定执行，并严格遵守保密制度。在政策执行的过程中，若发现任何问题，应立即反馈给采购部。

二、供应商政策的临时性变更

1. 在出现下列情况时，经过企业常务副总经理的书面同意后，可对某些供应商的政策作临时性变更。

（1）某供应商的发展战略或地域销售政策发生对企业有利或不利的重大调整。

（2）某供应商决定把企业作为重要客户。

（3）重要供应商出现经营危机。

（4）市场供应价格发生剧烈波动，使供应风险骤然加大，供需双方相应做出重大的政策调整。

（5）其他需作临时性变更的情况。

2. 临时性供应商等级变更应填写“供应商等级变更申请表”，并在表格右上方注明“临时”字样和变更时限。

3. 一旦临时性变更结束，应立即恢复其原有等级，如仍需继续保留临时性等级，需报总经理特批，并于本季度内在供应商评审会议上通过。

第三节 建立供应商质量体系

一、对供应商质量体系的开发

每年由采购部组织供应商学习质量体系标准，并要求供应商制订质量体系推行计划，同时通过质量体系认证。

二、供应商质量体系的评定

1. 重要、关键物料的供应商每年评定一次，普通物料的供应商每两年评定一次。

2. 品质部制订评定计划，采取评定小组（由采购部、技术开发部和品质部成员构成）现场评定或供应商自我评定的办法。

3. 按质量体系制定“供应商质量体系评定表”，并列明评定内容。

4. 如果供应商通过了质量体系的第二方或第三方认证，需提供认证证明资料（证书或报告）。

第四节 供应商的评鉴规章

一、总则

1. 制定目的：为规范对合格供应商的日常评鉴，使供应商管理更合理、公正，特制定本规章。

2. 适用范围：对合格供应商的评鉴，除另有规定外，悉依本规章执行。

3. 权责单位：

（1）采购部负责本规章制定、修改、废止的起草工作。

（2）总经理负责本规章核准工作。

二、供应商评鉴程序

1. 评鉴项目

供应商交货实绩的评鉴项目及分数比例如下（满分 100 分）。

（1）品质评鉴：40 分。

（2）交货期评鉴：25 分。

（3）价格评鉴：15 分。

（4）服务评鉴：15 分。

（5）其他评鉴：5 分。

2. 评分办法

（1）品质评鉴。

由品质部依据进料验收的进料批次合格率评分，每个月进行一次。计算公式如下。

进料批次合格率＝（检验合格批数/总交验批数）×100%

品质评鉴得分＝40×进料批次合格率

（2）交货期评鉴。

由采购部依据订单规定的交货期进行评分，评分标准如下。

A. 如期交货得 25 分。

B. 延迟 1~2 日每批次扣 2 分。

C. 延迟 3~4 日每批次扣 5 分。

D. 延迟 5~6 日每批次扣 10 分。

E. 延迟 7 日以上不得分。

本项得分以 0 分为最低分，采购部每月将同一供应商当月各批订单交货评分进行平均，得出该月的交货期评鉴得分。

（3）价格评鉴。

由采购部对供应商的价格水准进行评分，评分标准如下。

A. 价格公平合理，报价迅速：10 分。

B. 价格尚属公平，报价缓慢：8 分。

C. 价格偏高，报价迅速：6 分。

D. 价格偏高，报价缓慢：3 分。

E. 价格甚不合理或报价十分低：0 分。

（4）服务评鉴。

抱怨处理评分，由品质部对供应商的抱怨处理予以评分，评分标准如下。

A. 诚意改善：8 分。

B. 尚能诚意改善：5 分。

C. 改善诚意不足：2 分。

D. 置之不理：0 分。

（5）其他评鉴。

由采购部汇总资料，制造部、财务部或其他部门对供应商予以评分，满分 5 分。

3. 评鉴办法

（1）供应商的评鉴每月进行一次。

（2）将各项得分汇入“供应商评鉴表”，并合计总得分。

（3）每半年评鉴一次供应商平均得分，计算方式如下。

平均得分=每月得分总和÷6。

4. 评鉴分等

供应商评鉴等级划分如下。

（1）平均得分 90.1~100 分者为 A 等。

（2）平均得分 80.1~90 分者为 B 等。

（3）平均得分 70.1~80 分者为 C 等。

（4）平均得分 60.1~70 分者为 D 等。

（5）平均得分 60 分以下者为 E 等。

5. 评鉴处理

（1）A 等供应商为优秀供应商，给予付款、订单等方面的优惠奖励。

（2）B 等供应商为良好供应商，由采购部提醒其改善不足。

（3）C 等供应商为合格供应商，由品质部、采购部等部门予以必要辅导。

（4）D 等供应商为辅导供应商，由品质部、采购部等部门予以辅导，三个月内未能达到 C 等予以淘汰。

（5）E 等供应商为不合格供应商，予以淘汰。

（6）被淘汰供应商如欲再向本企业供货，需再经过供应商调查评估。

本章小结

1. 供应商是指那些向买方提供产品或服务并收取相应费用作为报酬的实体，是可以为企业生产提供原材料、设备、工具及其他资源的企业。

2. 供应商分类的方法有：按供应商的重要程度分类、按 ABC 分类法分类、按合作关系的深入程度分类、按综合因素分类等。

3. 供应商管理是对供应商的了解、选择、开发、控制和使用等综合性管理工作的总称。其中，了解是基础，选择、开发、控制是手段，使用是目的。

4. 供应商管理有利于企业提升核心能力，有利于降低商品采购成本，有利于提高产品质量，有利于协调库存，有利于缩短交货期，有利于新产品开发上市，有利于准时化采购的实现。

5. 供应商管理的内容有：主动、有步骤地开发供应商，严格评审和选择供应商，加强供应商日常管理，加强合同管理和监管，定期和全面评价供应商，及时反馈评价意见，开展供应商关系管理等。

综合案例分析

福喜事件

2014 年 7 月，东方卫视披露，记者卧底两个多月发现，麦当劳、肯德基、必胜客等国际知名快餐连锁店的肉类供应商——上海福喜食品有限公司（简称“上海福喜”）存在大量采用过期变质肉类食品原料的行为。通过回锅重做、更改保质期标印等手段加工过期变质肉类原料，再将生产的麦乐鸡块、牛排、汉堡肉等售给肯德基、麦当劳、必胜客等快餐连锁店。

上海福喜工作人员甚至表示：“过期也吃不死人。”为应付检查，上海福喜还做了对内、对外两本账。报道后，有关部门连夜查封“涉事”企业，封存并停用相关食品。

“涉事”企业回应

百胜：已要求旗下肯德基、必胜客餐厅即刻封存并停用由上海福喜提供的所有肉类食品原料。

麦当劳：已全面停用上海福喜供应的所有食品原料。

德克士：全国餐厅封存下架上海福喜生产的火腿片，并停止贩售早餐火腿三明治。

赛百味、华莱士：从未使用过上海福喜供应的肉类食品原料。

宜家：从 2013 年 9 月起，上海福喜食品有限公司不再为宜家提供任何食品原料。

星巴克：星巴克中国仅有一家供应商的一款产品中的鸡肉原料来源于上海福喜，这款产品目前已全部下架。

事发后肯德基、麦当劳、必胜客涉事产品全部下架、大面积供应中断；赛百味、华莱士迅速撇清关系，甚至放出供应商名单，以显示自己同上海福喜无关。

上海福喜被合作伙伴抛弃

福喜与麦当劳的合作始于1992年，在麦当劳第一家在华餐厅开业之后不久，可谓是和麦当劳共同成长。合作多年，双方是从不签署协议的长期战略合作伙伴，麦当劳事后声明上海福喜刻意隐瞒定期审查和第三方审查真相，然而大众仍难消疑惑。

在上海福喜过期肉丑闻曝光后，麦当劳已经在中国市场更换了其最大的供应商，并且在中国政府对上海福喜的调查结果公布后，麦当劳可能重新考虑与上海福喜的长期合作关系。

9月2日，麦当劳中国宣布，已经完成了国内肉类食品原料供应商的重新筛选。铭基、嘉吉、荷美尔、海神叉和圣农五家企业成为麦当劳中国的最新供应商。

这意味着，麦当劳长期以来所形成的单一供应商依赖症开始松动，麦当劳意识到食品安全管理系统也需要与时俱进，以适应食品安全领域的新环境。为此，麦当劳将制定一系列的措施来完善食品安全管理系统，以防止类似事件再次发生。

结合所学知识，分析以上案例给我们什么启示。

第二章　供应商开发与评估

学习目标

1. 理解供应商开发的定义与重要性。
2. 掌握供应商开发的流程。
3. 了解供应商选择与评估方法。
4. 熟悉供应商评估内容。
5. 学习供应商审核流程。
6. 了解供应商审核要点和注意事项。
7. 明确供应商产品质量认证的环节和程序。

知识要点导图

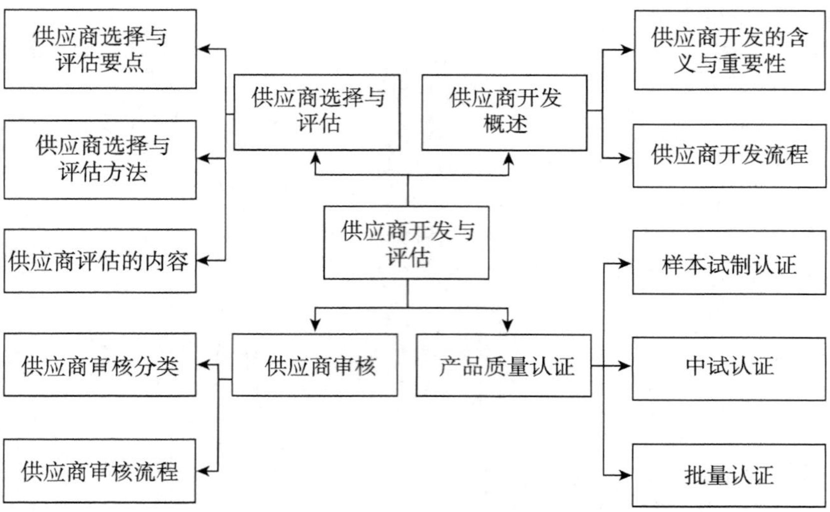

导入案例

老王今年41岁，作为中型外企的采购经理，他以严谨和权威著称。他喜欢登山，喜欢挑战，喜欢事无巨细地把控工作。老王不会与任何供应商发展特殊关系，不会袒护任何供应商的错误，对下属提交的每个订单和合同都会严格审查，对别的部门推荐的供应商首先持怀疑态度。在公司里，老王没有朋友。老王认为自己不需要朋友，因为老王觉得自己足够强，业绩足够好，足够廉洁奉公。可是，公司来了新的总经理。

总经理在上班的第一天就把老王请到办公室，非常亲切地推荐了三家供应商。第一家是做废品回收的，总经理说这是别人向他推荐的，要老王务必使用；第二家供应商是做管路连接的，总经理说这是本市最专业、最可靠的供应商，要老王重点考虑；第三家供应商是做太阳能发电的，总经理说这涉及节能环保项目，今年一定要上，要老王尽快签订合同。出于好奇，老王决定亲自调查一下这三家供应商。

老王给第一家供应商打电话，询问废品处理地点，并要求勘查现场。对方在电话那头支支吾吾，老王隐隐觉得可疑，于是坚持要去现场。第二天，对方把老王带到一个很大的场地。老王看到有20多名工人在分拣废钢，于是问对方废钢从哪里来、怎么分拣、卖给谁，对方竟一概不知。较真的老王疑心更重了，要求对方证明其与该供应商的雇佣关系。在老王的逼问下，对方说出实情，原来他是总经理的弟弟，没有工作，找了一家有资质的废品回收商挂靠，只是为了赚点“对缝钱”。老王在震惊之余，决定不使用该供应商，并与对方断绝联系。

紧接着，老王联系第二家供应商，即所谓的做管路连接的供应商。这次更“方便”，因为该供应商根本没有办公场地。老板全家早就移民了，留了一个所谓的项目经理到处接项目、搞“对缝”。更可怕的是，该供应商实际上是做消防栓安装的，跟管路连接没有一点儿关系。老王心想，如果施工出现问题，根本找不到责任人。于是，老王决定不使用该供应商。

最后，老王去拜访第三家供应商。这家供应商还算不错，是一家全国知名的太阳能发电公司，虽然在当地刚刚开展业务，但产品和团队是成熟的。不过，在跟对方交谈的过程中，对方明显没有把老王放在眼里。显然，他们已经跟总经理谈好所有条件了，一副赶快签合同少废话的态度。老王心里不痛快，回到公司后决定再找两家太阳能发电公司进行招标。这一招标，问题就暴露出来了，因为另外两家公司不仅报的电价高，而且可以免费维修屋顶。于是，老王决定推荐更有竞争力的供应商。

老王拜访完这三家供应商之后，总经理再也没有向他推荐任何供应商。后来，老王登山时不小心摔伤了腿，住院休养了两个月。再回到公司时，同事们都用异样的眼神看着他。当他走进自己的办公室时，发现部门里的一名主管正坐在他的位置上。老王这才知道，自己已经被调到物流部做经理。老王冲进总经理办公室质问到底是怎么回事，总经理不慌不忙地拿出董事长签过字的任命书，笑着对老王说：“公司想要培养你，把你调到物流部锻炼一下。采购部的工作暂由小李代管，给年轻人一个机会嘛，双赢。”

老王垂头丧气地走出办公室，以腿伤未愈为由请假离开了公司。老王心想，我不想跟总经理对着干，但我也不想背黑锅，我真的不知道该怎么办。

如果你是老王，面对这样的事情，你会怎么办？

第一节　供应商开发概述

供应商开发是指企业为帮助供应商提高运营绩效和供应能力以适应企业自身的采购需求而采取的一系列活动。供应商开发是有效降低企业总成本的战略举措。

企业为强化其核心竞争力，会将关注重点放在企业的关键业务上，这样就可以将自身竞争优势充分发挥，同时把企业非核心业务转移给供应商来完成，达到降低成本和风险的目的。随着整个供应链集成度的提高，业务外包的程度越来越深，业务外包范围越来越大，对供应商的要求也越来越高，主要体现在价格、质量、交货期、交货柔性等方面。

一、供应商开发的含义与重要性

（一）供应商开发的含义

企业接受指定供应商的前提是其必须经历一个完整的供应商开发活动。供应商开发是一个复杂而全面的过程。它包含以下两方面的含义：第一，新的潜在供应商的开发，这是由潜在供应商转变为正式供应商的过程；第二，现有供应商的关系开发。供需双方都希望合作开始后，彼此关系越来越好，但好的关系不会自动生成，需要双方尽心维持。

在现阶段的研究中，“供应商开发”在概念上还是限制在对现有供应商的评价与选择范围内。例如，将供应商开发定义为运用技术手段寻找与企业业务相关的供应商并进行详细考察、分析、谈判、评估和审定，发掘出优秀的供应商伙伴。上述定义仍停留在供应商的筛选层面，没有深化到通过企业自身努力去维持和加强现有供应商关系的层面。本书将供应商开发分为供应商数量开发和供应商关系开发两大类。

1. 供应商数量开发

企业一般需要多个供应商，以防止承担较大的供应商关系破裂风险和缺货风险。另外企业还可以对合作供应商的考核结果实行动态管理。因而企业要经常性地开发一定数量的潜在供应商，来加强供货保证或替代被淘汰的供应商。

2. 供应商关系开发

企业对现有供应商关系的一系列维系、促进活动就是供应商的关系开发。供应商关系开发是指供应商关系逐步升级，从不重要到重要再到紧密的伙伴关系的过程。供应商关系开发一般涉及供应商的价格、质量、交货期、交货柔性等多方面的开发。供应商关系开发的成功，必须建立在供应商的价格、质量、交货期以及交货柔性等方面能够达到改进要求的基础之上。

供应商关系开发的前期常会集中于解决相对短期的、局部的问题以稳定供应商的业绩（如准时推出产品），之后的重心则会放在设法改善经营方面。一段时间之后，企业可以将目标定位于培养供应商的能力，将供应商在改善经营方面的努力变为自我支持。

（二）供应商开发的重要性

选择合格的供应商并进行供应商开发应该是供应商管理工作当中一项极其重要的工作，其重要性表现在以下几个方面。

（1）选择好的供应商是供应链管理的关键，良好的供应商选择，能有效保障物料供给顺畅，使生产不会因为待料而停工；同时，稳定的进料质量是保障生产质量稳定的关键。

（2）供应商的业绩对制造企业的影响越来越大。在交货期、产品质量、提前期、库存水平、产品设计等方面都影响着制造企业的效益。

（3）传统的供应关系已不再适应全球竞争加剧、产品需求日新月异的环境，企业为了降低成本、提高质量、柔性生产、快速反应，就必须重视供应商的开发与选择。

（4）好的供应商将成为企业的战略合作伙伴。选择好的供应商是为了保障日常物料的供应，供应链管理思想的发展和越来越多的外包业务使得采购的地位日益突出，促使企业将供应商管理作为企业的竞争优势，促使企业从战略的角度考虑供应商的开发与选择。

二、供应商开发流程

新供应商的开发工作需要一个合理、严谨的程序，这样就可以在预定日期之前完成开发工作。

供应商开发流程如图 2-1 所示。

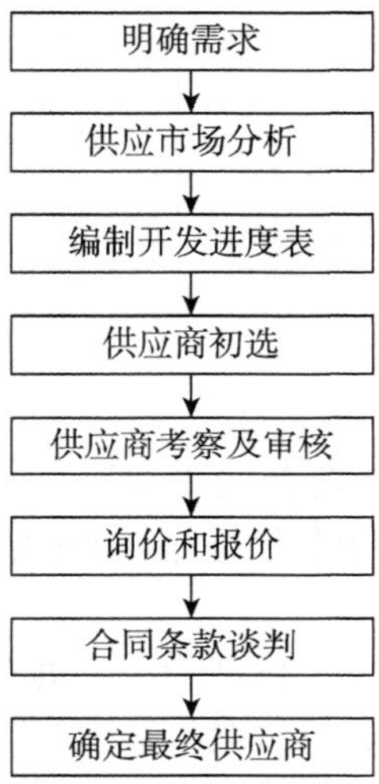

图 2-1　供应商开发流程

（一）明确需求

需求范围是首先要明确的，主要包含生产对物料技术、质量及交货期的要求，现有供应商满足供货要求的能力与供货质量状况，需要供应商具备的能力等。

结合企业自身经营状况和对供应商的基本要求，确定供应商开发及选择准则，拟定规范的供应商选择意向书，包括企业的业务范围和经营宗旨，供应商类型和基本要求等。

（二）供应市场分析

了解各供应商市场占有份额、竞争对手、市场发展趋势等情况，获得市场环境及潜在供应商的基本信息，建立初步的供应商数据库。

供应市场分析有助于预测市场对产品的需求状况、外购物料的价格走向、物料的成本将如何影响生产成本和销售价格，有助于寻找替代产品和供应资源，为供货渠道的安全性、可靠性提供指导。

（三）编制开发进度表

供应商开发进度与生产需求计划、新产品开发和配套要求及供应商开发难易程度直接相关。一般可按开发供应商的步骤编制一份时间进度表，如表 2-1 所示，这样不仅可以使开发新供应商的具体工作明确化，而且也可以尽量降低计划日期被拖延的可能性。

表 2-1　供应商开发进度表

序号	内容	进度日期（周）										
		1	2	3	4	5	6	7	8	9	10	11
1	寻找新供应商的资料	→										
2	提供资料与会谈		→									
3	资质评审			→								
4	报价				→							
5	确定供应商考察对象					→						
6	制作并送交工装样品						—	→				
7	评估首批零部件								→			
8	评估小批量零部件									→		
9	评估中批量零部件										→	
10	合格供应商评估											→

（四）供应商初选

通过各种公开信息和渠道，如供应商的主动问询和互联网搜索等方式，得到供应商的联系方式，并将对供应商的选择意向传递出去，接触潜在供应商。

寻找供应商资料的渠道如下。

（1）查阅企业内部的采购指南、工商名录、工商黄页等。

（2）举办产品发布会、展销会、订货会等。

（3）加入国内外行业协会、企业协会。

（4）构建供应商资料库。

（5）采购供应来源稀少的物料时企业可以利用采购专业顾问公司。

（6）企业可以在影响力较强的媒体平台或杂志的广告上，寻找联系电话、地址。

（7）企业可以对竞争厂商或同行厂商进行调查，发现优良的供应商。

（8）企业可等待相关供应商的销售人员自行找上门。

（9）企业内部其他部门，如销售、技术部门等提供的与供应商相关的信息。

采用适当的联系方法跟供应商取得联系，尽可能多地从供应商处获得信息。对供应商反馈信息的分析，可以评估其工艺能力、供应的稳定性、资源的可靠性，以及其综合竞争能力等，初步选择供应商以剔除明显不适合进一步合作的供应商。表 2-2 为供应商调查表，表 2-3 为供应商评价表。

表 2-2　供应商调查表

<table>
<tr><td colspan="7">供应商基本信息</td></tr>
<tr><td>供应商名称</td><td colspan="3"></td><td>使用商标</td><td colspan="2"></td></tr>
<tr><td>行业类别</td><td></td><td>业务性质</td><td></td><td>注册资本</td><td colspan="2"></td></tr>
<tr><td>占地面积</td><td></td><td>厂房面积</td><td></td><td>企业负责人</td><td colspan="2"></td></tr>
<tr><td>固定资产</td><td></td><td>员工数量</td><td></td><td>成立时间</td><td colspan="2"></td></tr>
<tr><td>公司地址</td><td colspan="6"></td></tr>
<tr><td colspan="7">主要联系人</td></tr>
<tr><td>联系人姓名</td><td>性别</td><td>职务</td><td>办公电话</td><td>手机号码</td><td>电子邮件</td><td>传真</td></tr>
<tr><td></td><td></td><td></td><td></td><td></td><td></td><td></td></tr>
<tr><td colspan="7">主要产品</td></tr>
<tr><td>产品名称</td><td>年产量</td><td>销售额</td><td>占总销售额的百分比</td><td>剩余产能</td><td>产品量产时间</td><td>优势说明</td></tr>
<tr><td></td><td></td><td></td><td></td><td></td><td></td><td></td></tr>
<tr><td colspan="7">主要客户市场</td></tr>
<tr><td>主要客户名称</td><td>行业和地区</td><td>提供的产品</td><td colspan="2">该客户的采购规模</td><td>业务开始时间</td><td>说明</td></tr>
<tr><td></td><td></td><td></td><td colspan="2"></td><td></td><td></td></tr>
<tr><td colspan="7">关键设备简介</td></tr>
<tr><td>设备名称/型号</td><td>产地</td><td>生产商</td><td colspan="2">技术指标和优势</td><td>设备生产时间</td><td>数量</td></tr>
<tr><td></td><td></td><td></td><td colspan="2"></td><td></td><td></td></tr>
<tr><td colspan="7">人员数量信息</td></tr>
<tr><td>管理人员</td><td>技术人员</td><td>业务人员</td><td>质检人员</td><td>生产人员</td><td>事务性人员</td><td>总人数</td></tr>
<tr><td></td><td></td><td></td><td></td><td></td><td></td><td></td></tr>
<tr><td colspan="7">财务信息</td></tr>
<tr><td>总投资额</td><td>总资产额</td><td>年产值</td><td>年销售额</td><td>年出口额</td><td>年研发经费</td><td>其他信息</td></tr>
<tr><td></td><td></td><td></td><td></td><td></td><td></td><td></td></tr>
<tr><td colspan="7">供应商发展简介及质量保证能力</td></tr>
<tr><td>发展简介</td><td colspan="6"></td></tr>
<tr><td>供应商贯标名称及日期</td><td colspan="6"></td></tr>
<tr><td>是否通过认证</td><td></td><td>认证标准</td><td></td><td>通过认证日期</td><td colspan="2"></td></tr>
<tr><td>认证机构名称</td><td colspan="2"></td><td colspan="2">认证证书编号</td><td colspan="2"></td></tr>
<tr><td>供应商负责人</td><td colspan="6">签字（盖章）：
日期：　　年　　月　　日</td></tr>
</table>

表 2-3 供应商评价表

<table>
<tr><td colspan="2">供应商名称</td><td colspan="6"></td></tr>
<tr><td colspan="2" rowspan="2">联系人姓名</td><td rowspan="2"></td><td>电话</td><td colspan="2"></td><td rowspan="2">备注</td><td rowspan="2"></td></tr>
<tr><td>传真</td><td colspan="2"></td></tr>
<tr><td colspan="2">提供产品名称</td><td colspan="2"></td><td colspan="2">产品执行标准</td><td colspan="2"></td></tr>
<tr><td>序号</td><td colspan="7">评审内容</td></tr>
<tr><td>1</td><td>质量体系</td><td colspan="6">□有质量体系认证　　□无质量体系认证</td></tr>
<tr><td>2</td><td>执行标准</td><td colspan="6">□按标生产　　□无标生产</td></tr>
<tr><td>3</td><td>生产能力</td><td colspan="6">□超过历年最高销售量　　□基本满足　　□不满足</td></tr>
<tr><td>4</td><td>生产方式</td><td colspan="6">□流水作业成批生产　　□单件生产</td></tr>
<tr><td>5</td><td>设计能力</td><td colspan="6">□自行设计　　□能设计简单产品　　□不能设计</td></tr>
<tr><td>6</td><td>提供产品质量</td><td colspan="6">□优　　□良　　□一般</td></tr>
<tr><td>7</td><td>服务情况</td><td colspan="6">□优　　□良　　□一般</td></tr>
<tr><td>8</td><td>按时交货情况</td><td colspan="6">□较好　　□一般　　□较差</td></tr>
<tr><td>…</td><td></td><td colspan="6"></td></tr>
<tr><td colspan="2">评审意见</td><td colspan="6">日期：　年　月　日</td></tr>
<tr><td colspan="2">评审结论</td><td colspan="6">日期：　年　月　日</td></tr>
<tr><td colspan="2" rowspan="3">年度复评记录</td><td>____年度</td><td>是否继续列入合格供方名录</td><td></td><td>批准人</td><td></td><td>时间</td></tr>
<tr><td>____年度</td><td>是否继续列入合格供方名录</td><td></td><td>批准人</td><td></td><td>时间</td></tr>
<tr><td>____年度</td><td>是否继续列入合格供方名录</td><td></td><td>批准人</td><td></td><td>时间</td></tr>
</table>

（五）供应商考察及审核

安排对供应商的实地考察至关重要。邀请质量部门人员和工艺工程师一起参与对符合资质、通过初选的潜在供应商的实地考察，他们的专业知识与经验有助于共同审核。

审核内容包括质量保证能力、产品开发能力、供货能力、价格水平、服务水平和管理水平等模块。可着重审核作业指导书、质量记录、销售合同、培训管理手册、计量管理手册等。考察中，团队成员需要及时沟通；考察结束时，总结供应商的优点和不足，及时听取供应商的说明。表 2-4 为供应商考察标准表，可供参考。如果供应商有改进意向，可要求供应商提供改进措施报告，并进一步评估。

表 2-4　供应商考察标准表

供应商名称： 提供产品名称： 供应商地址：	联系人： 电话： 电子邮件：
第一部分：基本情况得分	
第二部分：企业管理得分	
第三部分：质量体系及保证得分	
第四部分：设计、工程与工艺得分	
第五部分：生产得分	
第六部分：企划与物流得分	
第七部分：环境管理得分	
第八部分：顾客服务与支持得分	
供应商综合得分：	

（六）询价和报价

供应商审核完成后，对合格供应商发出询价单，询价单一般包括物料名称、币种、价格术语、交货周期、最小交货量、交货地、付款条件、图纸、样品规格、数量等细节，并要求供应商在指定日期内完成报价。

在收到报价后，仔细分析其条款，对其中的疑问要彻底清除，而且要求用书面方式作为记录，包括传真、电子邮件等。报价中包含大量的信息，如果可以的话，要求供应商进行成本报价，要求其列出原材料成本、人工成本、管理成本等，并将利润率明示。比较不同供应商的报价，对其合理性有初步了解。

（七）合同条款谈判

在进行合同条款谈判之前，充分的准备十分必要，这对设定合理的目标价格有很大帮助。小批量产品的交货期是谈判的核心，其对反应的速度有很高的要求；而对流水线、连续生产的大批量产品，核心是价格，此时一定要保证供应商有合理的利润空间。价格谈判是一个持续的过程，操作得当的话，在供货一段时间后，供应商成本会持续下降。

隐形成本也是一个重要的方面。采购周期、库存、运输等都会产生看不见的成本，要把有条件的供应商纳入准时化送货系统，尽量减少存货，降低供应链运作的总成本。

（八）确定最终供应商

将得到的相关供应商信息进行整理和归并，可以选择合适的定性或定量分析工具，给出最终供应商总体评定量化分值，以确定最终供应商。然后填写供应商资料卡，如表 2-5 所示。最后，在共同签署的合作协议下，履行伙伴关系职能。

表 2-5　供应商资料卡

序号：　　　　　　　　　　　　　　　　　　　　　　　　　日期：　　年　　月　　日

供应商名称	中文：		
	英文：		
地址			
工厂名称			
负责人		电话	
电子邮件		传真	
公司概况		工厂概况	
设立时间		工厂规模	土地：　平方米　厂房：　平方米
经营许可证		组织方式	
税务登记证		注册资本	
所属协会或团体			
开户银行			
银行账号			
主要零部件	品名		日（月）产量
主要客户	客户名称	采购零部件	采购比率（%）
主要材料来源	材料名称		供应商
员工状况	管理者人数： 员工人数：		
	部门	负责人	主办人
	技术部门		
	营销部门		
公司及负责人印鉴		经营方针	
		将来计划	

参考资料 2-1

韩都衣舍是国内知名的互联网快时尚品牌。韩都衣舍有上百家供应商，主要是服装生产厂商。韩都衣舍2014年召开了供应商大会，会议公布实行供应商分级管理政策，并透露之后将重点开发生产面料供应商渠道。韩都衣舍公布的供应商分级管理政策包括供应商准入、绩效评估和激励机制、分级认证、升降级调整和等级内订单调整等机制。

通过评判供应商，韩都衣舍确定了不同供应商的等级，对供应商给予不同的政策倾斜，如对最高等级供应商将给予不低于商定月度产值80%的政策扶持，并在价格上给予优惠，而次等级供应商将给予商定月度产值60%或70%的政策扶持。

韩都衣舍采取小组制生产流程，每小组4~5人，自主进行产品的设计与运营，并可在公司供应商名单中自主选择合作厂家。此前，韩都衣舍退货率为2%，退货商品中一半以上是因面料退货。韩都衣舍决定重点开发生产面料供应商渠道，在2014年同20家面料供应商合作。据悉，韩都衣舍已成立了专门的生产面料部，负责生产面料供应商渠道的拓展。

韩都衣舍这样管理供应商，目的在于有效利用供应商的资本、设备、技术及劳动力，借此生产出品质更佳、价格更低的产品。而对于进行非生产性物料采购的企业来说，主要采购的是企业生产经营所需要的设施设备、服务。总体来说，企业在开发供应商时，首先，要确认供应商是否建立了一套稳定、有效的质量保证体系；其次，确认供应商是否具有生产所需特定产品的设备和工艺能力；最后，须对其成本与价格进行管理，要运用价值工程的方法对所涉及的产品进行成本分析，并通过双赢的价格实现成本节约。

第二节　供应商选择与评估

供应商选择是在供应商开发过程中，对供应商的筛选。随着采购额占销售收入比例的持续增加，采购活动逐渐成为判定企业成败的重要因素。作为供应链正常运行的根本和前提条件，供应商选择与评估的重要性愈加明显。

企业的发展阶段不同，对供应商的选择和评估标准也各有差异，这在供应商评估体系的建立、运行和维护中均能体现。决策者应因地制宜，根据企业所处的内外部环境、企业长期发展战略和核心竞争力，选择适合本企业的理论和方法，制定相应的实施步骤和实施规则。

一、供应商选择与评估要点

供应商选择与评估的要点包含：建立阶段性评估体系、网络化管理、关键点控制原则和流动型学习过程。在企业的不同发展阶段，供应商的选择和评估标准各有差异。

（一）建立阶段性评估体系

采取阶段性持续评估的方式，将阶段性评估体系分为供应商进入评估、供应商运行评估、供应商问题辅导、供应商改进评估以及供应商战略伙伴关系评估等几个方面。供应商的选择不仅仅是确定被选取资格，而且还是一个可累计的线性选取过程。

阶段性评估体系的特征是流程清晰化和操作透明化，所有流程的组建、修改和发布都通过一定的控制程序进行，确保其相对稳定性。

（二）网络化管理

网络化管理指在管理组织结构合作方面，将不同的信息点连接成网。多事业部环境下的采购平台，需要满足不同的采购期望，不同的需求必须在一个具有更高度适应性的体系内保持一致。

网络化管理还体现在业务的客观性和流程监管方面，监管机制反映在工作的各个环节，应尽量减少人为因素，加强操作和决策过程的清晰化、合理化。

（三）关键点控制原则

关键点控制原则包含以下几点原则。

（1）系统全面性原则。建立和使用系统全面的评估体系。

（2）简明科学性原则。供应商选择和评估步骤及选择过程透明化、制度化和科学化。

（3）供应链战略原则。供应链战略原则指企业需要拥有战略思维，站在战略层面考虑问题，需要同企业战略相一致。例如仔细分析企业战略目标、采购目标和战略目标的关系，近期目标和战略目标的关系等，考量企业的长期发展和利益。

（4）稳定可比性原则。评估体系应该稳定运作，标准统一，减少主观因素。

（5）灵活可操作性原则。不同企业在不同环境下的供应商评估标准应是不一样的，保持一定的灵活可操作性。

（6）门当户对原则。门当户对原则体现的是一种等级管理思想，在非垄断性货源的供应市场上，由于供应商管理水平和供应链管理执行强度的差异，应优先考虑规模、层次级数相当的供应商。如果双方的规模差异过大，采购比例在供应商总产值中比重过小，则企业在生产排期、售后服务、交货柔性和谈判力量等方面就不会有太出色的表现。

（7）半数比例原则。半数比例原则要求购买数量不能超过供应商产能的50%。这是从供应链风险管理角度考虑，如果仅由一家供应商负责企业的供货和成本分摊，那么该供应商一旦出现问题，企业将面临较大危机，势必影响到整个供应链的运作。

（8）供应源数量控制原则。供应源数量控制原则是指实际供货的供应商应该较少，最好将同类物料的供应商数量保持在2~3家，并分清主次。这样可以降低管理成本、提高管控水平，确保稳定供货。

（四）流动型学习过程

采购的发展与制造企业整体管理架构、管理阶段之间存在较大关联，需要根据企业战略的修正而不断调整采购的要求和策略，供应商选择的方法亦是如此。企业应不断学习新知识，持续更新供应商的选择标准、评估指标、标杆对比的对象以及评判的工具与手段。

二、供应商选择与评估方法

供应商选择与评估方法的研究大致经历了三个发展阶段：定性方法、定量方法以及定性定量相结合的方法。以下为供应商选择与评估的具体方法。

（一）定性方法

1. 直观判断法

直观判断法是根据询问和调查所得的资料，对供应商进行分析、评判的一种方法。这种方法直观简单，但是极具主观性，科学性较差，不常被用于企业战略伙伴的选择，常被用于产品的非主要原材料供应商的选择。

2. 招标法

当原材料订购数量庞大、供应商数量很多时，可采用招标法来选择合适的供应商。但招标过程复杂，不能适应紧急订购的需求，且存在着较多的人为因素。

3. 协商法

在供应商较多、企业选择有难度时，也可以采用协商法。与招标法相比，协商法由于供需双方能充分商议，在很多方面较有保证。但有限的选择不一定能得到价格最合理、供应条件最有利的供应源。当采购时间紧迫、投标单位少、竞争程度低，采购的零部件规格和技术条件复杂时，协商法比招标法更为合适。

（二）定量方法

1. 成本分析法

（1）ABC 成本法是目前物流界普遍使用的一种成本计算方法。供应链中价值增值与成本增加相结合，完成一项活动或作业可以使产品的价值有所增加的同时产品的成本也有所提高，该方法通过计算供应商的总成本来选择供应商。

（2）采购成本比较法。对质量和交货期都能符合标准的供应商，则需要通过计算采购成本来进行评比。采购成本一般包括采购费用、运输费用等各项支出。这种方法单纯从采购成本的角度来进行选择，限制性很大，往往与企业的战略目标相违背。

（3）成本比率法是通过计算与采购有关的质量、运输、服务等项目的成本和采购总成本来进行供应商选择的一种成本计算方法。这种方法是通过计算出各项目的成本比率，来确定最终要选择的供应商。

2. 层次分析法

层次分析法的特征是在面对杂乱的决策问题时，对影响因素及其内在关系等进行深入探索的基础上，利用较少的定量信息使决策的思维过程更富有逻辑性，从而为目标复杂、准则烦琐或无结构特性的决策问题提供简便的决策方法。该方法的优点是可靠性高、误差小。

3. 线性权重法

线性权重法是一种被普遍使用的解决单资源问题的方法，它的基本原理是给每个选择与评估准则赋予一个权重，供应商的得分为该供应商各项准则的分数与其权重乘积的总和，得分最高者为最佳供应商。

4. 模糊评价法

采用模糊评价法选择供应商具有一定的优势，充分考虑供应商选择与评估中复杂多变的谈判过程，把原始的定性指标转化为定量指标，弥补了定性方法在这方面的缺陷。但是该方法难度较大，实际上企业很少采用。

5. 数据包络分析法

数据包络分析法中利用观察到的样本数据，对决策单元（例如合作伙伴）投入与产出的科学性，特别是多个样本间的“相对优劣性”进行评估。它常被用于输入、输出量相同的供应商的有效性评估。

6. 数学规划法

数学规划法是解决单资源和多资源优化问题的一个很有效的方法，在供应商选择中，企业经常应用多目标规划、线性规划、混合整数规划等数学规划方法。

（三）定性定量相结合的方法

1. 人工神经网络算法

人工神经网络算法是一种模拟人类思维的定性与定量相结合的方法。多层神经元构造的神经网络通过研究指定样本，获取原有的知识、经验、主观判断及对目标重要性的信息，当对合作伙伴作出总体评估时，该方法可以再现已有经验、知识和思维，从而实现定性分析和定量分析的有效结合，较好地保障评估结果的合理性。

2. 群决策组法

群决策组由客户、外部专家、合作伙伴等多方人士组成，群决策组成员根据采购目标对所有的合作伙伴按照评估标准打分，最后集结所有成员的偏好，得出一致的结论。

3. 逼近于理想解的排序法

逼近于理想解的排序法（TOPSIS 法）是借助多属性问题的理想解和负理想解给方案集排序。理想解并不存在，因为它的每个属性值都是方案中最好的值；负理想解则恰恰相反，它的每个属性值都是方案中最差的值。将所有备选方案与理想解和负理想解的距离相比较，选择靠近理想解而尽量远离负理想解的方案。

除上面提到的方法外，还有许多学者从其他角度提出了独特的供应商选择与评估方法，如网络分析法、支持向量机的供应商评估模型、基于综合评估法的应用软件系统、面向顾客需求的供应链合作伙伴选择模型、运用运筹学方法选择供应商等。

参考资料 2-2

高山公司采购部门的杨经理正坐在办公桌前，乾承公司的程总经理前来造访。一番寒暄之后，程总经理问道："杨经理是不是正在找一个零件呀？"杨经理点头回答："是的，可您是怎么知道的？"

程总经理没有正面回答，只是从包里取出一件产品，放在桌上，说道："看看这个零件是否合乎您的要求？"杨经理非常疑惑，一是这种零件从来没有让乾承公司做过，二是这种零件不是一个通用件或标准件，三是乾承公司从来没有得到过这种零件的图样或规格书。程总经理看着杨经理疑惑的神态连忙解释："乾承公司这么长时间一直没有机会成为高山公司的供应商，就找了一台高山公司的旧机器，拆掉后找了几样零件，做了样品，看看有没有合作的可能，正好打听到高山公司正在找这个零件的供应商，今天就登门毛遂自荐来了。"

杨经理觉着照猫画虎的东西可能不靠谱，精度不一定能达到规格书的指标要求。程总经理说，只要杨经理提出来，他可以回去修改。杨经理实在拗不过程总经理，同时也被其精神所打动。乾承公司经过几次修改最终达到了规格书的指标要求，还挤进了高山公司的合格供应商名单。杨经理觉着这种供应商爱不得、恨不得。

此外，灵迪奥公司是一家非常热情的供应商，虽然产品常常出现问题，但是服务态度好到没的说。你说什么对方都答应，但改进效果怎么也不够理想。灵迪奥公司的业务员在高山公司的人缘还特别好，他对高山公司的生产、技术、质量、工艺、计划部门都很熟悉，与采购员更是亲如一家，就连高山公司的总经理对他印象也很好。其实杨经理过去就是做销售业务的，他明白销售的门道，如果客户的任何建议、意见都毫无保留地反映到生产线上，实施改进，这家企业整天将疲于奔命，被客户搅得无法正常运转。好的销售业务员是让客户满意，还不能被客户牵着鼻子走，高山公司的业务员也是这么培养的。灵迪奥公司的业务员将这种理念运用得炉火纯青。杨经理想发火，但对方的态度好得不得了，让人张不开嘴。灵迪奥公司的服务就是这样。

当然，并不是所有的供应商都是那么热情，高山公司还有一家供应商，叫应其公司，非常难打交道，可又说不上有什么不好，因为对方能按时完成订单，产品质量也没有大问题，合同订单下达后不用跟催、不用费心。但如果要修改交货期，无论是提前还是延后，都要经过几个回合的讨论，阻力很大，往往是不可能顺利进行修改的。公司未来一年的预测和计划订单，如果超出原定的预测和计划订单20%以上，常常会收到应其公司拒绝供货的书面通知。尤其在新产品生产前，应其公司要求得到该产品的总需求量和各时间段需求量的预测数据，因为对方要计算投资回报率，再决定是否生产，非常小心谨慎，不像其他供应商对杨经理的需求那样积极响应。打样也不积极，免费打样更是免谈，若高山公司不下订单，应其公司绝不下料。应其公司虽说不温不火，但毛病也挑不出太多。

结合案例考虑并分析作为采购业务员应如何选择供应商。

三、供应商评估的内容

（一）供应商管理能力

对于买方来说，评估供应商的管理能力是很重要的，因为管理能力决定了经营活动并影响供应商的未来竞争力，具体的指标如下。

（1）经营管理层是否实行长期规划。

（2）经营管理层能否保证全面质量管理以及持续完善管理体系。

（3）管理人员的变动率是否过高。

（4）管理人员是否具有足够的经验。

（5）有多少采购员被授予采购经理职位。

（6）企业未来的前景如何。

（7）管理人员与工人关系如何。

（8）企业是否为员工提供培训和发展机会。

（9）管理人员是否了解战略资源的重要性等。

通过一次走访或一份调查问卷来识别事件的真实状况可能是一个挑战。不过，当与供应商接触的时候，应该尽可能多渠道地与更多的人接触，以得到真实情况。

（二）员工素质

经过专业培训的、固定的、有积极性的员工非常重要，特别是在劳动力短缺时期。买方还应该收集有关罢工和劳动纠纷的历史信息，这有助于供应商的员工们对如何致力于生产符合甚至超过买方预期的产品有一个总体的把握，具体的指标如下。

（1）员工团队精神与跨部门合作状况。

（2）员工支持、保证及持续完善质量标准体系的程度。

（3）员工的技术、能力和教育培训情况。

（4）员工知识结构与学历结构状况。

（5）员工工作弹性。

（6）员工道德与企业文化。

（7）供应商的人事变动率。

（8）员工为提高供应商的业绩做贡献的机会和意愿。

（9）员工之间的关系等。

（三）成本结构

评估供应商的成本结构需要彻底了解供应商的全部成本，包括直接人工成本、间接人工成本、物料成本、制造或工艺运营成本等。了解供应商的成本结构可以帮助买方确定供应商生产项目的效率。

在评估过程的初始阶段，面临的主要问题是如何才能搜集到供应商成本方面的信息。例如，供应商可能没有详细地了解自身的成本；许多供应商没有成熟的成本核算体系，不能有效地分摊制造费用；有些供应商的成本资料属于内部机密，供应商害怕成本信息的泄露会破坏它的价格策略等。

鉴于供应商的这些忧虑，在供应商评估的初始阶段买方经常只能对供应商的成本结构进行大致估计，形成相对的定价模型。只要双方都能了解成本因素，那么以成本为核算基础的定价方法就能够为双方带来相互的利益，但这种做法的前提是双方之间要相互信任且都有很强的责任感。

（四）质量管理体系

供应商的质量管理体系是评估流程中的一个主要部分。买方不仅要评估有关供应商质量的一些明显问题（管理责任、统计流程控制），还要评估安全、培训、设备维护等问题。

许多买方都希望潜在供应商能够采用 ISO 9000 标准为基础的质量评估体系，具体指标包括 7 个方面。

（1）供应商是否达到其他评估标准，如安全标准等。

（2）供应商是否达到其他企业标准，如福特公司的质量认证标准等。

（3）供应商了解和贯彻全面质量管理理念的深度和广度。

（4）供应商是否具备检验和测试所购物料的设备和能力。

（5）供应商在质量方面采用什么样的统计管理和控制方法。

（6）供应商的质量控制是否包括对分包商的鉴定。

（7）供应商是否能够保证买方可以放心地免除进货时的检验（这一点对“及时供应”特别重要）。

（五）工艺和技术开发能力

供应商评估团队经常包括来自工程和技术领域的成员，以便对供应商现有的工艺和技术能力，供应商未来的工艺和技术能力，供应商的资金、设备规划和战略，供应商的设计能力进行估计。减少开发新产品所需时间的方法就是选用能够完成产品设计活动的合格供应商。

（六）财务稳定性

对供应商财务状况的评估是在最初的评估过程中发生的。财务评估可被看作详细评估供应商开始之前的筛选过程或基本条件。

财务人员可以通过研究供应商过去几年内的年度财务报告和分类账目来进行评估或者采用财务评级服务来分析供应商的财务状况。

（1）财务状况较差的供应商可能有以下风险。

①供应商存在着倒闭风险。

②供应商可能缺乏资源对工厂、设备或新产品开发进行投资，从而影响技术或绩效改善。

③供应商可能在资金方面过分依赖买方。

（2）财务状况不良的供应商通常有以下潜在的问题。

①供应商交货质量是否低劣或者支付绩效是否常不达标。

②供应商的管理层是否无视资金筹划。

③供应商是否承担太多债务。

（3）财务稳定性相关问题包括以下多个方面。

①企业过去 3 年或 3 年以上的正被评估或审计的营业额。

②过去 3 年或 3 年以上的利润率、毛利润和净利润间的关系。

③正在受审计的任何时期的商业损失及原因，如是否存在因合同执行质量低劣造成的坏账。

④固定资产值及固定资产回报率。

⑤借贷规模及资产负债率。

⑥供应商有无财务资助者或类似的保证方。

⑦是否有影响供应能力的收购或合并活动的可能性。

（七）产能

供应商的产能大小直接影响到供应商的供货周期、供货稳定性和及时性。评估供应商产能的重点内容应该包括生产设施与设备配备、能源与动力保障、人力资源配备、生产现场布局合理性和生产方式灵活性等。具体指标如下。

（1）正常工作周期的最高生产能力。

（2）现有生产能力超载或欠载的程度。

（3）供应商打算如何提高现有生产能力以满足不断增长的需求。

（4）用在主要客户的有效生产能力的占比。

（5）如果买方与潜在供应商达成了供货协议，那么这批货物所需产能在供应商总产能中所占的百分比。

（八）生产计划及控制系统

生产计划及控制系统涉及发布、安排、控制供应商生产过程等，评估生产计划及控制系统的潜在目的是识别供应商在计划和生产流程中的控制程度。包括以下 11 个相关指标。

（1）供应商是否拥有制造所需产品的全套机械设备。

（2）若有设备上的短缺，供应商将如何克服。

（3）供应商设备是否先进，是否妥善保养、维护。

（4）供应商工厂设备的布置是否合理。

（5）是否有明确迹象显示供应商有较高的厂房管理水平。

（6）供应商是否应用了计算机辅助设计（CAD）、计算机辅助制造或柔性制造系统等。

（7）供应商是否采用物料需求计划来确保获得所需的零部件。

（8）供应商是否追踪物料和生产周期，并将它与标准目标相比较。

(9) 供应商生产计划及控制系统是否支持零库存需求。
(10) 供应商生产计划及控制系统需要怎样的前置期。
(11) 供应商及时交货的历史记录如何。

(九) 健康与安全

具体指标包括以下内容。
(1) 健康与安全制度。
(2) 健康与安全审计规则和安排。
(3) 本地有关当局调查检控的具体细节。
(4) 急救与福利制度。
(5) 健康与安全主管人的专业能力。
(6) 供应商如何向员工传达其健康与安全的制度和执行程序。

(十) 合同分包情况

(1) 合同分包的性质和程度对整个合同的完成有极大的影响，要确认的内容如下。
①会不会将合同分包出去。
②合同分包的程度——分包的价值及分包哪些商品、服务。
③如何指定分包商。
④那些特定的分包所用的特定条款与条件是什么。
⑤会不会把关键的权力下放给分包商，如审计权。
(2) 同时要关注现有合同及其执行情况，具体内容如下。
①挑出总价值最大的现有合同分析供应商调集资源的能力。
②客户的名称（鉴于合同保密性可能很难获取）。
③供应商竞标深度。
④合同有没有因为执行情况不佳而被终止。
⑤合同有没有因为执行情况不佳而出现赔偿损失的情况。

(十一) 合作潜力

具体指标如下。
(1) 供应商是否表达了长期合作的意愿或承诺。
(2) 供应商是否愿意承担这种合作关系所需的特殊资源。
(3) 供应商是否愿意或何时能够参与产品设计。
(4) 供应商是否有兴趣共同解决问题，并共同努力改进。
(5) 双方之间的信息交换是否是免费且公开的。
(6) 供应商愿意多大程度地分享未来计划。
(7) 供应商是否要求对信息保密处理。
(8) 双方互利的总体水平如何。
(9) 供应商对买方业务或所在行业了解多少。
(10) 供应商能否分享成本数据。
(11) 供应商是否愿意首先进行改革。
(12) 供应商是否愿意保证买方的独家采购需求。

（13）供应商对理解买方的难处和关注的问题的承诺是什么。

（十二）环境保护能力

常见的环境保护能力评估标准包括以下几点。

（1）环境保护记录的公开。

（2）危害废弃物管理。

（3）有毒废弃物污染管理。

（4）是否通过 ISO 14000 标准认证。

（5）回收物流计划。

（6）环保产品包装。

（7）危害气体排放管理。

（8）有没有专人负责环境管理。

（9）是否有环保不合格或者被监管惩处经历，后续改进情况如何。

（十三）信息技术能力

如果供应商拥有完善的信息管理系统，将有利于实现买卖双方电子信息交流与共享。常见的信息技术包括：EDI（电子数据传输）、条形码、ERP（企业资源计划）、RFID（射频识别）等。需要考虑供应商与买方信息同步、共享程度。

越来越多的供应商开始转向基于网络的 B2B（企业对企业）平台进行交易，还需要考虑供应商的电子商务能力。

（十四）地理位置与运输距离

供应商地理位置决定了供应商的资源可得性、获得资源成本，从而决定了供应商的生产成本；运输距离决定了供应商供货周期和运输成本，对买方的采购成本和持有库存量有相当大的影响。运输距离越短，供应商送货时间越短，意味着紧急缺货时，供应商可以快速送货。

企业评估供应商，所需的评审记录表如表 2-6 所示。

表 2-6　供应商评审记录表

编号：　　　　　　　　　　　　　　　　　　　　　　日期：　　年　　月　　日

<table>
<tr><td colspan="2">供应商名称</td><td></td><td colspan="2">产品类别</td><td colspan="2"></td></tr>
<tr><td colspan="2">供应商地址</td><td></td><td colspan="2">供应产品名称</td><td colspan="2"></td></tr>
<tr><td>序号</td><td>评审项目</td><td colspan="2">评审内容</td><td>分值</td><td>得分</td><td>评审部门</td></tr>
<tr><td rowspan="6">1</td><td rowspan="6">质量管理体系的运行情况</td><td colspan="2">质量管理是否通过相关认证</td><td>2</td><td></td><td rowspan="6"></td></tr>
<tr><td colspan="2">管理层对质量管理是否足够重视</td><td>2</td><td></td></tr>
<tr><td colspan="2">是否有明确的质量目标和持续的改进计划</td><td>2</td><td></td></tr>
<tr><td colspan="2">是否能在合理时间内进行质量分析</td><td>1</td><td></td></tr>
<tr><td colspan="2">产品的生产是否有明确的企业标准</td><td>1</td><td></td></tr>
<tr><td colspan="2">纠正措施是否能有效预防缺陷的产生</td><td>2</td><td></td></tr>
</table>

续表

序号	评审项目	评审内容	分值	得分	评审部门
2	技术能力	加工过程中用的原材料是否有明确的技术标准和检测方法	1		
		与原材料供应商的合作是否稳定，原材料供应商的储备是否充分	1		
		是否掌握行业的新技术	1		
		是否有先进的设备能够制作一些有特殊要求的产品	1		
		出厂报告是否能提供相关产品的技术参数标准所含的信息	1		
		是否可以按照企业的要求及时提供样品	1		
		是否可以按照企业提供的材料及时提供报价	1		
		对企业的产品风险规避方面是否能够提供专业的意见	1		
		根据产品的工艺要求是否能够提供新的、有价值的建议	1		
		是否能够提供一些具有特殊性能的新材料以及新颖的设计理念	1		
3	检验机构	是否独立运作	2		
		是否有足够独立的检验人员	2		
		是否有足够的检测设备	1		
		生产工艺是否都有明确的检验标准和检验负责人	2		
		有关质量反馈是否能触发改进行动	1		
		操作人员是否参与质量持续改进管理活动	1		
		有关检验设备是否定期由专门机构校验	1		
4	作业检验文件	是否有明确的原材料出入库检验标准	2		
		原材料、产品的出入库是否有记录	2		
		生产工艺或工序是否有详细的作业指导书	2		
		生产过程是否有详细的质量检验记录	2		
		相关操作人员是否有培训记录和上岗资质	2		
5	不合格品	对不合格品是否有明确的处理程序	4		
		采购或生产过程中的不合格品是否分开存放	4		
		采购或生产过程中的不合格品是否有处理记录	2		
6	生产设备维护	设备使用年限是否符合要求	2		
		设备管理制度及其执行情况是否合规	2		
		设备运行状况是否良好	2		
		设备维护保养状况是否良好	2		
		设备质量是否合规	2		

续表

序号	评审项目	评审内容	分值	得分	评审部门
7	生产现场管理情况	车间人员是否佩戴安全防范用品、是否存在违规行为、员工精神面貌是否良好	4		
		生产现场物料摆放、标识情况，人流、物流的整体情况是否良好	3		
		机器设备情况是否良好	2		
		工作环境以及工作秩序的情况是否良好	4		
		各种备用工具的摆放、标识以及工具清洁情况是否良好	2		
		对生产过程是否有完善的控制方法以及过程控制记录	5		
8	仓储条件	是否有足够的仓库储存货物	4		
		是否将所有原材料堆在垫板上	2		
		仓库储存区内是否留有合理的通道	2		
		仓库储存区内是否有昆虫、鼠类	2		
9	供应商现场评估技术能力	管理技术人员文化水平是否达标	2		
		生产人员文化水平是否达标	2		
		样品是否达标	2		
		生产技术是否达标	2		
		生产设备配置是否先进	2		
总分			100		—

等级	A（　　）	B（　　）	C（　　）	D（　　）
分数	总分≥90 分（优秀）	90 分>总分≥80 分（合格）	80 分>总分≥70 分（试用）	总分<70 分（不合格）
总体评价			评审小组	

管理办法范本 2-1

××公司供应商选择管理办法

一、供应商选择管理原则和制度

1. 公司采购、生产、财务、研发、技术等部门予以协助。

2. 对选定的供应商，公司与之签订长期供应合作协议，在该协议中具体规定双方的权利义务、互惠条件。

3. 公司可对供应商评定信用等级，根据等级实施不同的管理。

4. 公司定期或不定期地对供应商进行评估，不合格的，及时解除长期供应合作协议。

5. 公司对零部件供应商可颁发生产配套许可证。

二、供应商选择与评估

公司制定如下选择与评估供应商级别的指标。

1. 质量水平

（1）物料来件的优良品率。

（2）质量保证体系。

（3）样品质量。

（4）对质量问题的处理能力。

2. 交货能力

（1）交货的及时性。

（2）扩大供货的弹性。

（3）提供样品的及时性。

（4）增加、减少订货时的反应能力。

3. 价格水平

（1）优惠程度。

（2）消化涨价的能力。

（3）成本下降空间。

4. 技术能力

（1）工艺技术的先进性。

（2）后续研发能力。

（3）产品设计能力。

（4）技术问题的解决能力。

5. 后援服务

（1）零星订货保证。

（2）配套售后服务能力。

6. 人力资源

（1）经营团队。

（2）员工素质。

7. 现有合作状况

（1）合同履约率。

（2）年均供货额所占比例。

（3）合作年限。

（4）合作关系。

三、供应商选择办法

1. 对每类物料的采购，由采购部经市场调研后，选出5~10家候选供应商。

2. 公司成立一个由采购、生产、技术部门人员组成的供应商评选小组。

3. 评选小组初审候选供应商后，由采购部实地调查供应商，双方共同填制调查表。

4. 对各候选供应商打分，计算出总分，排序后决定取舍。

5. 核准为供应商的，开始向其采购；没有通过的，请其继续改进，并保留其未来候选资格。

6. 每年对供应商予以重新评估，不符合要求的予以淘汰，再从候选队伍中选出合格供应商。

7. 公司可给供应商划定不同信用等级进行管理。

8. 对最高信用等级的供应商，公司可提供物料免检、优先支付货款等优惠待遇。

四、供应商管理办法

1. 公司对重要的供应商可派遣专职驻厂员，或经常对供应商进行质量检查。

2. 公司定期或不定期地对供应商进行质量检测或现场检查。

3. 公司减少对个别大型供应商的过分依赖，分散采购风险。

4. 公司制定各采购件的验收标准、验收交接规程等。

5. 公司采购、研发、生产、技术部门，可对供应商进行业务指导和培训，但应保证公司核心产品或关键技术的信息不扩散、不泄露。

6. 公司对重要的、有发展潜力的、符合公司投资方针的供应商，可以投资入股，建立与供应商的产权关系。

第三节　供应商审核

供应商审核是对现有供应商的考核及质量体系的评审，是供应商管理过程中的关键点，它是在完成供应市场分析、对潜在供应商已做出初步评选的基础上对可能发展的供应商进行的评审。供应商质量体系审核是一个重要方向，在企业管理中占据着重要地位，公司一般会单独进行供应商质量体系审核，同时可视情况将它当成是供应商审核的一部分。

一、供应商审核分类

（一）按审核层次分类

就供应商的审核层次来说，它涉及产品层次、工艺过程层次以及质量体系层次，甚至涉及供应商的整体经营管理体系层次，即公司层次。

1. 产品层次

主要是改进供应商的产品质量，实施办法有正式供应前的标准检验以及供货过程中的质量审查。

2. 工艺过程层次

这一层次的审核主要针对那些质量受生产工艺影响很大的产品。要保证供货质量稳定，往往必须深入供应商的生产现场考察其工艺过程，确保其工艺水平、质量控制体系及相应的设施设备能够满足产品的质量要求。这一层次的审核包括工艺过程，也包括供应过程中因质量稳定性差而进行的供应商现场工艺修整。

3. 质量体系层次

这是就供应商的整个质量体系和过程的审核，其标准参照 ISO 9000 标准或其他标准。

4. 公司层次

公司层次的审核是对供应商进行最深入的审核，它要整体全面地考察供应商的质量体系、供应商经营管理水平、财务与成本控制能力、计划制造系统、信息系统和设计工程能力等。

根据供应商的成熟度，来安排供应商审核，可以筛选出最好的供应商。在面对一个新供应商时，它一般适合进行质量体系层次审核。

（二）按审核原因分类

（1）初审，供应商首次接受的审核。

（2）跟进审核，根据前次审核结果，需进行的后续审核，跟进审核主要根据但不限于前次审核结果来进行。

（3）年审，初审及年审应为全面审核，审阅供应商三个月至一年的供货记录。

（4）未预约的审核，事先不通知供应商便进行的突然审核。

（三）按审核方式分类

1. 部门审核

以部门为中心进行审核，根据审核的要求以受审部门有关的内容条款为主线进行审核。优点是审核效率高，但要求对审核条款和部门职责了解清楚。

审核内容如下。

（1）部门的职责、绩效指标及完成情况。

（2）未完成绩效指标的部门所采取的活动。

（3）部门针对未完成绩效指标的改善活动。

（4）活动所涉及的输入和输出资源。

2. 过程审核

按过程审核往往涉及多个部门，但应以主要的职能部门为主。这种方式的优点是目标集中，易体现与审核的符合性，但要求审核员注意掌控方向，主抓主要职能部门。

3. 顺向追踪审核

按照质量体系运作的先后顺序进行审核，优点是可系统了解体系运行的整个过程，观察并查证接口协调情况，但要求审核员对体系的运行有整体的掌控。如从订单评审开始查到产品的交付；从文件管理部门查到具体文件的有效性；从不合格产品查到纠正措施；从文件内容查到实施情况。

4. 逆向追踪审核

按照质量体系运作的反方向进行审核，优点是从结果查起，针对性强，易发现问题。如从实施情况查到实施文件；从交付记录查到订单；从形成的结果查到影响质量的因素；从几种原材料的标识查到进货检验及采购控制；从设计输出查到设计输入。

二、供应商审核流程

（一）审核前准备

完成一次实地审核是有前提的，需要做出的准备有：制定良好的审核方案，组建专业审核团队并进行良好培训，提前与供应商交流。

1. 制定良好的审核方案

良好的审核方案要基于一个完善的商业模型，并与公司战略和流程等保持一致。该方案应该很容易被使用，应该具有充分的灵活性以适应各种规模的供应商。同时未来可能需要持续地改进。为了保持数据的可比性，要尽可能地确保调查内容相对稳定。

2. 组建专业审核团队并进行良好培训

一旦审核的目标清晰，就可以组建相应的审核团队。通常团队成员需要具备质量、财务、工程、采购、生产等多领域的知识，可以选择某些特定领域的专家，也可以选择跨领域的资深人士。团队组建成功后，在实际审核前需要对审核团队成员进行以下内容的培训。

（1）审核的目的和要求。

（2）审核目标、任务、细节安排等。

（3）审核设备、工具的内容和应用，需要现场获得的信息以及如何解析数据结果。

（4）如何组织审核、怎样分工合作以获得信息等。不同供应商在不同情况下的组织和分工方式应有所区别。

（5）注重团队成员的实地审核行为。审核团队需要传达积极正面的形象，要避免团队成员的不恰当或者不道德的行为，比如收受礼品、接受昂贵宴请、接受贿赂、报销私人发票等。

3. 提前与供应商交流

供应商要提前知道实地审核的细节。以下信息要汇报给供应商的高层管理者。

（1）审核内容和目标是什么？什么时间进行？

（2）审核要维持多长时间？对审核的预期是什么？

（3）需要供应商如何准备？需要哪些人给予何种支持？

（4）审核结果将如何影响供应商与企业的业务关系？

供应商对审核的流程和内容了解得越详细，准备得越充分，不安的情绪就会越少，提前沟通有助于审核顺利进行。

部分企业会在审核之前提前发放一个调查问卷，这样对于供应商可以有一个初步的认识和了解，在审核中也可以针对调查问卷获得的信息进行核实。

（二）审核中要点

审核不是一时兴起且可以立即完成的，在审核之前，团队应该完成全部的准备工作，实施团队培训，审查供应商问卷，分析供应商绩效趋势，了解在该供应商所花费的审核成本，研究其计分卡得分情况，并提前明确审核该供应商的任务和内容等。

到现场以后的审核通常只是一个对此前收集到的信息做出确认的机会。供应商审核的目的是建立、巩固和加深双方的合作关系，并就合作对双方的价值达成共识。因此，审核应该是一个信息共享、促进理解、解决问题和持续改进行动的过程。

1. 供应商审核议程

（1）主讲人简要介绍、说明审核议程和流程。

（2）供应商简要介绍业务和操作流程。

（3）审核团队实地考核。

（4）审核团队评估打分。

（5）审核团队召开会议并达成共识。

（6）审核团队与供应商高层管理者会谈。

（7）供应商制订持续改进或纠错计划。

2. 供应商审核注意事项

（1）审核团队成员之间要学会用眼神交流，要做好记录，确保审核的正常进行。

（2）要设定审核的时间表，合理安排时间，并遵守时间表。

（3）没有必要证明所有的事情，要平衡好抽样调查和全部审核间的关系。

（4）不仅要调查供应商的问题，还需了解供应商的优势，因为这是供应商改进的重要基础。

（5）审核团队成员必须具备丰富的知识和快速的领悟能力，从而看穿任何误导或操纵团队审核的心思，避免被供应商刻意蒙蔽。

3. 召开首次会议

通常，审核团队到达供应商处第一时间会召开首次会议，首次会议是一个让双方相互了解的机会，应准确地解释审核团队来到这里的原因，试图做什么以及期望得到的大概结果。

首次会议中介绍审核的范围、目的、计划安排；介绍评估议程和流程；介绍团队成员，建立审核团队和供应商代表间的联络渠道。首次会议上双方建立信任，直面问题，同时，更详细地交流采购产品的要求和关键特性等。

首次会议结束后，供应商参与人员（即质量经理、销售经理、工程部门领导、运营经理、各部门行政人员等）需记住审核范围和目的。

4. 实地审核

（1）参观工厂的检查要点。参观工厂是确认所获取的信息是否与合同相符的最好的、最直接的途径，检查要点如表 2-7 所示。

表 2-7　参观工厂的检查要点

序号	信息	具体说明
1	厂务管理	厂房是否整洁、干净，管理是否仔细、有效，安全、急救措施是否有保障等
2	仪器和设备	1. 检查所有的仪器和设备是否落满灰尘。 2. 如果有仪器和设备被盖住了，检查它们是否很脏，这可能说明这个仪器或设备需要被替换掉
3	质量控制规程手册	1. 想办法查看部分或所有的质量控制规程手册。 2. 检查质量控制人员、监视人员或审查人员使用的手册，如果有带有污点、规程手册卷边或折损的页面，则意味着手册还在被使用，反之则说明手册不被使用。 3. 查找修订日期时，应小心地询问厂内人员谁会使用质量控制规程手册，或者询问他们是否看见过或听说过质量控制规程手册

续表

序号	信息	具体说明
4	观察质量检验过程	1. 观察质量检验过程时应尽量确定抽取了多少个检验样本、在哪里抽取的检验样本、抽取间隔是多少，观察是否很好地计划并执行着质量检验标准。 2. 检查供应商保存的样品和产品，如果其系统地运行一个样品库，则说明高层管理者确实具备质量管理意识
5	专有信息与保密协议	1. 如果私下讨论专有信息，或参观能看到专有产品或工艺过程的区域，则应在参观之前得到有效的法律指示，与供应商确定专有信息与保密协议。 2. 应在仔细核实审核内容、审核团队的义务并表示同意之后，才能与供应商签订有关保密协议，使审核团队能够接触到专有产品或工艺。 3. 负责评估记录系统专有信息的人员数量控制在必需的范围之内

（2）工厂巡视中需要注意的事项如表 2-8 所示。

表 2-8　工厂巡视中需要注意的事项

序号	注意事项	具体说明
1	员工的工作态度	1. 员工工作态度可为其生产的产品质量情况和服务的可靠度提供参考。 2. 生产线工作人员之间的关系是融洽和谐还是怨声载道。 3. 主管人员对客户的关注程度。 4. 员工工作的精神状态以及对完成工作的兴趣。 5. 人员的安排、使用是经济合理型的，即各司其职；还是铺张浪费型的，即人多事少
2	生产设备的更新和保养	1. 生产设备是先进的还是已经过时的。 2. 生产设备是精心保养的还是有明显磨损的。 3. 操作人员对它们是专心养护还是任其堆尘积灰。 4. 生产设备是否具有足够的生产能力以满足产品数量的需求。 5. 生产设备的型号、尺寸是否适合用来生产购买者所需要的产品。 6. 是否具有自行开发、研制的用于非常规操作的精密机械设备
3	质量控制的方法	1. 确保产品质量规范的有效措施有哪些。 2. 供应商对取得的原材料是否进行化学分析和物理检验。 3. 生产过程中进行检验的频率。 4. 是否运用质量控制的统计方法等。 5. 质量控制的统计方法运用的有效程度
4	技术水平	1. 主管人员的技术水平。了解他们技术方面的能力，及其在监督管理过程中控制和改善运作过程的能力。 2. 技术人员的素质。同设计、研发部门或实验室人员进行交流，可以发现他们对产品生产所用的最新型材料、工具和程序的了解程度，以及该供应商在所在行业的预期发展情况

（3）评估记录系统。评估供应商的记录系统时应注意：选择大量观察点，以便能够对供应商记录系统的可接受度有一个判断。评估不要选择很久以前的样品，也不要选择太新的样品，选择的样品应在供应商能接受的最长的时间框架内。因为在这个时间框架里，任何问题都是不能找到借口的，这也可以用来检查记录系统数据检索的准确性，评估记录系

统的要点如表 2-9 所示。

表 2-9 评估记录系统的要点

序号	检查内容	评估方法
1	记录是否整洁	潦草的记录，如果是可以辨认的，就不能成为拒绝的理由，不能辨识则可作为拒绝的理由
2	进行的修改是否恰当	如果用一条线划掉了原始数据，但是没有涂去它，并标注了修改者的姓名，这样的修改是负责任的，是可以接受的，其他的方法则意味着是草率的或有编造数据的迹象
3	所有空位是否用印刷体填写	空格位置填上“—”和“不适用”是可接受的，“—”和“不适用”说明检验人员考虑了要求并按照要求去做了
4	系统检索是否及时、恰当	不能获得或遗失记录可能说明系统是不适当的
5	记录中是否包含随机变量	没有随机变量不应是拒绝的理由，除非它违反了一些具体的合同要求，有随机变量通常说明这是个专业的记录系统
6	数据质量情况	1. 如果记录中十分明显地出现准确数据，而且是某个特定参数（特别是恰巧在规定值的范围内），是值得怀疑的，也许这是人为的，也许是检验设备校正得太粗糙了。 2. 正常时，应当看到多组数据形成某种没有偏移的分布曲线图，在检查这些数据时，可以在头脑中构成其分布曲线图
7	档案整理与应用	1. 一大堆未归档的数据可能是由于缺乏人力、缺乏关心，或是缺乏真正的管理活动而引起的。 2. 采集数据不等于质量控制，最重要的是数据是否被用来影响产品质量。 3. 订货合同通常并不要求供应商提供详尽的随机变量数据、质量成本趋势分析、控制曲线图等档案，而这些档案有助于双方实现质量提升

（三）审核结果

1. 审核团队达成共识

在与供应商高层管理者进行会谈之前，审核团队形成共识非常重要。首先，避免内部出现不同声音；其次，这有助于团队既从整体上，又从部门功能上全面审视供应商。

2. 与高层管理者会谈

在考核结束后，审核团队领导应该对整个审核的评估结果做出简要的总结并展示全部的评估结论。总结宜先指出潜在供应商的优势所在，以使其充满信心。如果供应商代表对审核团队所指出的不符合要求的地方不能完全理解或认同，那就向对方解释，必须获得双方共同认可。

3. 制订持续改进或纠错计划

后续追踪持续改进或纠错计划对于考核是十分重要的，要讨论持续改进计划或纠错计划的后续步骤和时间框架，要指定供应商的人员。针对供应商的不足之处、改进措施、时间进度等达成共识并监督实施。供应商持续改进或纠错计划的概要如下。

（1）目标。改进或纠错的主要目标。例如降低产品或服务的整体成本，提高产品或服务的质量，缩短发送货物或提供服务的前置时间，提高即时送货或即时服务的能力。

列出并描述有助于实现目标的特定项目。例如采用员工培训，5S（整理、整顿、清扫、清洁、素养）现场管理法改善工厂秩序和行政区域的组织化程度，用六西格玛管理方法提高产品的首次合格率等。

（2）指标。包括目前的水平、目标以及阶段性指标。

（3）时间安排。在时间安排中，列出特定的项目、事件、任务以及结束日期。

管理办法范本 2-2

供应商审核管理办法

1　目的

规定对供应商审核的方式和基本准则，明确对供应商审核的活动要求，审核潜在供应商进入供应体系前的质量保证能力，审核供应商批量供货前的质量稳定情况，审核供应商批量供货后的质量体系保持持续稳定。

通过审核，促使供应商提升其产品质量保证能力，与公司保持同步发展。

2　适用范围

适用于本公司供应商的审核活动或对拟纳入供应资源体系的考核活动。

3　审核活动

为获得审核证据并对其进行客观的评估，以确定符合审核准则所进行的系统的、独立的并形成审核文件的活动。

4　职责

4.1　审核组组长编制审核计划，并组织实施。

4.2　审核组员负责编制审核检查表，对审核后出现的不符项进行跟踪、验证。

4.3　管理者代表或分管领导负责审核计划的审批工作。

5　审核方式

5.1　非现场审核。

通常情况下，对于产品质量稳定的供应商采取资料审核、监控确认的非现场审核方式，一般从以下几个方面进行。

a. 审核供应商按要求提交的相关材料，如：复印或扫描的产品质量证明文件、营业执照、第三方认证证书等资质证明文件。其中，对于代理商，其必须同时提供生产厂家的代理授权证明。

b. 确认样品试用情况。

c. 监控检验情况、售后反馈情况。

5.2　现场审核。

出现以下情形应对供应商采取现场审核。

a. 外部反馈出现批量的和突发性重大质量事故的。

b. 质量评分连续 3 个月分数走势下降，且平均每月下降 5 分及以上，经核实系由质量问题造成的。

c. 上年度供应商综合评价为 D 级（综合评价得分<60 分），拟再供货的。

d. 必要时，按照公司级指令实施供应商现场审核。

6　审核类型

6.1　潜在供应商审核。

a. 拟纳入供应资源体系的供应商及其生产的零部件。

b. 现有合格供应商进行扩供而生产的新增零部件。

6.2　生产件批准程序（PPAP）提交审核。

供应商批量供货之前，成熟产品生产线停产1年以上复产，场地变更、重大工程变更等进行PPAP提交审核，以产品确认、过程确认为主，主要评估能否批量生产。

6.3　常规质量体系审核。

确认批量供货状态后，进行常规质量体系审核。通常是根据体系年度覆盖要求，以及质量稳定情况审核。

6.4　飞行审核（必须是现场审核方式）。

一般指供应商零部件在使用中出现严重或批量性质量问题，或因供应商突发的问题可能影响到公司的生产经营活动而临时决定对供应商进行的及时、快速到位、针对性的现场审核。

7　现场审核工作程序

7.1　策划。

相关部门按5.2条提出需求，上报公司。

7.2　编制审核计划。

7.2.1　体系管理人员或供应商管理人员根据实际情况制订具体供应商审核计划。

7.2.2　提前与供应商沟通。

7.3　审核计划审批。

7.3.1　审核计划提交质量部门审核。

7.3.2　报管理者代表或分管领导批准。

7.4　组建审核组。

质量部门根据审核计划和实际需要组建审核组，其组员由质量、技术、采购、工艺和相关管理人员组成。

7.5　审核准备。

审核组组长负责做好审核前准备工作，具体如下。

a. 根据审核类别、审核内容，拟定审核方案。

b. 明确小组工作内容及分工，安排审核日程，明确审核有关要求。

c. 收集、汇总审核所需的相关资料（控制计划、整改措施、公关措施等），熟悉审核内容要求和相关质量管理体系标准。

d. 与待审核供应商提前确认好审核事宜。

7.6　首次会议。

7.6.1　审核组组长主持召开首次会议，参会人员包括审核组全体组员和供应商领导及有关人员。

7.6.2　首次会议主要讨论内容包括：审核目的、范围、日程安排、成员分工及工作纪律、供应商情况等。

7.6.3　会议时间一般控制在45分钟以内。

7.7 现场审核实施。

根据审核方案，进行现场审核取证。

7.8 末次会议。

7.8.1 审核组组长主持召开末次会议，通报审核情况。

7.8.2 双方确认不符合事项，双方确定后续整改事宜（整改计划、整改证据等）。

注：对于不能在规定时间内完成整改闭环的情形，应要求供应商先行提供整改计划，审核组可按照整改时间进行跟踪验证。若经多次提醒，供应商超出1个月仍未提供整改计划的，审核组上报公司进行处理。

7.9 编写审核报告。

7.9.1 审核组根据审核情况、不符合事项的验证结果编写供应商审核报告，对审核作出最终结论。

7.9.2 审核组按流程和范围发布审核报告。

注：对于不按时开展审核工作或未按照要求完成并提交审核报告等情况，须对责任人进行追责考核。

7.10 审核提出问题的整改跟踪。

完成审核后，审核组应继续完成以下工作。

a. 根据提出的整改要求，督促供应商提交整改计划，收集整改证据。

b. 对整改措施及相应的证据进行确认（对于未闭环的问题，审核组需要持续跟踪确认）。

c. 整改完成后，将闭环确认情况填写到审核报告中。

7.11 归档。

对审核情况进行归档，更新到相应管理台账中。

7.12 结果处置。

审核结果纳入供应商管理体系中，具体按相应流程和管理规定进行。

8 供应商审核注意事项

8.1 调查评估关键、重要质量特性所用生产设备和检验手段，按主要资源配备（含工艺装备状态）要求进行检查。特别要注意各关键工序（质量特性、特殊过程特性）所必备的设备（包括生产、检测设备）是否齐备，检验手段是否有欠缺，并做好记录。

8.2 调查评估现场质量控制情况。

着重对设备、工模夹具的管理和维护保养状态、工艺设计合理性，检测设备器具的管理和维护保养状态进行检查。按工艺要求执行情况、过程检验情况、重要过程参数或质量特性值监控和控制情况、全程质量跟踪批次管理实施情况等进行检查。

对生产现场的安全文明生产、定置管理、工位器具的合理使用也要进行检查，内容至少包括：空间布置、器具配备、设备设施、作业环境、作业操作、工序间产品堆积情况等。

8.3 随机抽取样品，按审核标准进行检查，检验项目按进货检验项目要求执行（特别要注意无检测手段能力的供应商检测控制情况）。

8.4 针对反馈的质量问题或整改要求，检查供应商是否制订了相应的改进措施，措施是否得到有效实施并对措施进行效果验证，做好检查情况记录。

8.5 供应商质量体系运行情况及主要二次配套情况检查。

对供应商质量体系的要求：是否按要求建立质量体系，如果供应商通过第三方质量体系认证并且产品质量稳定，可不进行全面的质量体系检查，而作适当的抽查。如未通过第三方质量体系认证，着重检查质量管理制度或相应技术文件是否完善，是否按规定执行以及主要二次配套件的检验、控制情况，并作情况记录。

8.6 审核组把检查发现的不符合事项整理汇总，经供应商确认后限期整改，并要求被审核供应商按规定格式提交整改计划，到期检查并验证整改效果，逐项过关。

8.7 所有检查的原始记录都应做好保存以方便查阅统计。

8.8 审核组根据实际检查的结果，编制审核报告。

8.9 原则上以审核标准作为核查依据，但在具体实施过程中，只要供应商的运行模式合理有效，且能够保证产品质量，也是可以接受的，也就是供应商的质量策划是按照产品质量先期策划（APQP）的思想，对整个过程进行了系统策划，其具体的质量策划步骤、过程方式可以不必完全等同于审核标准的具体条款，但界定了的主要节点及相关职能必须完成的业务活动均应有业务活动结果的输出物，同时其能够且必须进行有效性确认和评估，此种质量策划也可接受。

第四节　产品质量认证

产品质量认证是供应商评估的关键环节，产品质量认证包括样品试制认证、中试认证和批量认证三个环节。

一、样品试制认证

样品试制认证即对系统设计方案可行性的验证，企业与供应商之间达成技术折中方案。该过程主要包括签订样品试制认证合同、向初选供应商提供认证项目试制资料、供应商准备样品、认证人员对过程进行协调监控、调整技术方案、供应商提供样品、样品评估、确定物料项目样品供应商。样品试制认证程序如图 2-2 所示。

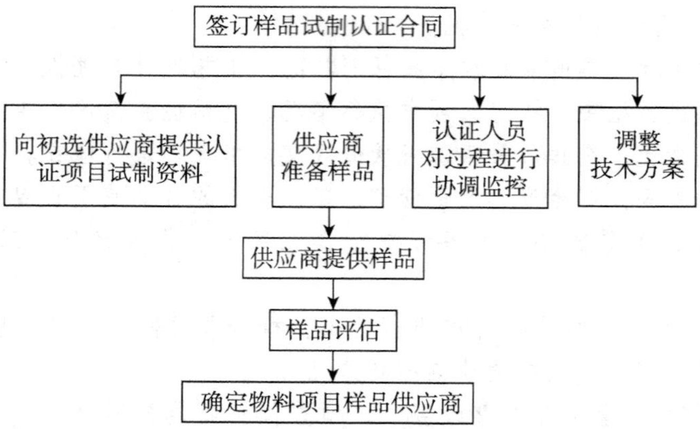

图 2-2　样品试制认证程序

（一）签订样品试制认证合同

与初选供应商签订样品试制认证合同，目的是确保初选供应商在规定的时间内提供符合要求的样品，样品试制通知书如表 2-10 所示。试制认证合同中应包括保密内容，即供应商应该无条件遵守的企业保密规定。

（二）向初选供应商提供认证项目试制资料

签订样品试制认证合同后，要向供应商提供更为详尽的资料，其中可能会包括企业的一些机密材料。

表 2-10 样品试制通知书

编号：

<table>
<tr><td colspan="2">名称</td><td colspan="2"></td><td colspan="2">主材□　　副材□　　成品□</td></tr>
<tr><td colspan="2">供应商</td><td colspan="2"></td><td>料号</td><td></td></tr>
<tr><td colspan="2">希望完成日期</td><td colspan="2"></td><td>确认日期</td><td></td></tr>
<tr><td colspan="2">应用产品</td><td colspan="2"></td><td>试验负责人</td><td></td></tr>
<tr><td colspan="2">资料</td><td colspan="4">1. 成分表
2. 型号目录
3. 打分单
4. 试制报名</td></tr>
<tr><td colspan="6">说明：</td></tr>
<tr><td rowspan="3">本表流程</td><td colspan="2">工程部门</td><td colspan="2">试验部门</td><td rowspan="3">备注：</td></tr>
<tr><td>经办人</td><td>主管</td><td>经办人</td><td>主管</td></tr>
<tr><td></td><td></td><td></td><td></td></tr>
</table>

注：本表一式四份，一份资料部门留存；一份工程部门留存；一份试验部门留存；一份总经理室留存。

（三）供应商准备样品

供应商获得试制资料以后就应开始着手进行样品的准备工作。样品的准备工作需要一个周期，不同认证项目其周期不同，对于那些要求较高或全新产品的样品往往需要几个月甚至一年的时间，而对于那些只是稍做改动的产品，其样品的准备时间较少。一般来说，同样情况下，电子件、机械件的准备周期相对较短，组合设备的准备周期相对较长。

（四）认证人员对过程进行协调监控

对于一些准备周期较长的认证项目，认证人员应该对过程进行协调监控，并且在遇到突发事件时应及时提出解决对策。

（五）调整技术方案

在有些情况下，可能需要企业与供应商之间进行技术方案的调整。

（六）供应商提供样品

供应商把样品制造出来之后，应把样品交送采购认证部门进行认证，表 2-11 为零部件样品送样保证书。

表 2-11　零部件样品送样保证书

零部件名称：　　　　　　　　零部件料号：
政府法规及（或）安全规定：
工程图纸变更版次：　　　　变更日期：
附加工程变更版次：　　　　变更日期：
一般工程变更版次：　　　　变更日期：
截图号码：　　　　　　　　采购订单编号：
零部件重量：　　　　　　　辅助检具号码：

供应商制造信息		送样信息	
供应商名称		样品规格	
供应商代码		客户名称	
地址		买方及买方代码	
邮政编码		应用范围	

送样原因：
□首次送样　　　　　　□变更替代材料或结构
□工程变更　　　　　　□供应商或材料来源变更
□零部件制程变更　　　□量产工具的新增、更替或重修
□缺失的新制造地点生产的零部件

要求的送样层级（请选择一项）：
□第一级：保证书、外观核准报告（只限于设计外观项目）
□第二级：保证书、零部件、图纸、检验报告、实验及性能测试报告、外观核准报告
□第三级：在客户地点上交零部件、保证书、图纸、检验报告、实验及性能测试报告、外观核准报告、制程能力报告、制程管制计划、量具探讨报告、FMEA（失效模式与影响分析）报告
□第四级：如第三级所列项目，零部件除外
□第五级：在供应商地点上交零部件、保证书、图纸、检验结果、实验及性能测试报告、外观核准报告、制程能力报告、制程管制计划、量具探讨报告、FMEA 报告

送样结果：
□材料　□功能　□尺寸　□外观　□制程数据
以上结果是否符合所有图纸及规格要求（如果“是”请在方框处做标记，如果“否”要求说明原因）

声明：
本人确定本保证书所提交的样品由本厂承制，并使用规定的材料，以正常的量产工具，按规定的制造程序和图纸要求所完成的。

供应商代表：　　　　电话：　　　　日期：

客户专用栏：
□拒收　□核准　□其他
零部件处理人员：　　　　电话：　　　　日期：

（七）样品评估

样品送到认证部门之后，由认证人员组织并协调相关部门。样品的评估内容包括性能、质量、外观等。依照制定认证项目的评估标准，对样品进行综合评估，一般需要参加评估的人员包括设计人员、工艺人员、质管人员、认证人员、订单人员、计划人员等。原物料（样品）试验报告如表 2-12，样品检验报告如表 2-13 所示。

表 2-12 原物料（样品）试验报告

日期： 年 月 日

试验项目			
样品数量		试验样品数量	
技术参数			
试验记录			
试验样品检验	QA（质量保险）确认：	主管核准：	
样品判定			
报告人		审核人	

表 2-13 样品检验报告

客户	样品名称	供应商	检验日期	检验人	判定人	检验结果

（八）确定物料项目样品供应商

完成以上工作，就可以集体确定样品供应商并报上级主管批准。样品承认单如表 2-14 所示，为保证所采购产品的质量，一般要选择三家以上的样品供应商。

表 2-14 样品承认单

□已发行制品规格书及购买标准
□未发行制品规格书及购买标准
申请编号：

申请单位：	主办：	主管：	日期：
样品名称：	□主材 □副材 □成品 □BOM（物料清单）所列材料		
公司料号：	供货商：	供货商料号：	
本案需检附：□规格承认书 □出货检验报告			

续表

<table>
<tr><td colspan="2">送样原因：□已开发厂商新样品　　□新厂商样品
□缩短交货期　　□提高质量
□材料规格变更　　□其他
□降低成本</td></tr>
<tr><td>样品来源：
□国内　□国外　□内购　□代理商</td><td>使用单位：
□制一车间　□制二车间
□制三车间　□其他</td></tr>
<tr><td colspan="2">工程部意见：
□见附件　□有条件承认　□直接承认　□不予承认
□需试制（试制通知书编号另外说明）　说明：
主办人：　确认人：　承认人：</td></tr>
<tr><td colspan="2">试制结果：
□见附件</td></tr>
<tr><td colspan="2">品质部检验结果：
□承认　□不予承认　□有条件承认
说明：
主办人：　确认人：　承认人：</td></tr>
<tr><td colspan="2">制造单位意见：
□承认　□不予承认　□有条件承认
说明：
主办人：　确认人：　承认人：</td></tr>
<tr><td colspan="2">工程部结论：
□承认　□不承认　□有条件承认　□其他
料号：
说明：
主办人：　确认人：　承认人：</td></tr>
<tr><td colspan="2">附注：</td></tr>
</table>

参考资料 2-3

这几天，天波公司皮经理的心情糟糕到极点。眼看着还有一个月项目就要进入量产阶段，但是事先未能识别出的问题频繁出现，让公司的管理层对采购部极其不信任，当然也威胁到皮经理的“地位”。

临下班时，皮经理联系小明，要求小明必须考虑所有的可能情况，拿出完整的解决方案。

这是一个机加工铝板的表面喷漆问题，原供应商多次送样，都因表面的脏点数量超出了图纸的要求而被拒收。天波公司的设计人员不同意放宽要求，原供应商表示自己已经尽力了，实在无法达到要求，不做了。

具体负责采购机加工铝板的是采购员小王，他刚来公司不久，所以联系了一家自认为熟悉的新供应商。新供应商的报价要比原供应商便宜10%，并承诺能够按照图纸要求做出合格品，还表示使用喷粉而不使用喷漆，效果会更好一些。

考虑到马上就要进入量产阶段，采购部需要首先确保供应，皮经理和主抓整个采购项目的小明都同意了这个方案，并向项目部和公司管理层做了汇报，声称问题马上得到解决。但是就在上周五，新供应商喷出的样品不但仍然有脏点，而且还有凹坑，也就是说，新供应商的喷粉效果还不及原供应商的喷漆效果。

新供应商说只能再多喷几个样品试一试，这是皮经理和小明都不能接受的。因为这就是试错法，根本就不靠谱。眼看事情变得更糟，小王又推卸责任，说是新供应商做出的承诺，一切责任都是新供应商的，跟自己没有关系。眼瞅着项目就要进入量产阶段，皮经理只能把希望都放在小明身上，希望细心的小明拿出解决方案。

“可是，我一直都是接收小王给我的二手消息，从来没有到过现场，也没人给过我可行性分析报告，对新供应商也不了解，怎么能拿得出可行的解决方案呢?”小明感到很委屈，第一次跟皮经理争辩。

“再找几家试试啊?”皮经理说。

“那不还是试错吗?”小明反问。

“这总比没有方案强。你知不知道，总经理随时会让我提交报告。”皮经理已经没有退路。

“我明白了。但我要求将此事交给我主导，小王辅助，我要对整个事情做调查，我会给你一个切实可行的解决方案，而且一个月内就能解决问题。”小明突然变得信心十足，这让皮经理有些诧异，但事已至此，不便多问，只能这样了。

其实，小明之所以信心十足，是因为他有一个好朋友是喷漆方面的专家。小明之前就跟朋友讨论过这个事情，朋友说喷漆和喷粉的表现效果是没有区别的，只是喷粉更环保一些，这间接驳斥了小王和新供应商的说法。但那时毕竟没有喷出样品，小明也不确定谁说的对，所以也就没有提过，但是现在看来，他的朋友是对的。

在与皮经理通话之后，小王立即给设计师小张打电话：“小张，聊十分钟，有空吗?”

“可以啊。”

“喷粉的样品出来了，还是不行。我想了解一下当初我们的标准是怎么定的。”

“在概念设计阶段，我们找公司附近的模型厂做的样品，人家喷的效果特别好，比这几次送来的明显要好很多。当时颜色、色差及其他要求，都是根据模型厂提供的样品制定的。”

“模型厂的样品有质检报告吗？我需要拿来跟现在的对比一下。”

“我们没要。”

“没关系，我来联系模型厂，非常感谢。”说罢，小明立即挂断电话，又给模型厂老板打电话。

“吴总啊，我是小明，好久没联系了，还好吗？有空讲两句?”毕竟有一段时间没打交道，小明先热一下场。

“我有空的。”吴总很热情。

“去年你喷的几块大铝板，还记得吗？有质检报告吗?”

“我们没有那个。”

“哦。实话实说，我们发现在南方找的几家很正规的生产商，喷出来的效果不如你们。

我想了解一下原因。”

“这个跟喷漆师傅的手艺有关系。你知道我们是做模型的，很多模型都是客户拿来参展用的，他们会用放大镜来找脏点、看色差，所以我们的喷漆师傅会特别小心。而且还得一次性喷好，因此，那些量产的工厂，做出来的东西肯定赶不上我们。”

调查至此，小明终于明白问题出在哪了。原来设计部是用“工艺品”的标准去要求“工业品”，这样的话，再找三家或五家供应商都白费。第二天，小明立即向皮经理汇报此事，并要求把机加工铝板交给模型厂喷漆，也就达到图纸的要求了，虽然价格更贵一些，但却是当下最合适的解决方法。

结合案例分析如何确定样品打样标准。

二、中试认证

经过试制认证之后，接着就要进行中试认证。它一般包括签订中试认证合同、向样品供应商提供认证项目中试资料、供应商准备小批件、认证人员对过程进行协调监控、调整技术方案、供应商提供小批件、中试评估、确定物料项目中试供应商。中试认证程序如图 2-3 所示。

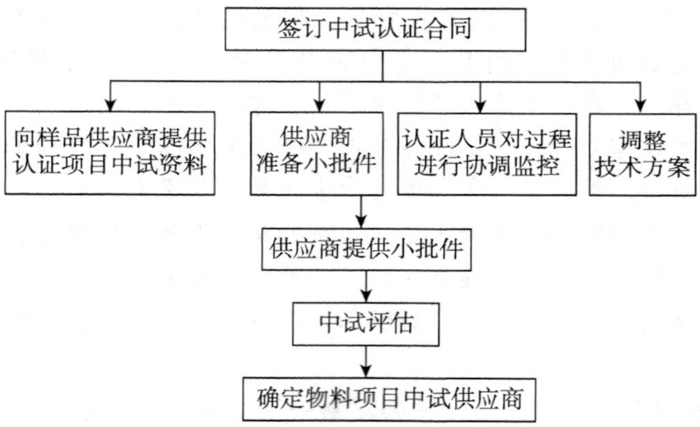

图 2-3　中试认证程序

（一）签订中试认证合同

样品试制过程结束以后，需要与样品供应商签订中试认证合同，使样品供应商在规定的时间内提供符合中试要求的小批件。

（二）向样品供应商提供认证项目中试资料

项目的中试资料是经过试制以后修改了的试制项目技术资料，如经过修改的机械图纸、电子器件参数、软件方案等。

（三）供应商准备小批件

准备小批件也需要一个周期，一般来说，小批件的生产周期要比样品周期短，因为供应商经过试制过程之后，在技术、生产工艺、设备以及原材料等方面都有一些经验了。

（四）认证人员对过程进行协调监控

在中试过程中，认证人员对过程仍需进行跟踪和协调监控。认证人员可以和供应商一起研究如何提高质量并且降低成本的方法，使批量生产具有可能性并最大限度地带来收益。

（五）调整技术方案

中试技术方案一般不会马上达到最佳状态，技术方案一般需要经过多次实施和对比后，才能确定性价比最优的方案。

（六）供应商提供小批件

供应商把准备好的小批件送到生产或认证部门，有时小批件要送到生产组装现场，有时需认证人员上门查验。

（七）中试评估

由认证人员组织，对小批件的质量、成本供应情况等进行评估。认证人员进行中试评估时也应协调其他部门共同制定认证项目的中试评估标准。需要参加评估的人员包括设计人员、工艺人员、质管人员、认证人员、订单人员、计划人员、生产人员等。原物料小批试制评估报告如表 2-15 所示。

（八）确定物料项目中试供应商

中试认证的要求比样品试制认证的要求要高，因此通过中试认证确定的供应商成为最后赢家的可能性较大。

表 2-15　原物料小批试制评估报告

日期：　　年　　月　　日

<table>
<tr><td>原物料名称</td><td colspan="4"></td><td colspan="2">供应商</td><td colspan="2"></td></tr>
<tr><td>单位产量</td><td colspan="4"></td><td colspan="2">试验日期</td><td colspan="2">月　　日至　　月　　日</td></tr>
<tr><td colspan="9">试验参数记录</td></tr>
<tr><td colspan="4">样品试验</td><td colspan="5">小批件试验</td></tr>
<tr><td>项目</td><td colspan="3">参数</td><td colspan="3">项目</td><td colspan="2">参数</td></tr>
<tr><td></td><td colspan="3"></td><td colspan="3"></td><td colspan="2"></td></tr>
<tr><td></td><td colspan="3"></td><td colspan="3"></td><td colspan="2"></td></tr>
<tr><td colspan="9">检验数据统计（与原物料性能相关的项目）</td></tr>
<tr><td rowspan="2">料号</td><td colspan="2">性能 1</td><td colspan="2">性能 2</td><td colspan="2">性能 3</td><td colspan="2">性能 4</td></tr>
<tr><td>不良品数量</td><td>不良率（%）</td><td>不良品数量</td><td>不良率（%）</td><td>不良品数量</td><td>不良率（%）</td><td>不良品数量</td><td>不良率（%）</td></tr>
<tr><td></td><td></td><td></td><td></td><td></td><td></td><td></td><td></td><td></td></tr>
<tr><td></td><td></td><td></td><td></td><td></td><td></td><td></td><td></td><td></td></tr>
<tr><td></td><td></td><td></td><td></td><td></td><td></td><td></td><td></td><td></td></tr>
<tr><td>合计</td><td></td><td></td><td></td><td></td><td></td><td></td><td></td><td></td></tr>
</table>

续表

<table>
<tr><td colspan="12">产能评估</td></tr>
<tr><td>料号</td><td>数量</td><td colspan="2">生产面积</td><td colspan="2">消耗量</td><td colspan="2">单位产出量</td><td>单价</td><td colspan="2">单位成本</td><td>备注</td></tr>
<tr><td></td><td></td><td colspan="2"></td><td colspan="2"></td><td colspan="2"></td><td></td><td colspan="2"></td><td></td></tr>
<tr><td></td><td></td><td colspan="2"></td><td colspan="2"></td><td colspan="2"></td><td></td><td colspan="2"></td><td></td></tr>
<tr><td>合计</td><td></td><td colspan="2"></td><td colspan="2"></td><td colspan="2"></td><td></td><td colspan="2"></td><td></td></tr>
<tr><td>判定</td><td colspan="11"></td></tr>
<tr><td>工艺部</td><td></td><td>生产部</td><td></td><td>计划部</td><td></td><td>品质部</td><td></td><td>采购部</td><td></td><td>认证部</td><td></td></tr>
</table>

三、批量认证

批量认证一般包括签订批量认证合同、向中试供应商提供认证项目批量生产技术资料、供应商准备批量件、认证人员对过程进行协调监控、调整技术方案、供应商提供批量件、批量评估、确定物料项目批量供应商、落实批量供应商。批量认证程序如图 2-4 所示。

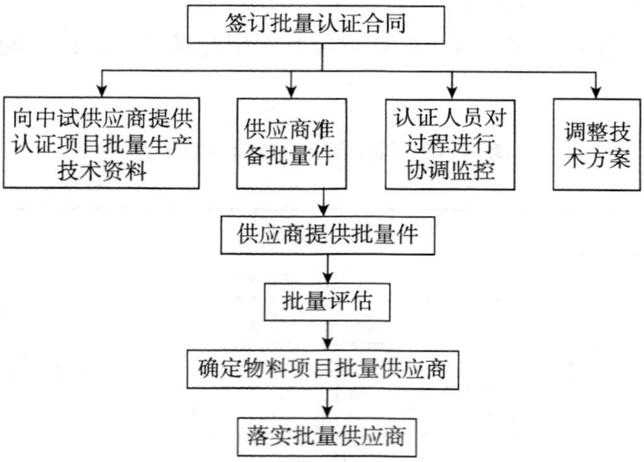

图 2-4　批量认证程序

（一）签订批量认证合同

与选定的中试供应商签订批量认证合同，使中试供应商在规定的时间内能够提供符合要求的批量件。

（二）向中试供应商提供认证项目批量生产技术资料

项目批量生产技术资料是经过中试修改的技术资料，如可以大规模投放生产的机械图纸、电子器件参数、软件方案等。

（三）供应商准备批量件

准备批量件需要一定的时间，供应商要想生产批量件就要提高自动化水平，配备相应的批量生产设备。如机械行业中的冲床、电子行业中的自动化设备等。

（四）认证人员对过程进行协调监控

批量认证过程也需要进行跟踪，认证人员与订单人员应随时跟踪生产中可能出现的异常情况。

（五）调整技术方案

大规模生产追求的目标是系统的稳定性和可靠性，否则便失去了批量认证的意义。认证机构应该对产品的稳定性和可靠性负责，及时跟踪技术方案的实施情况，根据实际情况对技术方案进行适当修改。

（六）供应商提供批量件

供应商把准备好的批量件运送到生产部门，有时批量件也需要运送到生产组装线。

（七）批量评估

采购方向供应商索要或订购适当数量的物料来进行批量试产，需要全部样品通过评估这个环节才算真正结束。试生产阶段的第一批订货的数量不宜太大，一般为4000~5000件比较合适，不同的企业对此有不同的规定。原物料批量评估报告如表2-16所示。

表2-16　原物料批量评估报告

日期：　　年　　月　　日

<table>
<tr><td colspan="2">原物料名称</td><td colspan="3"></td><td colspan="2">供应商</td><td colspan="2"></td></tr>
<tr><td colspan="2">单位产量</td><td colspan="3"></td><td colspan="2">试验日期</td><td colspan="2">月　日至　月　日</td></tr>
<tr><td colspan="9">试验参数记录</td></tr>
<tr><td colspan="3">样品试验</td><td colspan="3">小批件试验</td><td colspan="3">批量试验</td></tr>
<tr><td>项目</td><td colspan="2">参数</td><td>项目</td><td colspan="2">参数</td><td>项目</td><td colspan="2">参数</td></tr>
<tr><td></td><td colspan="2"></td><td></td><td colspan="2"></td><td></td><td colspan="2"></td></tr>
<tr><td></td><td colspan="2"></td><td></td><td colspan="2"></td><td></td><td colspan="2"></td></tr>
<tr><td colspan="9">检验数据统计（与原物料性能相关的项目）</td></tr>
<tr><td rowspan="2">料号</td><td colspan="2">性能1</td><td colspan="2">性能2</td><td colspan="2">性能3</td><td colspan="2">性能4</td></tr>
<tr><td>不良品数量</td><td>不良率（%）</td><td>不良品数量</td><td>不良率（%）</td><td>不良品数量</td><td>不良率（%）</td><td>不良品数量</td><td>不良率（%）</td></tr>
<tr><td></td><td></td><td></td><td></td><td></td><td></td><td></td><td></td><td></td></tr>
<tr><td></td><td></td><td></td><td></td><td></td><td></td><td></td><td></td><td></td></tr>
<tr><td></td><td></td><td></td><td></td><td></td><td></td><td></td><td></td><td></td></tr>
<tr><td>合计</td><td></td><td></td><td></td><td></td><td></td><td></td><td></td><td></td></tr>
<tr><td colspan="9">产能评估</td></tr>
<tr><td>料号</td><td>数量</td><td colspan="2">生产面积</td><td>消耗量</td><td>单位产出量</td><td>单价</td><td>单位成本</td><td>备注</td></tr>
<tr><td></td><td></td><td colspan="2"></td><td></td><td></td><td></td><td></td><td></td></tr>
<tr><td></td><td></td><td colspan="2"></td><td></td><td></td><td></td><td></td><td></td></tr>
</table>

续表

合计											
判定											
工艺部		生产部		计划部		品质部		采购部		认证部	

（八）确定物料项目批量供应商

根据批量评估结果，选择合适的物料项目批量供应商。

（九）落实批量供应商

对于新的供应商，一旦其评估结果达到采购商的要求，那么便可接纳该供应商成为合格供应商，可加到合格供应商清单中去。合格供应商清单是采购部门下订单的依据，内容列项应尽量详细，包括供应商名称、采购类别及项目、产能、采购周期、最小采购批量、最小包装数、联系电话、联系人和备注等。表 2-17 所示为某企业的合格供应商清单，该清单只列出了合格供应商的部分信息。

表 2-17　合格供应商清单

日期：　　年　　月　　日

序号	供应商编号	供应商名称	联系方式	供应物料	最后复查时间	备注

确认人：　　　　　　　　　审核人：　　　　　　　　　填表人：

管理办法范本 2-3

样品验证管理办法

1　目的

为规范公司对配套供方的零部件的验证、追踪、评估等管理程序，明确公司各部门的职责和权限，达到我司零部件的质量要求，对引入的配套供方的样品质量起到评判作用，特制定本管理办法。

2　适用范围

适用于公司对供应商提交样品的管理和已通过我司零部件生产准入原则并考察合格的供应商样品验证的管理。

3　职责

3.1　配套部负责接收和保管样品，采购小批量零部件，并要求供应商支付委托检测费用，在得到样品及小批量零部件的生产质量反馈后向供应商传递反馈信息，组织技术部、品质部对供应商现场进行考察。

3.2　技术部负责与供应商进行技术对接，负责样品技术资料验证方案的提出，与品质部共同确定需委托的检验项目。

3.3　品质部负责检验样品及小批量零部件，做好质量记录，与技术部共同负责确定需委托检验项目，将顾客反馈信息收集、汇总，总结出供应商样品及小批量零部件检验结果合格与否的结论。

3.4　生产部负责安排样品及小批量零部件的生产。

4　术语和定义

无

5　作业程序

5.1　样品提交及保管

5.1.1　技术部与供应商完成技术对接工作，并进行书面签字确认及总经理审批后，将会签审批后的图纸文件发放至品质部，由供应商向公司提供样品，样品必须是在根据零部件工艺确定的最终生产条件下制造的，A、B 类零部件不少于 3~5 件，C 类零部件不少于 5~10 件。

5.1.2　供应商提交样品的同时，如能提供国家权威检测机构和其他主机厂出具的零部件全特性检验报告、进行破坏性检验的报告；关重件的热处理焊接、锻造、探伤、平衡等特殊工序的检验报告；国家强制检验项目及零部件技术条件要求检验的性能试验报告等，我司均可认同，配套部确认资料的真实性后，将以上资料转交品质部。

5.1.3　对向国内主流汽车厂稳定供货一年以上的供应商，其同类配套件为我司配套可免去考察，对样品验证的过程可简化部分走样环节（仅指可靠性、道路试验及小批走样）。但必须提供相应的资格证明和各类试验报告，配套部确认供方资料的真实性后，将以上资料转交品质部。

5.1.4　品质部、技术部共同确定需委托检验项目。对需委托的检验项目，品质部根据检测项目测算检测费，由品质部通知供应商该样品的检测费用，要求其向我司财务部支付检测费，原则上须得到供应商的书面认可后，品质部方可将样品委托检测，委托检验须在 20 个工作日内完成。

5.1.5　配套部负责样品接收并放置于样品区域内。

5.1.5.1　配套部物料库房对样品应单独划分区域存放，并做好标识。

5.1.5.2　配套部物料库房建立样品台账，内容包括：名称、型号、数量、出入库日期。

5.2　样品验证

5.2.1　品质部按技术部提供的技术资料和零部件图样的要求，确定样品的检验项目，按验证数量到配套部物料库房领取样品，对样品进行全部检测并填写结论。原则上 A、B 类零部件需进行全部检测，公司无此检测手段的，应送至有检测手段的同类零部件供应商或获得国家认可的检测机构进行检测。

检验出的不合格品，由配套部通知供应商补送，再次检验不合格，则终止验证工作，将全部检验样品退配套部物料库房（并附上检验结果），品质部书面通知供应商进行整改，整改合格后可再次验证。样品检验合格后，品质部进货检验员在“样品鉴定表”“小批量零部件试装流转表”上签署意见，报部门领导审核，并将该流转表移交技术部。

5.2.2　技术部确认需验证项目、装机特殊要求等事宜，在一个工作日内，由技术部部长审核后，将“样品鉴定表”“小批量零部件试装流转表”交品质部。

5.2.3　品质部进厂检验员将经技术部认可的“样品鉴定表”“小批量零部件试装流转表”交配套部物料库房，物料库房按所验证零部件的数量、厂家将样品及“样品鉴定表”“小批量零部件试装流转表”一起交生产部。

5.2.4　生产部按验证装机数量从配套部物料库房领取样品进行生产装配、磨合，作业过程中，生产部按作业指导书的要求进行作业，并如实填写装配、磨合情况，并将“样品鉴定表”“小批量零部件试装流转表”移交品质部。品质部过程检验人员对样机进行挂牌标识并记录。生产过程中出现品质异常，检验人员通知现场技术人员进行判定，如属不能现场解决的问题，则停止验证过程，由品质部向供应商进行信息反馈，要求其进行整改。

5.2.5　A、B类零部件生产部在十五个工作日内完成验证工作，C类零部件在五个工作日内完成。

5.2.6　装有A、B类零部件（除电喷系统外）的验证机在做完性能试验后，由技术部、品质部根据该样机各零部件的磨损情况，确定各零部件的具体处理办法。评价结果为可以使用的零部件可以装机使用，发动机按售后服务使用，不能使用的零部件做报废、培训用途管理。

5.2.7　对装有C类零部件经验证合格的发动机，允许作为商品机出售，由生产部书面通知品质部机型、机号等，品质部负责收集售后信息。

5.2.8　品质部进行成品质量检验后将检验结果填写在“样品鉴定表”“小批量零部件试装流转表”上。品质部五个工作日内组织技术部、生产部、配套部的相关人员进行综合评估，确定能否进行小批试装及对零部件提出改进意见，形成评估结论后传相关部门会签，报分管技术、质量的公司领导审批后，结束验证过程。

5.3　小批量零部件试装

5.3.1　走样合格的零部件才能进行小批量零部件试装。

5.3.2　小批量零部件试装由技术部全程组织、跟踪。小批量零部件试装，A、B类零部件分三次进行，第一次不超过20件，第二次不超过30件，第三次不超过50件。小批量零部件试装必须在样品验证合格后一年内完成，并与生产进度相结合。C类零部件在一个月内可分两次进行，第一次不超过40件，第二次不超过60件。配套部通知供应商提供小批量零部件试装的零部件和相关资料，并办理正常入库手续，分管配套员填写“样品鉴定表”“小批量零部件试装流转表”，配套部部长审核，报分管技术、质量的公司领导审批后，交技术部。

5.3.3　技术部确认小批试装需验证项目、装机特殊要求等事宜，在一个工作日内，由技术部部长审核后，将“样品鉴定表”“小批量零部件试装流转表”交品质部。

5.3.4　品质部按技术部确认的验证项目、零部件图样、技术要求对样品进行抽样检验，并填写检验记录，在记录上注明“小批试装”，检测合格后方可进行小批试装，将“样品鉴定表”“小批量零部件试装流转表”交生产部。如出现不合格品，通知供应商进行整改后继续验证。

5.3.5　生产部根据具体生产情况，组织装机验证工作，正常生产情况下在十五日内完成，特殊情况临时安排。小批试装合格后，生产部在一个工作日内将填写好的“样品鉴定表”“小批量零部件试装流转表”交品质部。

5.3.6　品质部接收到生产部传递的“样品鉴定表”“小批量零部件试装流转表”后，由品质部组织生产部、技术部、配套部的相关人员及公司领导，对试装零部件进行评审，确认试装零部件能否进行商品销售及对供应商零部件提出改进意见，形成评估结论后传相关部门会签，评审未通过，配套部将信息通知供方。供方根据不合格问题进行整改，整改合格后重新提交样品试装申请，经技术部、品质部、生产部确认已整改合格（必要时进行现场考察），方可重新进行样品、小批量零部件试装；评审结论为合格，由技术部将该供应商纳入合格供方名单。

5.3.7　技术部将小批试装结束，评审可批量生产的零部件，在一周内增补为合格供方，并由配套部将确认通知在三个工作日内传递给供方。

6　相关文件

6.1　供应商控制程序文件

6.2　供方引进管理办法文件

7　质量记录表

如表 2-18 所示。

表 2-18　质量记录表

序号	质量记录编号	名称	存放处	保存期限
①		样品鉴定表		两年
②				
③				
④				
⑤				

本章小结

1. 供应商开发包含供应商数量开发和供应商关系开发两类；供应商开发的流程如下：明确需求、供应市场分析、编制开发进度表、供应商初选、供应商考察及审核、询价和报价、合同条款谈判、确定最终供应商。

2. 供应商选择与评估方法有：直观判断法、招标法、协商法、成本分析法、层次分析法、线性权重法、模糊评价法、数据包络分析法、数学规划法、人工神经网络算法、群决策组法、TOPSIS 法等。

3. 供应商评估的内容包含供应商管理能力，员工素质，成本结构，质量管理体系，工艺和技术开发能力，财务稳定性，产能，生产计划及控制系统，健康与安全，合同分包情况，合作潜力，环境保护能力，信息技术能力，地理位置与运输距离等方面。

4. 供应商审核流程包含审核前准备、审核中要点、审核结果三项。其中审核前准备包含制定良好的审核方案、组建专业审核团队并进行良好培训、提前与供应商交流；审核中要点有供应商审核议程、供应商审核注意事项、召开首次会议、实地审核；审核结果包含审核团队达成共识、与高层管理者会谈、制订持续改进或纠错计划。

5. 产品质量认证是供应商评估的关键环节，产品质量认证包括样品试制认证、中试认证和批量认证三个环节。

综合案例分析

大型连锁药店的陈某作为采购经理，拥有多年的采购经验，专门负责奶粉的采购工作。最近，他正和一个荷兰奶粉品牌谈判奶粉采购项目。药店老板之所以看重这一品牌的新品奶粉，主要是因为其品牌影响力大，奶粉利润率高，因此派陈某和对方洽谈采购业务。

这一奶粉品牌将中国区的总部设在南京，陈某向对方提出要实地考察，当面商谈具体事宜，对方的新品奶粉项目客户经理表现得非常热情，欢迎陈某到公司考察。在出发前，陈某安排了物流部门、仓储部门、质量文件部门的同事各一人，在陈某的带领下组成一个4人考察小组。

陈某的团队下午到达南京后，没有立即通知对方，而是在供应商总部附近的酒店住了下来。4个人在房间里开会，拿出了书面资料，陈某还对3个小组成员交代了注意事项。第二天早上8点，陈某给对方客户经理打电话，说自己已经到总部了，现在要参观。对方客户经理非常诧异，没想到陈某这么快就到了“自家门口”。见面以后，陈某和对方说，自己是连夜坐飞机赶到南京的，并且4个人均表现出非常疲倦的样子。

果然，供应商的接待人员放松了警惕，带陈某的考察小组到工厂的各处参观，而陈某的同事也都暗中做了记录。

在办公室查看文件时，负责质量文件的同事还拍了照片，当然是在供应商允许的情况下拍的。在考察过程中，陈某发现供应商的奶粉确实是直接从荷兰进口的，且相关证书齐全。而且，供应商的接待人员还带领陈某参观了自主生产奶粉的工厂，并表示如果陈某有采购意愿，可给出低于现批发价的优惠价格，但前提是要大批量采购。

午餐时间到了，供应商的接待人员表示要带陈某的考察小组到一家有名的酒店用餐，但陈某提议在其食堂吃午饭，并表示对其自主生产的奶粉非常感兴趣，下午可以细谈一下。

看陈某对更大的订单生意感兴趣，客户经理赶忙通知食堂加餐。在午餐结束时，陈某偶遇了一个小伙子。这个小伙子是负责给供应商送牛奶的，中午在食堂用餐。陈某借机向其询问供应商的信誉如何，是不是给牛奶厂及时打款，每个月可以送多少车牛奶，对这家供应商的印象如何等。经过洽谈，陈某对这家供应商有了更细致的了解。回去以后，将情况报告给老板，并且建议增加对该供应商自主生产的奶粉的采购量。理由是，这家供应商生产的奶粉在当地销量和口碑还可以（这些信息都从那个小伙子那里得到），而且该品牌奶粉尚未在本市销售，一旦打开市场，连锁药店的奶粉销售业绩肯定会随之增长。最后，陈某的连锁药店和该品牌奶粉供应商签订了为期两年的荷兰原装进口奶粉采购合同，此外还采购了15万件该供应商自主生产的奶粉产品。

请结合所学内容综合评价此次供应商考核行为。

第三章　供应商合同管理

学习目标

1. 了解采购合同的定义和分类。
2. 理解采购合同管理的相关内容。
3. 掌握采购合同的内容和主要条款。
4. 掌握采购合同审查的内容。
5. 明确采购合同的履行、修改、督导、解除与终止。
6. 理解采购合同的日常管理和注意事项。

知识要点导图

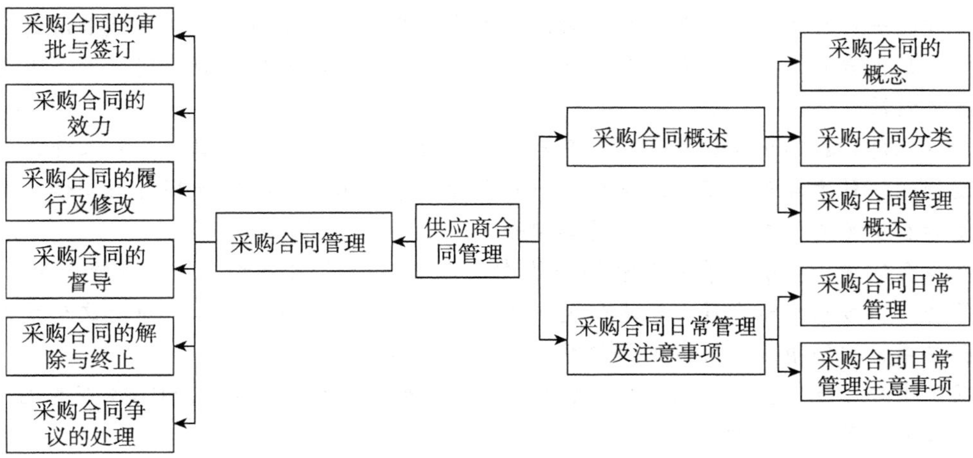

导入案例

东北某林区木材厂依靠原材料有保证的优势，就地制造成本比较低的传统木器，获得了可观的经济效益。但该厂的设备落后，产品工艺陈旧，限制了工厂发展。因此，该厂决定投入巨资引进设备，进一步提高生产效率，开拓更广阔的市场。

他们通过某国际经济技术合作代理公司与外国某木工机械集团签订引进设备合同，总价值 110 万美元。4 月，外方按照合同规定，将设备送进工厂，外方人员来工厂调试安装。中方验收过程中发现，该机器部分零件磨损痕迹严重，开机率不足 70%，不能投入生产。

中方向外方指出，设备存在质量问题，未达到合同机械性能保证的指标，并向外方征询解决办法。

外方表示将派高水平的技术人员赴厂研究改进。两个月后，外方派来的工作组到厂，更换了不符合标准的部分零件，再次调试机器，但经过验收仍然不符合合同规定的技术标准。

调试研究后外方答应回去研究，但再无下文。后来厂方经过代理公司协调，外方人员来厂进行调试后验收仍未能通过。中方由于安装、调试引进设备已基本停产，半年没有效益。为尽快投入生产，中方准备通过谈判，做出一些让步，只要保证设备大体符合生产要求即可。

这正中外方下怀，他们马上答应，签署了设备验收补充协议，外方公司进行第三次调试。但调试后，只有一项指标达到标准，中方认为不能通过验收。但外方公司认为已经达到规定标准，双方遂起纠纷。本来，外方设备存在质量问题，中方完全有理由据理力争，但双方纠纷发生后，外方却显得理直气壮，搞得中方苦不堪言。其症结到底何在呢?

原来，双方签署的补充协议中，经中方同意，去掉了部分保证指标，并对一些原规定指标放宽需求，实际上是中方做出了让步。但是让步必须是有目的的和有价值的，重新拟定的条款更需做有利于中方的、明确清晰的规定，不然可能造成新的损失。

但该补充协议中竟然拟定了这样的条款：某零件的磨损程度“以手摸光滑为准”、某零件“不得出现明显损坏”等。这种空泛的、无可量化的、无可依据的条款让外方钻了空子。根据这样的模糊规定，外方坚持认为其设备达到了条款标准，双方争执不下。

中方的一位负责人说，签订合同时，有关索赔条款的很多内容他都不是很清楚，也未请律师。只把索赔看成了一种不可不行的合同模式，也根本未想到会出现纠纷，可见法律意识多么淡薄。

中方在外方拒不承认设备质量不符合标准的情况下，被迫聘请律师，要求外方按原合同赔偿损失。外方在千方百计地拖延一个月之后，才表示愿意按实际损失来赔偿。中方认为赔偿后至少可以保本，但结果又是南柯一梦。

在原合同中，精明的外方在索赔条款中写进了一个索赔公式，由于这个公式相当复杂，签约时中方人员根本没有认真研究就接受了。按照这个公式计算，即使这套设备完全不符合要求，视同报废，外方也仅仅赔偿设备引进总价的0.8%。

况且中方已承认其中一项指标符合标准。110万美元的损失只赔偿0.88万美元，中方负责人被激怒了，外方却始终傲慢无理。

此时，律师建议依法仲裁。查看合同有关仲裁的条款时，令人大吃一惊。如按合同进行仲裁，吃亏的仍然是中方。因为合同中写道：如在履行本合同过程中，发生需执行仲裁的纠纷，仲裁在被诉一方所在国进行。

如果中方提出仲裁，只能在对方所在国进行，中方将要付出巨大的代价，但如果不提出仲裁，将同样受到巨大的损失，而且外方显然不可能提出仲裁。

如果中方想要外方提出仲裁，中方只能拒付货款。国际贸易中，中国银行出具的不可撤销的保证函已与合同一起生效，银行方面为了保证信誉，遵守国际惯例，不可能拒付，即中方不可能违约。仲裁与否，中方真是进退两难。外方在中方这种欲进不能、欲罢不止的情况下，提出所谓的新的解决办法。

最后，中方在万般无奈的情况下，接受了对方赔偿设备引进总价的12%的最终方案。机器两年来根本就不能运转，没有创造任何经济效益。现在，虽然能勉强运转，但仍需要不断地调整修理。

中方在签订合同时没有仔细确定合同的细节，最终上当受骗，而且造成了不能挽回的损失。在谈判和签订合同的时候，要注意确定谈判的细节和签约的细节，不能马虎大意。合同签署前，确认每一个细节条款，对于不合理的地方，要及时指出，共同商讨，如果不能达成一致的话，宁愿放弃这次谈判。

第一节　采购合同概述

一、采购合同的概念

（一）采购合同定义

采购合同是指出卖人转移标的物的所有权于买受人，买受人支付价款的合同。采购合同属于买卖合同的一种，是社会经济生活中普遍存在的合同之一，它是明确平等主体的自然人、法人、其他组织之间设立、变更、终止在采购物品过程中的权利和义务关系的协议，是确立物品采购关系的法律载体。

（二）采购合同的法律特征

1. 采购合同是诺成合同

采购合同的当事人只要就合同的主要条款达成协议，供应商无须将标的物现实地转移到采购商手中或者是采购商无须将金钱现实地交付给供应商，采购合同即告成立。

2. 采购合同是双务有偿合同

采购合同成立以后，当事人均应履行一定的义务，供应商将标的物所有权转移给采购商，采购商向供应商支付相应的价款，双方的权利和义务是相对应的，任何一方在享受权利的时候都要向对方履行相应的义务。因此，采购合同是双务有偿的合同。

3. 采购合同一般为非要式合同

采购合同根据采购主体的不同，分为非政府采购合同和政府采购合同。所谓非政府采购合同是指私人采购合同。对于私人采购合同，我国立法原则上要求为非要式合同，只要采购主体就合同的主要条款达成协议，合同即告成立。至于当事人之间将该协议的内容用何种形式表现出来，法律不加干涉，除非当事人之间有特别约定。虽然法律对私人采购合同内容的表现形式未加以干涉，但在实践中，为了使采购合同当事人因该合同发生争议时能够提供有力证据，顺利解决纠纷，双方当事人在签订合同时最好采用书面形式，以免对企业的经营造成不利影响。

政府采购合同是一种特殊的合同，它除了要适用我国《中华人民共和国民法典》（简称《民法典》）的基本原则和规定外，还应适用我国《中华人民共和国政府采购法》（简称《政府采购法》）的特别规定和相关行政法规的某些原则和规定。《政府采购法》规定采购合同内容的表现形式应该用书面形式，那么就政府采购合同来说就是要式采购合同。

二、采购合同分类

合同作为法律形式的存在，其类型由于合同内容的多样化和复杂化而各不相同，采购合同的类型如下。

（一）按定价机制分类

所有采购合同都基于某种定价机制，一般在支付条款中描述价格成本，但对定价模型、成本要素、价格指数或其他要素的具体描述通常放在明细表或附录中。如果用到具体定价方法或成本模型，最好在明细表中举出例子，展示根据现有数据计算价格或成本的方法，这样当事人都可以清楚地了解计算过程。表 3-1 列出了采购合同的主要类型。

表 3-1　采购合同的主要类型

<table>
<tr><th>合同类型</th><th>描述</th><th>买方风险</th><th>卖方风险</th></tr>
<tr><td>严格固定价格合同</td><td>无论环境怎样改变，合同中的价格都不产生变化</td><td rowspan="4">低
↓
高</td><td rowspan="4">高
↓
低</td></tr>
<tr><td>根据价格上下浮动调整的合同</td><td>根据某种特定且可识别的变化的物料价格，合同基价也相应地提高或降低</td></tr>
<tr><td>根据预期调整的固定价格合同</td><td>根据人工及物料的最佳估计得出最初的目标价格，一旦达到了某种具体的水平或产量，重新协商目标价格</td></tr>
<tr><td>固定价格合同附加激励机制</td><td>根据对人工及物料的最佳估计得出最初的目标价格，然后在指定的日期内根据规定的分配率，分享由于供应商的举措节约下的成本</td></tr>
</table>

1. 严格固定价格合同

严格固定价格合同最基本的合同定价机制就是严格固定价格。在这种类型的采购合同中，无论总体经济状况、行业竞争、供给水平、市场价格或其他环境因素发生怎样的变化，协议价格都不会发生改变。

如果所采购产品或服务的市场价格高于合同价格，那么卖方将要承担财务损失所带来的冲击。如果由于外部因素如竞争、技术或原材料价格等引起市场价格低于合同价格，买方将要承担财务损失风险。

供应商关心自己在竞争性固定价格条件下获取合理利润的能力，因此，如果存在很大的不确定性，供应商为防止成本增加会提高合同价格，但如果预期情况没有发生的话，采购商就为产品或服务支付了过高的费用。

2. 根据价格上下浮动调整的合同

如果所采购产品要在较长时期内才能完成供应，而且成本提高的可能性也很大，双方可能会协商在合同内加入价格浮动条款，即达成根据价格上下浮动调整的合同。这为供应商提供了很大程度上的价格保护，采购商也享受到了潜在的降价机会带来的好处。

3. 根据预期调整的固定价格合同

在执行采购合同前可能会出现这样的情况，双方并不能准确预测所需要的人工或物料成本及数量（如一项未经证实的技术），因此，签订根据预期调整的固定价格合同会更加合适。在这种情况下，买卖双方根据对生产新产品时所需的人工及物料的最佳估计协商出最初的目标价格。一旦达到了合同中商议好的产量，双方将审查生产过程并重新确定修改后的固定价格。在应用此合同时也应谨慎，因为需要对将来的某些事宜达成一致的合同并不能强制执行。

4. 固定价格合同附加激励机制

固定价格合同附加激励机制中合同条款允许采购商与供应商共享成本节约。如果供应商能够通过提高生产效率或使用替代物料实现实际成本节约，则会按之前规定的分配率在双方间分享由此节约的成本。此类合同一般适用于采购高成本及提前期相对较长的产品。

在与供应商协商合同类型时，以下几个因素尤为重要。

（1）要素市场的高度不确定性。要素市场价格越不稳定，或上升或下降，双方之间越不宜使用严格固定价格合同，如与国际供应商签订合同时容易出现汇率波动而不签订严格固定价格合同的情况。

（2）采购合同期限的长短。采购合同的期限越长，供应商很可能越不愿意接受严格固定价格合同。

（3）买卖双方间的关系。如果双方都从过去的合作中受益或已建立起高度的信任，则双方更倾向于通过合作来确定可允许成本。

（4）流程或技术高度不确定的产品或服务。一般不愿意选择使用严格固定价格合同，可能更愿意采用固定价格合同附加激励机制，以期供应商能够通过持续的改进来降低成本，使双方获益。

（5）当合同总价值或成本较高时，双方必须作出更大的努力来建立一种有效的定价机制。

根据我国法律的规定，合同成立后，发生了当事人在订立合同时无法预见的、非不可抗力造成的不属于商业风险的重大变化，继续履行合同对于当事人一方明显不公平或不能实现合同目的，当事人请求人民法院变更或解除合同的，人民法院应根据公平原则，并结合案件的实际情况确定是否变更或解除合同。

参考资料 3-1

2017 年 6 月 21 日，A 公司与 B 公司签订了一份原材料采购合同，约定由 B 公司向 A 公司提供某规格的原材料 2000 吨，单价为 585 元/吨，总货款为 117 万元，约定在 A 公司交货，2017 年 9 月底结清货款。

合同签订后，A 公司当即以 117 万元的银行承兑汇票向 B 公司交清了全部货款。2017 年 8 月 29 日，A 公司收到 B 公司发出的通知函，函称所订合同因原材料价格大幅上涨，原材料单价涨至 1245 元/吨。B 公司数次与 A 公司联系都没有得到回复。

合同期满后，A 公司于 2017 年 10 月 8 日收到 B 公司送货 500 吨。11 月 7 日再次收到 B 公司送货 300 吨，当月，A 公司派人亲自去 B 公司提货 800 吨。此后，B 公司未再供货。

2017 年 12 月 1 日，B 公司以 A 公司为被告向法院提出诉讼，以合同标的物价格大幅度上涨属于情势变更为由，请求变更或解除双方于 2017 年 6 月 21 日签订的合同。

案例解析：

本案例中，双方当事人签订采购合同后，在履行合同的过程中原材料价格上涨，且上涨幅度约为 112.82%，属于价格疯涨情形。这种情形是 B 公司不可预见、不可避免也无法克服的，若按照原合同执行，对 B 公司来说显失公平，会给 B 公司造成极大的经济损失，所以B公司请求变更或解除原合同的请求能够得到法院的支持。

参考资料 3-2

北京市C公司与D建筑公司签订了建筑材料采购合同，合同约定由C公司为D公司提供建筑材料，材料价款共计1335万元，按材料供货进度付款，材料供货完毕后结清款项。该价款的制定已对可能存在的建筑材料价格变动风险进行了衡量，除因价格巨幅波动导致合同履行显失公平外，一般情况下不能再以建筑材料涨价等理由调整或变更合同价格甚至撤销合同。

在D建筑公司施工期间，因建筑材料价格自8月起持续上涨，于是C公司向其提出调整合同价款，但遭到D公司的拒绝。待建筑材料全部验收合格交付后，双方核算价款时，C公司再次提出建筑材料价格上涨，要求增加材料款项，D公司以合同中的相关约定为由仍不同意C公司的请求。于是C公司起诉D公司要求D公司支付合同约定材料尾款522万元，以及因建筑材料涨价造成的价差款54万元。

案件审理期间，根据C公司的申请，法院委托鉴定机构进行鉴定，所得结论为本案建筑工程所用的建筑材料平均价格比原合同签订时上涨了4.04%。

所以，经法院审理认定：C、D公司签订的合同有效，D公司应支付材料尾款。对C公司诉称的施工期间因建筑材料价格持续上涨，造成材料成本增加，要求增加材料款项的主张进行了衡量，因为双方签订合同时均已对可能存在的建材价格等风险有所规定，且建筑材料的上涨幅度经鉴定为4.04%，未达到导致合同显失公平而必须调整的程度，属于应当预见或可能遇到的正常价差风险，所以，对C公司要求增加结算材料款项的主张不予支持。

遂判决D公司支付C公司材料尾款522万元，并驳回C公司的其他诉讼请求。

案例解析：

在具体的司法实践中，情势变更的类型很多，在确认时应采取具体问题具体分析的态度。若情势变更只是一般变化，对合同的成立和履行没有重大影响，则不认为是情势变更，也就不能变更或解除合同。

如果双方当事人签订的是严格固定价格的采购合同，在履行合同期间原材料价格大幅上涨，是否可以变更或撤销合同呢?

严格固定价格合同一般不因原材料价格变化而调整，但如果约定的合同风险范围没有包括原材料价格的市场变动，则在发生原材料价格变化时，需要对合同进行调整。另外，严格固定价格合同的风险范围即使包含了市场价格变动风险，但原材料价格发生非正常的涨幅或跌幅，已经超过合理的波动范围，也可调整原定合同的价格，变更或撤销合同。

（二）按合同期限长短分类

对采购合同进行分类的一种常用方法就是根据合同期限长短来进行。短期合同通常只持续相对有限的一段时间，一般为一年或一年以下。长期合同指持续一段较长的时间或无限期持续下去的采购合同，合同期限一般超过一年。因为长期合同涉及更多对将来的承诺，因而必须认真制定其合同条款。

1. 长期合同的优点

（1）首先是保证供应，采购商往往希望通过订立长期合同从供应商那里得到更大程度上的承诺保障。

（2）长期合同有助于采购商获得供应商的独家专有技术，提升竞争优势。

（3）长期合同往往可以使采购商从供应商那里获得更详细的成本及价格信息，激励供应商持续改进，降低成本。

（4）双方通过共享信息、日程、需求甚至资源，共同承担风险并分摊成本。

（5）长期合同中的供应商可以获取更好的生产计划信息，有利于供应商生产部门效率的提高及对物料使用进行更好的规划。

2. 长期合同需要注意的风险

（1）随着合同的履行，供应商会变得过于满足现状而失去维持目前绩效或改进绩效的动力。

（2）此供应商是否是签订长期合同的最佳选择，一旦开始执行长期合同，想改变供应商就会变得更复杂，成本也会更高。

（3）是否能够在合同双方之间合理分配风险及收益。

（4）长期合同需要注意供应量的不确定问题，尤其是与新产品或新客户进行交易时，承诺的预计采购量可能因市场、产品、竞争、环境等原因无法实现。

（5）制定长期合同时，双方必须认真地制定一个可以接受的初始价格，并选择一种合适的价格调整机制。

（三）非传统合同

有时公司还必须与信息系统供应商、咨询服务者、建筑承包商等订立特殊类型的合同等。

1. 系统合同

（1）系统合同也称系统外包合同，是指公司为了获得计算机网络和软件而签订的合同。

（2）在履行与这样的服务供应商达成的外包合同前，系统外包小组应考虑以下因素：合同期限的长短、公司规模的扩大或缩小状况、服务供应商违约或合同修改、数据安全性、外包成本控制及信息系统操作控制等。

（3）注意事项。

①采购商对服务供应商所应达到的确切目标和目的阐述得越详细，产生误解和冲突的可能性就越小。

②系统合同履行失败的常见原因是采购商被困于合同签订时订立的原有的、无法反映变化的固定价格结构。

③在签订合同前，应制定确切的验收测试标准。

④系统合同还应提供一项完整的转换计划来详述把内部数据处理系统转换为外包系统所需采取的步骤。

⑤系统的更新速度通常会过快，因而合同中有必要详细说明更新所需的成本，确保提供的技术能符合将来的需求。

⑥目前许多系统合同主要关注的地方是程序、呼叫中心及软件设计等，许多工作都被转移到了印度等成本较低的海外国家来完成。

（4）其他服务外包合同。

外包合同的应用不局限于信息系统的处理，设备管理服务、研究与开发、物流与配送、订单输入与客户服务运营、会计与审计服务等方面也会应用服务合同。

2. 咨询合同

知识渊博的咨询者通常可以提供客观的观点，并且能够不受之前结论的影响对某种具体情况进行分析，签订咨询合同时需要注意以下几点。

（1）知识产权。在聘请外界咨询人员为公司提供合同服务时，应考虑咨询人员是采购商的代理人而不是员工。两者间最重要的区别在于，作为代理人，咨询者通常会拥有在咨询过程中所产生的知识产权的权利。因此，合同中必须明确说明，共享的知识产权仍归采购商所有。

（2）剩余收益。剩余收益是指在企业与咨询公司交流过程中所形成的新的知识产权（如工具、方法、知识等）。一些采购商在合同中有明确的表述，要求合同中产生的剩余收益都归采购商所有，这就可以防止咨询人员获取新的知识产权并将其出售给竞争对手。

（3）付款条件。在咨询合同中，需要注意付款保证。通常，咨询合同都会要求预付一大笔定金，可能会占总额的1/3。结算余额的方式有许多选择，其中包括根据工作的完成量或工作时间来支付。

（4）责任承担。咨询人员所拟订的合同会尽量使其所承担的责任最小化，合同中应详细说明咨询人员所承担和不承担的责任。同时，咨询人员也要尽力识别可能使项目面临失败的情况及其无须承担责任的情形。

3. 承建合同

许多承建合同都涉及招标，要求所有标书都要考虑规定的完工期，签署合同时需要注意以下几点。

（1）采购商应要求所有递交的标书都把总价格按种类、阶段或领域等构成条件分解成不同的成本。

（2）对于承建合同，施工安全要求是很重要的内容。不仅对投标者过去安全事故做出评估，同时，仔细考察每位投标者的施工安全计划，了解每位投标者以前的事故损伤经历。若同一种类型损伤发生的次数过多，则需要做出改进或引起注意。对投标者目前所做的项目进行实地拜访，注意参考过去客户评价的细节。

（3）采购商也需注意以下几点。第一点是制作现实可行的时间表，包括可预见性的延迟。第二点是制订清晰的工作计划和施工目标，要求确切说明所要完成的工作。第三点是设计者制作的设计文档要完整，符合时代需求并能反映出所发生的变化。

4. 其他类型的非传统合同

采购商可能会用到的其他合同，包括以下几种。

（1）采购协议。采购协议是指把要采购的相似产品归结到一块的协议，有助于减少大量且重复的小订单单据处理工作。通过调整业务量，采购协议还能够提高采购商与供应商进行谈判时的谈判能力。

（2）在线目录及电子商务合同。随着长期协议及联合采购协议的日趋流行，为了进一步减少管理费用，许多公司都开始转向电子商务平台。使用自动在线目录，双方可以通过电脑利用总括订单和国家合同进行操作。

尽管法律使合同中的电子签名具备了有效性，但许多公司在使用电子合同和相关文件时总会有所顾虑，双方应注意以下问题。

①电子文件与纸质文件具有同等效力。

②网上软件、点击、置顶盒协议及授权的履行。许多时候，采购商都会受在进行基本交易（货物采购或计算机软件的转让）时达成的协议的约束。这些协议会产生重要的影响，然而却不太容易引起采购商的注意。

三、采购合同管理概述

（一）采购合同管理的重要性

（1）没有完善的采购合同管理，必将导致采购质量不断出现问题，例如账期混乱、采购人员徇私舞弊、采购成本不透明等。

（2）完善采购合同管理，能引导采购流程通畅化，做好各部门的后勤保障工作。

（二）合同管理办法适用范围

（1）公司对外签订的各类合同及有合同性质的意向书、协议等依法规定具有法律效力的文件。

（2）包括但不限于采购合同、建设工程合同、广告宣传相关合同、聘用协议、服务协议、商标使用许可协议、租赁租用合同、房屋装修合同、保密协议、技术开发协议、委托合同等。

（三）合同管理相关部门

1. 合同管理部门

合同管理部门通常指总公司的办公室、综合部等，主管合同管理、制度建设、归口管理、委托授权等事项的部门，承担以下职责。

（1）宣传、贯彻《中华人民共和国民法典》及与合同有关的法律法规。

（2）草拟公司的合同管理制度，归口管理公司对外签订的合同。

（3）参与公司重大合同项目的可行性研究、谈判和合同文本的修改工作。

（4）依据相关管理办法对公司签订合同的合法性、有效性进行审查，并提出审查意见。

（5）办理公司法定代表人的授权委托。

（6）提供与合同有关的法律咨询服务，跟踪合同的履行情况。

（7）协助处理合同纠纷，解决归口管理争议。

（8）外聘律师及其他法律服务人员的管理。

（9）其他相关的合同管理职责。

2. 合同协助管理部门

合同协助管理部门通常指协助合同管理的部门，例如分公司办公室、财务部门等。其中财务部门承担以下职责。

（1）协助审查合同项目年度财务计划中的资金来源。

（2）对合同约定的付款方式的合理性及经济风险进行分析、审查。

（3）按照财务制度的要求审查合同相关条款。

（4）对会签审查通过的合同预先进行资金筹措及安排。

（5）其他合同协助管理职责。

3. 合同承办部门

合同承办部门是主办合同谈判、草拟、修改、送审、履行等事项的部门。承担以下职责。

（1）负责合同项目可行性研究，按照公司有关规定进行送审报批。

（2）调查对方当事人的法人资格、经营范围、资信情况、履约能力以及法定代表人或委托代理人的资格，拟定备选方案，并报公司领导批准。

（3）按照公司有关规定应当进行招投标的，应按照招投标的有关规定审查对方当事人。

（4）负责合同谈判及其他相关事宜。

（5）负责拟定合同文本，有合同范本的，根据公司编制的合同范本草拟合同文本，在不具备范本的条件下根据有关情况拟定合同文本或修改对方当事人提供的合同草拟稿。

（6）负责将合同送审稿按照相关管理办法的规定报审，并根据合同相关审查部门的意见，修改合同草拟稿。

（7）负责合同的具体履行事项，解决合同履行中出现的问题，遇到合同纠纷，应及时报告公司领导，并通知合同管理部门。

（8）负责合同的台账管理、资料整理和文本报送归档。

（9）其他相关的合同管理职责。

参考资料 3-3

采购合同告知供应商函

尊敬的供应商：

多年来，我方取得了良好的经营业绩，得益于各供应商的支持、理解与配合，为了将来能够更好地将我方的品牌做好，我方需要将自己的工作做得更加规范、严谨，因此，在我方今后的采购中与各供应商有如下约定，现告知各位，我们共同遵守。

1. 我方所有生产用物料、大宗原材料的采购都必须签订合同，如果你方的业务人员不在我公司，不方便直接签订合同时，也要通过传真、邮件、短信、电话等方式，双方明确确认合同约定内容。以短信、电话方式约定的合同，双方业务人员有责任在短时间内补签正式合同。

2. 在合同内容中，对供货时间、数量等内容必须要明确，质量要求以双方事先约定的质量标准和验收方法为准，如不清楚可再次询问。如果你方不同意接受订单，请详细说明理由。

3. 你方不能按我方要求签订合同时，你方的理由我们会详细记录，如果我方认为你方的理由成立，则将其记入供应商档案。如果我方认为你方的理由不成立，则将记录的内容报采购部主任，如果事情紧急，主任不在，可能会直接上报我方上级领导。

4. 你方不能够按照双方约定的时间、数量、质量完成供货的，其中任何一项不能按约定完成的，都属于违约。出现违约，无论是哪个厂家、哪个品种、违约程度轻重，一律如实记录，同时，无论是否追究违约责任，都要记入供应商档案。

5. 对于供应商的违约行为，我方一律按合同约定执行，如果你方仍有异议，可向我方上级领导申诉，或按合同约定执行。

6. 违约责任。

(1) 时间上不能按规定时间完成的。

①迟交 1~2 天的，属轻微违约行为，只提示违约而不进行经济责任追究。

②迟交 3~7 天的，属一般违约行为，按货款总额的 0.5%追究经济责任，如果是紧急需要的，或是我方的重点品种的，则按货款总额的 1%追究经济责任。

③超出 7 天的，属严重违约行为，按货款总额的 1%追究经济责任，如果是紧急需要的，或是我方的重点品种的，按货款总额的 5%追究经济责任。

(2) 数量上不能按约定数量完成的。

①与总约定数量有 10%~20%出入的，属轻微违约行为，只提示违约而不进行经济责任追究。

②与总约定数量有 20%~50%出入的，属一般违约行为，且经过积极安排，没有给我方造成不利影响的，按货款总额的 3%追究经济责任，如果是紧急需要的，或是我方的重点品种的，按货款总额的 5%追究经济责任。

③与总约定数量有 50%以上出入的，属严重违约行为，按货款总额的 5%追究经济责任，如果是紧急需要的，或是我方的重点品种的，按货款总额的 20%追究经济责任；质量方面出现违约或达不到我方质量要求标准的，按我方相关规定执行，或按《民法典》有关条款执行。

7. 经济责任追究。执行扣款时，业务人员负责通知被扣单位，并详细解释扣除原因及依据，如你方仍有异议，可向我方上级领导反映。

8. 当我方业务人员在签订合同时，你方如果没有明确表示是否接受该合同，可以有一天的考虑时间，一天后如果没有明确答复，我方将按你方自动放弃该订单对待，如果是你方的中标品种，我方将按你方在该品种上不能履行投标合同对待。

9. 我方规定，一般批量（5000~10000 套）的成型盒生产周期为 20~30 天，卡盒生产周期为 10~15 天，陶瓷瓶生产周期为 45~60 天，玻璃瓶生产周期为 15~20 天，瓶盖生产周期为 15~20 天，其他特殊材质的原材料生产周期在签订合同时另行约定。如果不能按生产周期完成的，请在接到订货合同两日内明确说明原因，我方认可的可以延期，否则，另行安排其他供应商生产，同时我方根据具体情况，记录延期行为为一般违约或严重违约。

10. 两次轻微违约，记为一次一般违约，两次一般违约，记为一次严重违约，出现两次严重违约的供应商，供应资质降低一级，被降级两次的供应商，或连续两次放弃订单的供应商，由我方组织考察组进行考察。

以上内容，作为我们双方的约定，如果有疑问或不同意见，请在接到此告知函三日内与我方取得联系。

再次感谢各供应商对我方工作的支持，希望我们将来的合作更加顺畅、愉快！

××实业有限公司采购部
××年××月××日

第二节　采购合同管理

一、采购合同的审批与签订

（一）采购合同的内容

采购合同的具体内容如下。

（1）首部：采购项目名称、编号、签订日期、签订地点、买卖双方的名称。

（2）正文：合同的主要内容。

（3）尾部：合同的份数、使用语言及效力、附件、合同的生效日期、双方签字盖章。

（二）采购合同条款

采购合同的内容是明确采购合同当事人之间权利和义务的根据，对于采购商和供应商来说，合同条款的订立是极其重要的一环，对双方当事人权益的保障，就是通过履行合同条款来实现的。由于每个合同不同，合同的条款也不尽一致，一般来说，采购合同主要包括以下条款。

1. 合同当事人自然情况

该条款主要是采购合同当事人的名称或姓名、地址，也包括当事人的其他信息。

2. 合同标的物

该条款是一切采购合同的必备条款，是采购合同成立的必备条件，如果没有该条款，其他条款便失去意义，采购合同也不可能成立。在采购合同条款中，采购合同当事人应在不同的采购合同写明合同的标的物，如货物、劳务或工作成果等。

3. 品种、规格和数量

采购合同中，当事人应就该条款作出明确规定。品种应在合同中具体写明，避免使用综合性的品名；标的物规格也应详细写明，如标的物颜色、式样和尺码等；数量应该按照国家统一的计量单位标出。必要时，可附上产品的品种、规格及数量明细表。

4. 产品的质量和包装

双方应在合同中明确产品符合的品质标准，注明是哪项国家或部颁标准，无国家或部颁标准的，可参照行业标准或由双方协商凭样订（交）货。对于副品、次品应规定出一定的比例，并注明其标准。对产品的包装要求，包括包装式样、包装物规格、包装标志及包装物的处理等均应有详细规定。

参考资料 3-4

某公司从澳大利亚进口羊毛 10 吨，合同的数量订明："10 吨"。结果，澳方所交的羊毛实际回潮率高达 33.3%，使我方吃亏不少。问：本案例中，导致我方吃亏的原因是什么？

解析：买卖双方在重量的计算上没有事先约定计算重量的标准及计算重量的标准回潮率。对于羊毛、生丝等价值较高、吸水性较强的商品要采用公量来计重，而不能简单地规定 10 吨。

5. 价格和结算方式

双方应在产品合同中规定具体价格，规定作价的办法和变价处理方式。如果属于政府定价的，必须执行政府定价；政府设有指导价的，当事人必须在政府指导价规定的范围内确定价格。还需规定副品、次品的折扣办法、结算方式和结算程序。

参考资料 3–5

注意分辨“定金”与“订金”。定金是债的一种担保方式，法律规定当事人可约定一方向对方给付定金作为债权的担保。给付定金的一方履行债务后，定金应抵作价款或让收受方退还。给付定金的一方不履行约定债务的，无权要求返还定金。而收受定金的一方不履行约定债务的，应双倍返还定金。可见定金具有惩罚性。

订金在法律上被认定为预付款，不具有担保功能。它只是单方行为，交付和收受订金的当事人一方不履行合同债务的，不发生丧失或双倍返还预付款的后果，订金只可作为损害赔偿金。

6. 交（提）货期限（日期）、地点

交（提）货期限（日期）、地点要按照有关规定，也要考虑供需双方的实际情况、产品特点和交通运输条件等因素。

7. 运输和保险

当事人应在合同中对标的物的运输方式、运输费用和保险等有关事项作出约定。为有利于合同的执行，执行保险义务一方应及时给标的物投保，否则标的物因没有及时按约定投保造成损失时，由负有保险义务一方承担责任。

8. 验收办法

双方要在合同中具体规定验收的办法、期限和地点。

9. 违约责任

签约一方不履行合同而违约，应承担相应的经济责任，赔偿对方遭受的经济损失。在签订合同时，双方应明确规定，供应商有以下三种情况时应支付违约金或赔偿金。

（1）未按合同中规定的品种、规格、数量供应货物。

（2）未按合同中规定的质量标准交货。

（3）逾期发送货物。

10. 争议解决

采购合同在履行的过程中会面临很多实际问题，因而可能产生采购合同的争议。所谓采购合同的争议主要是指采购合同的双方没有履行合同或者不符合采购合同的履行约定，引起合同双方的纠纷。合同争议的解决途径包括和解、调解、仲裁和诉讼等。

11. 合同的变更和解除条件

在什么情况下可以变更或解除合同，在什么情况下不可变更或解除合同，通过何种手续办理变更或解除合同等情况，双方都应在合同中予以规定。

12. 其他条款

视具体情况，增加若干具体的补充规定。

（三）与技术有关的合同，签订技术协议

技术部负责签订技术协议，其内容至少应包括以下几个方面。

（1）签订“开发技术协议书”和“知识产权保护协议书”时，明确技术成果的归属和收益的分成办法。

（2）有关情报和资料的保密责任和义务。

（3）验收标准和方法。

（4）有关的名词和属意的解释或定义。

（5）与境外国家和地区的法人、自然人及其他组织订立的合同，在我国境内签订或履行的，应当使用中文。

（6）其他不在我国境内签订或履行的合同，可中、外文并用或使用外文，使用外文的，应当有中文译文。

合同范本 3-1

采购合同范本

签订日期：　　年　　月　　日　　　　　　　　合同编号：　　　　号

××股份有限公司（买方）向××供应商（卖方）订购下列货品，经双方议定买卖条件如表 3-2 所示。

表 3-2　买卖条件

项目	货品名称	规格	单位	数量	单价	金额
1						
2						
货价总计	万　仟　佰　拾　元　角整					
交货地点						
交货日期	年　　月　　日					
付款方式						
货品包装						
购买保险						
货品验收	1. 卖方所售货品必须准时交齐，买方按照规定验收。 2. 卖方所交货品必须完好，与规定相符。 3. 不符合规定或有损坏的货品应让卖方取回，并由买方另定调换期限调换交齐。 4. 调换货品所发生的损坏及其费用由卖方承担。 5. 抽样及样品试验由买方自行办理，卖方不得有异议。 6. 复验仍应由买方负责，卖方可遵循买方规定派员协办，但不得要求再复验					

续表

<table>
<tr><td>逾期违约金</td><td colspan="2">除因不可抗力确有证据，经买方查明原因外，卖方应按本合同所规定日期交货，否则应按以下办法缴纳违约金。
1. 如未收取定金，逾期一天应缴纳未交部分价额的 0.1%。
2. 如曾收取定金，逾期一天应缴纳未交部分价额的 0.1%另加定金的 10%。
3. 因调换货品或因进口原材料延迟致逾原约定交货日期者概作逾期论；供应商延误验收天数应计逾期违约金，但买方检验所需日期不计逾期违约金</td></tr>
<tr><td>解约办法</td><td colspan="2">1. 如卖方未能履行本合同逾期 10 天，买方可自由选择解除本合同。
2. 卖方应退还买方所付定金，按银行一般商业贷款利率支付买方利息，并办理解约。
3. 卖方不履行本合同以致解约时，应向买方支付解约损害金，其款额应按未交货品价额的 20%计算。
4. 解约前的逾期违约金卖方仍应照数缴纳</td></tr>
<tr><td>保证责任</td><td colspan="2">卖方应寻找具有实力的企业连带保证卖方责任，连带保证人应负责代为履行及赔偿买方所受的一切损失，如买方允许卖方延期履行合同时，保证人仍应继续负连带保证责任</td></tr>
<tr><td>罚则</td><td colspan="2">卖方对买方的承办及有关人员不得给予佣金或其同样利益的馈赠，否则卖方应赔偿买方因此项行为所遭受的损失，并接受法律惩罚</td></tr>
<tr><td>其他</td><td colspan="2">发生争执，双方同意以××地方法院为第一审管辖法院</td></tr>
<tr><td>买方负责人签字盖章：
地址：</td><td>卖方负责人签字盖章：
地址：</td><td>卖方连带保证人签字盖章：
地址：</td></tr>
</table>

合同范本 3-2

原材料零部件采购合同

合同号：

兹由买方________实业有限公司和卖方________建材有限公司于____年____月____日签订合同，各方同意买卖有关商品并遵守如下各项条件。

1　商品

商品代码：____________________

说明：________________________

备注：________________________

2　原产地及生产厂商

原产地：________________________

生产厂商：____________________

3　质量

3.1　卖方应按照买方认可的产品供货，未经买方事先当面同意，不得对产品规格或生产场地做任何改变。

3.2　卖方应严格按照经买方认可的，体现在相应的图纸、胶卷、样本、CAD（计算机辅助设计）软件及品质协议等当中的质量和技术规格要求生产或供应货品。如有任何改变，买方负责告知卖方更新有关图纸或胶卷等，卖方应严格跟进相关的变化。

3.3　卖方应不断改进供货品质，愿意配合买方不断提高各自的质量体系，达到品质目标。

3.4　买方提出的任何质量投诉，卖方应立即采取更正行动予以改进并在24小时内将更正情况反馈给买方。

3.5　卖方应主动、积极地参与买方发起的质量改进活动，如质量免检等，以利于共同进步。

3.6　卖方应保证所有生产或供应的货品均符合有关环保法规要求。

4　订单安排

4.1　买方向卖方发出采购货品订单，卖方应严格按其时间和数量交货。实际购销的货品数量，由买卖双方定期依据实际收货数量核对确定。

4.2　卖方对买方提供的订单应在24小时内予以确认，并通过传真或电子邮件反馈给买方。

4.3　卖方不断改进其企划措施，确保100%的供应可靠性，缩短供应时间，提高供货或订单变化的灵活性。

4.4　卖方应主动、积极地参加买方发起的相关企划改进活动，如即时供应等，以利于共同进步。

5　价格及条款

5.1　买卖双方应不断改进，通过提高质量与效率等方式来降低产品成本及价格，增加双方获利空间。双方为了努力保持这种降低成本的趋势，每年至少重新审视一次价格。

5.2　买卖双方同意在5.4节和8.2节所明确的付款与交货条件下遵循表3-3所示的原材料零部件采购价格。

表3-3　原材料零部件采购价格

代码说明	单价	币种	数量范围	总计

以上单价含税____%。

5.3　任何价格变化必须经买卖双方同意，确定生效日期。有关的订单或销售通知，应与最新的双方同意价格一致。

5.4　付款条件：在收到卖方开具的正本发票后________天内，买方用电汇或信汇的方式付款。

6　支持与合作

6.1　买卖双方确认依据买方的采购方针，通过共同努力向合作伙伴的方向发展目前的________型关系。

6.2　卖方确认配合买方发起的供应商考核、供应商质量体系审核及供应商改进会议等，不断保持进步，达到有关质量、企划及价格等目标。

6.3　买方将每季度评估一次卖方的表现，更新其合格供应商名册及供应商关系（商业型、优先型、合作伙伴型），如卖方表现不符合要求，买方将会反馈给卖方，督促其改进。

6.4 为发展新业务，买方鼓励合作伙伴型供应商早期介入买方的产品开发过程，卖方不得因此项合作而收取费用。

6.5 如买方提供了有关的设备、工具、测试仪器、模具等给卖方，卖方应妥善保管、正确使用及维护，如有任何严重损坏，应在24小时内用传真或电子邮件正式通知买方，并经买方同意后立即采取正确措施予以修复。

7 包装

7.1 所有货品应按标准或买方认可的包装规格，用强度足够的卡箍、塑料袋或桶、瓶等容器包装，匹配长途海运、空运或陆运以及气候变化的要求，达到防潮、防震的效果。

7.2 包装说明，包括代码说明、每件数量、包装方法。

7.3 交运货品时应同时随货提供一份完整的装箱单或发货票，装箱单或发货单应标明订单号、商品代码、数量及货品说明等。

7.4 货品说明、商品代码及数量应清楚地标注在每件外包装及必需的内包装外面。

8 发运及交货

8.1 所有货品发运应严格遵守买方发出的订单中的要求。

8.2 交货条件。

(1) 卖方必须在装船、运送完毕后24小时内，以传真等方式通知买方货物名称、数量、毛重、船名、航班号及起运日期、预计到达目的港时间等。

(2) 对于交货的情况，买方应通过订单提前通知卖方提货时间，卖方按要求做好发货准备。

(3) 对于买方提供的需循环使用的包装、运输材料、工具或设备等，卖方应妥善保管，正确使用与维修。

9 保险

9.1 在FOB（离岸价）条件下，货品装运后由买方投保。

9.2 在CIF（到岸价）条件下，由卖方出资，按发票金额的110%投保。

10 检验

10.1 卖方应随货或提前将有关的出货检验报告或证明提供给买方以备检查。

10.2 买方按各方同意的质量、技术规格、数量及包装要求等进行收货及来货检验。

10.3 若交货不符合要求并确定退货，退货需按要求由卖方拉走或买方退回，本国货品一周内、国外货品一个月内退定。

10.4 若交货不符合要求，货品要紧急使用而且被确定使用，则卖方应立即交货或由买方直接提走使用，因此发生的费用由卖方承担。

11 索赔

11.1 除应由保险企业或货运企业承担的赔偿外，对任何涉及质量、技术、规格或数量等不符合双方同意的有关条款要求的情况，买方有权要求卖方给予赔偿。因此而发生的如检验、退货、运输、补货、保险、仓储、装卸等费用应由卖方负担。

11.2 一旦有不符合合同规定的情况发生，买方将书面通知卖方，卖方有责任立即采取改进措施，防止问题再次发生。

12　不可抗力

12.1　若卖方因不可抗力，包括罢工、火灾、水灾、政府行为或禁令及其他任何不可控的理由，不能按时供货，卖方应在事发14天内邮寄由当地政府签发的事发证明给买方。

12.2　即使不可抗力事件发生，卖方仍有责任采取一切可能措施恢复供货。若卖方在事发后两周内仍不能履行合同责任，买方有权按合同弃权处理。

13　终止或取消合同

13.1　若卖方未能履行合同所规定的任一条款，且无合理解释，买方有权终止合同或拒收货品。

13.2　若买方要取消或终止合同或订单，而其理由超出卖方所能接受的范围，卖方有权要求买方赔偿因此而造成的损失。

14　纷争解决

14.1　本合同双方当事人在履行合同时发生的一切争议，均应首先通过友好协商解决，如果友好协商不能解决，双方当事人可选择仲裁或法院诉讼方式解决。

14.2　双方仲裁时，应另行达成仲裁协议，并确定仲裁机构。

14.3　如果选择诉讼，应按中国的法律规定确定受理案件的诉讼法院。

15　其他

未经允许，任何一方不得将对方的商业秘密或其他情报以口头、书面形式借用、转让、泄露给第三方。对于OEM（原厂委托创造）段分包产品，如有必要，双方可另立知识产权协议。

本合同一式两份，由双方在原件上签字，各执一份。

合同范本3-3

水泥购销合同范本

甲方（需方）：××建筑有限责任公司

乙方（供方）：____________________

根据《中华人民共和国民法典》及相关法律法规，为明确甲方与乙方的权利义务，经双方协商一致，就乙方向甲方指定____项目供应水泥的事宜，签订本合同，双方共同遵守。合同条款如下。

第一条　生产厂家、品种等级、包装方式、价格形式、交（提）货时间及预估数量

按谈判结果执行。

第二条　质量要求、技术标准

符合GB 175-2007标准（通用硅酸盐水泥国家标准）。

第三条　交货地点和费用

交货地点：乙方工厂车板交货，乙方将货物交付给甲方的承运人即完成交货义务；甲方委托提货车辆在乙方工厂提货期间，装运袋装整包水泥、盖篷布或移动车辆等业务由甲方或甲方委托的运输单位负责，乙方不负责该等责任和义务，与上述业务事项有关的一切责任由甲方负责。

费用：甲方自理，交货后一切费用（包括交货时的卸货费和运杂费）由甲方承担。

第四条 合理损耗及计量办法

以乙方工厂磅单为依据。

第五条 包装标准、包装物的供应及回收

水泥小包装符合国家标准，包装物不回收。

第六条 验收标准、方法及提出异议的期限

水泥验收以乙方工厂出厂水泥的检验报告为依据，甲方委托乙方取样，封存90天，在90天内，甲方对水泥质量有异议时，将甲方委托乙方签封的试样送省级或省级以上国家认可的水泥质量监督检验机构进行仲裁检验；如检验不合格，由乙方承担检验费用；如检验合格，由甲方承担检验费用。

第七条 供应方法

甲方以书面或传真方式提前____天通知乙方日供应数量，双方共同确认后组织发货，按照车辆的到达先后顺序装货。在供货期间，如遇集中采购，甲方须提前一周书面申报需求量，经乙方确认后组织生产和保供。不可抗力事件（指诸如战争、严重的火灾、台风、地震、洪水、停限电以及其他任何不能预见、不能避免且不能克服的事件）及工厂设备的检修、故障，供货时间相应顺延。

第八条 出票方式、付款方式

出票方式：一票制。乙方向甲方开具17%税率的正规增值税专用发票（发票抬头：××建筑有限责任公司）。

付款方式：甲方以银行转账方式支付货款。在付款时，乙方必须提供17%税率的正规增值税专用发票，否则甲方有权拒付。

第九条 其他约定事项

1. 根据GB 175-2007标准相关规定，水泥自乙方交付甲方后，甲方应按照国家标准妥善运输、仓储、保管，确保最终水泥产品使用者使用的水泥为合格产品。水泥在甲方的运输、仓储、保管等过程中淋雨、受潮、与其他水泥混杂或其他原因，导致甲方从乙方购买的水泥品质发生变化、不符合国家标准，由甲方承担全部责任。

2. 本合同约定产品仅供乙方所辖市场范围内销售或使用，若超出乙方所辖市场销售范围，乙方有权终止合同。合同期内，如遇乙方销售价格调整，甲方同意对已付款但尚未提货部分，按调整前的价格执行。同时，乙方应第一时间通知甲方，若发现乙方未及时告知甲方，应视为乙方违约，并要求乙方按合同总价的2%承担违约责任。

3. 甲方须负责对其雇、聘、请人员进入乙方厂区进行安全生产管理和技能教育，办理相应保险并且遵守乙方厂区安全规定，不得擅自进入生产作业区域和发运现场。进入乙方厂区的车辆必须安全，自觉遵守车载车限规定，驾驶员须戴好安全帽。上车顶作业要佩戴安全带，遵守乙方的制度，服从乙方的安全作业管理，确保安全生产。甲方人员不得随意开启乙方工厂设备，因甲方人员失误造成人员伤害、财产损失和环境污染的，甲方须承担全部责任。

4. 合同终止或结束且甲方没有违约时，乙方在合同终止或结束后收到甲方退款申请30天内无息退还余款。

第十条 环保要求

乙方所送水泥必须符合国家环保相关标准，否则，将在验收时全部予以退回。

第十一条　合同文件及资料的使用和保密

1. 除乙方为执行合同所雇人员外，在未经甲方同意的情况下，乙方不得将合同，合同中的规定，有关规格、计划、图纸、式样、样本或甲方为上述内容向乙方提供的资料透露给任何人。乙方须在对外保密的前提下，对其所雇人员提供有关情况，所提供的情况仅限于执行合同必需的范围内。

2. 除非执行合同需要，在未得到甲方同意的情况下，乙方不得使用第1点中所列的任何资料。除合同本身，第1点列明的所有资料始终为甲方的财产，若甲方要求，乙方应于其合同义务履行完毕以后将这些资料（包括所有副本）退还甲方。

第十二条　解决合同纠纷的方式

双方在履行合同发生争议时可通过协商解决，协商不成，双方约定向××建筑有限责任公司所在地××市有管辖权的人民法院提起诉讼。

第十三条　其他约定

本合同一式____份，甲方执____份，乙方执____份，具有同等法律效力，本合同自双方签字盖章之日起生效，货款两清后合同自行终止。

第十四条　补充条款（无）

甲方名称（盖章）：____________	乙方名称（盖章）：____________
法定代表人：____________	法定代表人：____________
委托代理人：____________	委托代理人：____________
单位地址：____________	单位地址：____________
电话：____________	电话：____________
开户银行：____________	开户银行：____________
账号：____________	账号：____________
税号：____________	税号：____________

（四）采购合同的审查

企业在签订采购合同时，一定要仔细阅读相关条款，对有歧义、不合理的条款内容要与供应商核实清楚。

1. 供应商资格审查

企业采购人员与供应商签订采购合同前，应对其资格进行认真审查。对供应商资格进行审查是防范合同风险的第一道防线。供应商资格审查，包括企业名称、性质、地址、营业执照、经营范围、注册资金以及依法应当办理的行政许可证，判断其是否具有订立合同的相应的民事权力和民事行为能力。

2. 供应商履约能力审查

企业采购人员通过对供应商履约能力的调查可以查明其经济实力、信用情况和不良行为记录，也可以通过公共信息、特别渠道信息和供应商提供的相关资料进行综合分析、判断。对方当事人资信情况及履约能力审查，包括审查资产负债、技术设备、产品质量、商业信誉等。对方合同承办人员资格审查，包括审查签约代理人的身份证明、授权委托证明。

3. 合同文本审查

合同是通过书面语言体现的当事人权利与义务关系，必须将合同中的权利与义务通过措辞选择、结构安排、逻辑分析等方式表述出来。由于这些表述的质量会影响到合同的质量甚至影响到当事人的权益，因此合同文本内容需要认真地审查。

（1）审查合同主体是否合格，合同主体最好是企业的法定代表人，如果合同主体是代理人，还需审查代理人的代理权限、期限、行为能力。

（2）审查合同标的物是否合法（如一般的公司不能进行黄金交易），同时还需要注意对方对标的物的所有权。

（3）审查产品数量、质量，不同产品规格要分开填写，必要时注意标注大写；由申请采购的部门提出产品的质量要求、技术标准及详细的验收标准。

（4）审查价款报酬约定是否明确，合同上的价款须大写。

（5）审查合同履行地点、期限、方式明确与否，履行费用负担划分是否明确，对方当事人的信用程度和信用等级。

（6）审查交付与验收，验收方法是否恰当，检验方法和机构规定是否明确，所需手续、流程是否完备，交付人、验收人是否经过授权。

（7）审查有无格式条款、免除对方责任条款等。

（8）审查应办理批准、登记手续的是否办理，合同是否设立审查担保，如设立审查担保其方式是否恰当。保证人的主体是否合格，担保条款或担保合同的条款约定是否符合相关法律要求。

（9）审查合同的解除、中止、终止条款是否明确，注意在何种情况下公司可以单方面解除合同，以及双方在何种情况下可以中止或终止合同。

（10）审查违约责任是否明确，违约责任须规定清楚，可操作性强。

（11）审查合同是否发生变更或解除，手续是否符合《中华人民共和国民法典》规定，审查履约、违约情况，证据是否齐全。

（12）审查争议解决方法，是否利于解决合同纠纷。注意管辖法院的选择，一般都会要求由自己公司所在地区的法院管辖。

二、采购合同的效力

（一）有效采购合同

有效采购合同是指采购商与供应商订立的合同符合国家的法律规定和要求，具有法律效力，受国家法律保护的采购合同。采购合同的有效条件包括当事人符合国家相关法律要求的资格，采购合同订立的内容合法。

（二）效力待定采购合同

效力待定采购合同是指合同已经成立，但因其不完全符合合同生效的条件，其效力能否发生尚未确定的合同。成为效力待定采购合同未能确定其效力的合同形式一般有以下三种。

（1）限制行为能力人订立的采购合同。

（2）无代理权人以他人名义订立的采购合同。

（3）无处分权人处分他人财产的采购合同。

（三）无效采购合同

无效采购合同是指当事人虽然协商订立但因其违反国家相关法律规定，国家不承认其法律效力的合同。无效采购合同一般有以下几种情况。

（1）一方以欺诈、胁迫手段订立的，损害国家利益的采购合同。

（2）恶意串通，损害国家、集体或第三人利益的采购合同。

（3）以合法形式掩盖非法目的的采购合同。

（4）损害社会公共利益的采购合同。

（5）违反法律和行政法规强制规定的采购合同。

参考资料 3-6

2007 年 5 月，A 市商贸公司与 B 市农业生产资料综合门市部签订了一份钢材购销合同，合同规定，由商贸公司供给该综合门市部 250 吨进口螺纹钢，总价款为 40 万元，商贸公司应于同年 10 月底在天津港报关、商检后交货。

同年 10 月 25 日，商贸公司从俄罗斯进口螺纹钢 250 吨，货物抵达天津港后，立即通知综合门市部前往接货并支付价款，综合门市部却以种种借口拖延。

为避免支付更多的仓储费用，商贸公司于 11 月 10 日将钢材从港口取回，堆放在自己的露天货场，后被盗走 50 吨，另有部分钢材生锈。多次催促对方提货未果，商贸公司遂向法院起诉，要求综合门市部提货，支付货款和违约金并赔偿损失。

被告则称自己为农业生产资料综合门市部，购销钢材超越经营范围，要求确认合同无效。

案例解析：

法人是具有民事权利能力和民事行为能力，依法独立享有民事权利和承担民事义务的组织。法人的民事权利能力为特殊的权利能力，应当受到其经营范围的限定。在本案中，被告为一家农业生产资料综合门市部，购销钢材明显超越其经营范围，因此，原告与被告之间的合同无效。

（四）可撤销的采购合同

可撤销的采购合同是指在订立合同时，当事人的意愿表示不真实，或一方当事人使对方在违背真实意愿的情况下签订的合同。可撤销的采购合同是一种相对无效的合同，可撤销的采购合同一般有以下几种情况。

（1）因重大误解订立的采购合同。

（2）显失公平的采购合同。

（3）当事人因欺诈、胁迫订立的采购合同。

参考资料 3-7

2000 年 3 月，甲在某摄影器材公司购买了一部相机，标签上标明产地为日本，价格为 12000 元。甲在使用的过程中，发现此相机性能不佳，怀疑其是假货。

甲便将该相机送至某省进出口商品检验局鉴定，鉴定结论是该产品并非日本所产。甲某认为该摄影器材公司在经营中对其有误导和欺诈行为，遂向法院起诉，要求该摄影器材公司加倍赔偿。该摄影器材公司则辩称其无故意欺诈，不同意原告诉讼请求。

案例解析：

本案中，摄影器材公司将产地不是日本的相机作为日本产相机销售给了原告甲，且在销售过程中未向甲提供商品的真实信息，做了引人误解的虚假宣传，损害了甲的权益。根据《中华人民共和国民法典》规定，此买卖合同为可撤销合同，双方应当互相返还财产，同时被告应当双倍赔偿原告的损失。

管理办法范本 3-1

某企业经济合同审核管理办法

第 1 章　总则

第 1 条　目的

为了开展企业内部的审核工作，强化对经济合同的审核和监督，保护企业的合法权益，根据《中华人民共和国民法典》和《中华人民共和国审计法》等有关规定，特制定本办法。

第 2 条　适用范围

本办法适用于企业所签经济合同的内容、条款、签订程序及其履行过程中的审核监督工作。

第 3 条　原则

1. 经济合同审核属常规审核，应坚持签约前审核为主的原则。
2. 经济合同审核应坚持依法审核、实事求是、客观公正的原则。

第 2 章　经济合同审核的基本内容

第 4 条　对经济合同合法性的审核

1. 主体是否合法。审核当事人是否具有签订、履行该合同的权利能力和行为能力。审核代理人是否有有效的委托证明，委托事项、权限、期限是否与所签合同的内容相一致。

2. 内容是否合法。合同的内容应符合国家的政策、法律法规和计划要求；当事人意思表示要与合同内容真实一致；防止采用欺诈、胁迫、乘人之危等手段订立合同；审核权利、义务是否对等；审核合同是否等价有偿。

3. 形式是否合法。所签经济合同应采用书面形式，合同格式应采用中华人民共和国国家市场监督管理总局颁发的统一格式文本。

4. 程序是否合法。签订程序应符合国家法律法规的规定。

第 5 条　对经济合同条款完整性的审核

1. 合同标的物是否明确，有无国家限制流通或禁止交易的物品。
2. 合同标的物数量是否准确，质量标准是否明确具体。
3. 合同价款或酬金是否准确具体、合规合法。

4. 合同的履行期限、地点、方式是否可行，是否准确。

5. 违约责任条款是否符合法律规定，是否明确具体。

6. 根据法律规定或按经济合同性质要求必须具备的条款是否在合同中明示，以及该条款的合理性、有效性。

第 6 条　审核合同的严密性

审核合同的文字表述是否准确严密；当事人双方的权利、义务是否明确具体；是否按规定办理了审批、签证、公证等手续。

第 7 条　审核合同履行的可行性

1. 审核合同的效益程度。

2. 审核当事人的资信能力是否真实，是否具备履约能力。

3. 审核是否确定了切实可行的担保方式，担保人是否具有合法资格。

第 8 条　审核合同履行的完整性

1. 联营、投资合同及数额较大的购销合同在合同签订后，应随合同时效区间审核合同是否履行或是否完全履行。

2. 对不履行或没有完全履行的合同，审核违约责任是否按约定方式承担。

第 3 章　常用经济合同审核要点

第 9 条　购销合同审核要点

1. 产品名称应署全名，注明商标与标号、生产厂家、产品型号、规格、等级、花色及包装标准等。

2. 产品技术标准的具体审核要求如表 3-4 所示。

表 3-4　产品技术标准的具体审核要求一览表

技术标准类别	具体审核要求
有国家强制性标准或行业强制性标准的	不得低于国家强制性标准或者行业强制性标准
没有国家强制性标准，也没有行业强制性标准的	由双方协商签订，在条款中应写明执行何种标准以及标准的编号、代号
需方有特殊要求的	按合同中商定的技术条件执行
产品需抽样运行方可确定的	实行抽样运行才能发现内在质量缺陷的产品，合同中应具体约定提出质量异议的条件和时间

3. 产品数量，按法定计量标准执行。对交货数量的正负尾差、合理磅差、运输损耗，应按有关要求处理。

4. 在经济合同中明确产品的交货单位、交货方法、运输方式、到货地点、接货单位或提货单位、交货期限。

5. 采用数量清点和质量检验的方式进行验收。

6. 产品价格，有物价部门规定的，从其规定，否则双方按市场价协商订货。

7. 结算方式，按银行结算办法签订合同。

8. 违约责任，应明确当事人双方或一方有违约行为时，双方或其中一方责任承担的方式和标准。

第 10 条　联营合同的审核要点

1. 联营合同的签订是否有书面的可行性研究分析报告。
2. 投资是否公平合理，符合国家政策。
3. 盈利分配和亏损负担是否具体明确。
4. 联营组织形式和应履行的义务是否确定翔实。
5. 违约责任及争议的解决方式是否明确可行。

第 11 条　涉外经济合同的审核要点

1. 涉外经济合同是否有与中国法律相抵触的条款。
2. 合同标的物是否符合国家的产业政策和投资导向。
3. 合同中涉及的资金、回报率及风险承担是否遵循了平等、合理的原则。
4. 融资成本的运用是否符合国际惯例。
5. 外方的报价是否合理。
6. 采用的保险条款是否适当、可靠。
7. 选择的仲裁地点和方式是否符合国际惯例。
8. 外方的资信能力是否无误。

第 4 章　经济合同审核的基本程序

第 12 条　经济合同审核属常规审核，不下达审核通知书，审核完直接签署审核意见，不出具审核报告。经济合同审核根据需要在签约前、履约中和履约后都可以进行。

第 13 条　下列合同必须在签约前进行审核。

1. 数额较大的购销合同。
2. 联营合同。
3. 涉外经济合同。
4. 其他重大经济合同。

第 14 条　合同签订前，经办部门应将与合同有关的准备材料和审签申请表送交审核部门，对于重要的经济合同，在签约前经办部门应通知审核部门有关人员参与谈判。

第 15 条　经办部门送审核部门的资料应包括以下内容。

1. 数额较大的购销合同，提供市场调研报告和两个以上供方单位的报价单。

2. 联营合同应提供可行性研究报告，通过咨询专业的咨询机构，以货币资金以外的其他资产投资的，应提供资产评估资料。

3. 涉外经济合同应提供有关部门批准的文件、报价单、保险单、仲裁说明及采用的国际惯例等有关资料。

第 16 条　审核部门应于合同草本送达审核后____日内提出书面审核意见。

第 17 条　采购部门应根据审核意见对合同进行修改、补充，财务部门据此办理结算手续。

第 18 条　经审核后签订的合同，审核部门应重点对跨年度的、有效周期长的合同进行履约中或履约后的全过程监督。

第 19 条　对未经事前审核的合同，审核部门认为必要时可在履约中、履约后进行审核，审核意见报主管领导、上级业务主管部门，并通知经办部门。

第 20 条　经济合同审核应编写工作底稿，遇有重大问题应出具审核报告，并按规定整理审核档案。

第 5 章　经济合同的审核方法

第 21 条　审核人员应依据有关法律法规、政策，对已占有或掌握的合同资料、信息进行逐项检查、核对、复算，认真分析、找出问题、提出修改意见或表明应注意的问题和事项。

第 22 条　对于重大经济合同采用签约前就地审核方法，审核人员参加谈判、收集资料、取证查询、审核分析，对合同草本内容、条款提出修改意见。

第 23 条　一般经济合同以送达审核为主，必要时采用就地审核方法，可运用审阅、函证、比较、分析等手段进行，同时，审核中应注意合同的时效性。

第 24 条　审核人员应该采用灵活多样的审核方法，根据不同种类经济合同的审核特点进行审核，有条件的可将要点标准化，利用计算机进行辅助性审核。

第 25 条　发现经济合同管理部门利用签订合同之便，进行违法违纪活动时，应以实事求是的态度，客观公正地进行实际查阅、现场观察、询问分析，可以采用抄录、复印、照相等方法取得审核证据，上报并提出处理意见。

第 26 条　重大经济合同审核意见遇有争议时，由审核部门牵头组织有关专家进行研讨，做出正确评价。

第 6 章　附则

第 27 条　本办法由审核部门负责拟订，经总经理审批通过后执行，修改时亦同。

第 28 条　本办法自颁布之日起执行。

三、采购合同的履行及修改

（一）采购合同的履行

采购合同履行的一般规定如下。

（1）质量要求不明确的，按照国家标准、行业标准履行；没有国家标准、行业标准的，按照通常标准或者符合合同目的的特定标准履行。

（2）价款或者报酬不明确的，按照订立合同时的市场价格履行；依法应执行政府定价或者政府指导价的，按规定履行。

（3）履行地点不明确的，在履行义务一方所在地履行。

（4）履行期限不明确的，债务人可以随时履行，债权人也可以随时要求履行但应当给对方必要的准备时间。

（5）履行方式不明确的，按照有利于实现合同目的的方式履行。

（6）履行费用的承担不明确的，由履行义务一方承担。

（二）采购合同的修改

一般采购合同签订后以不再变更为原则，但为了维护供需双方的共同利益，有时需要经供需双方共同协议对合同内容进行修改，合同内容的修改须在不损害供需双方的利益，以及其他关系人的权益下进行。通常有下列情形时，供需双方须协议修改合同条款。

1. 作业错误而经调查原始技术资料可予证实的

签订合同后，如发现作业有错误而需进行更正时，应该以原始技术资料为准，经供需双方协商同意后进行修正，并将修正情形通知相关单位。

2. 制造条件的改变而导致卖方不能履约的

如果签订的是长期合同，在履约期间，由于合同履行督导发现制造条件改变，而判定供应商不能履约。但因物料的供应不能终止，合同重新订购无法应急时，采购商可以适度地修改原合同内容后要求供应商继续履约。

3. 以实际成本计价签约而价格有修订必要的

以实际成本计价的合同，由于成本的改变超过合同规定的额度，供需双方均可要求修订合同中的总成本。但签订严格固定价格合同的，遵循其价格不再改变原则，如有下列情形时可修改合同。

（1）由于生产材料的价格暴跌致使供应商获取暴利时，可修订合同中的价格。

（2）由于生产材料的价格暴涨致使采购商履约交货困难，解约重购对供需双方不利时，可修订合同中的价格。

参考资料 3-8

2004 年 12 月，A 公司，经中间人 B 介绍，与 C 公司签订了工程材料买卖合同。A 公司在收取材料后，向 C 公司支付了第一期货款 10 万元。之后 A 公司和 C 公司协商对原合同进行了变更，在原打印的合同上添加了手写条款："由中间人 B 代 C 公司收款"，但只在一份合同上添加了该手写条款，且没有加盖印章和签字确认。此后，双方办理了货款结算手续，结算金额为 45 万元。

2006 年 7 月，C 公司以 A 公司未及时付款为由，向法院提起诉讼，诉称 A 公司仅付货款 10 万元，要求 A 公司支付剩余货款 35 万元。法院审理过程中，A 公司主张基于 C 公司与中间人 B 委托收款的代理关系，A 公司向 B 付款视同向 C 公司付款。

C 公司主张合同上有关委托收款是 A 公司单方面手写添加，并未取得 C 公司同意，对 C 公司无约束力，因此 A 公司应按照结算金额 45 万元，向 C 公司支付剩余货款 35 万元。

法院裁定：

A 公司手写的委托收款条款，未经双方签字确认，不能作为认定案件事实的依据，并判决 A 公司应向 C 公司支付剩余货款 35 万元。

管理建议：

（1）修改合同条款时，必须由双方加盖单位公章或者经双方的代理人签字确认。

（2）签订的合同页面较多时，要加盖骑缝章或者由合同签订人逐页小签。

（3）合同内容变更应采用书面形式。经过公证和备案的合同变更时，对变更的部分也必须公证和备案。

四、采购合同的督导

（一）对采购合同督导的一般规定

（1）为了供应商能如期交货，在签订采购合同后，采购商须进行督导。

（2）督导要由验收单位或技术人员主办。

（3）督导时发现问题应及时要求供应商改进，供应商未能及时改进时，应请采购商采取补救措施。

（4）督导对于特殊采购要加强管理，如紧急采购、大宗采购、精密设备和技术性高的产品的采购等。

（二）采购合同督导方式

（1）整体督导。自生产开始至交货验收结束，派专人督导。

（2）重点督导。根据合同需要到供应商工厂进行抽样检查，或仅检查合同中规定事项及要求事项。

（三）采购合同督导要点

（1）原材料准备是否充足。

（2）设备及工具是否齐全。

（3）生产计划与合同中所列品名、规格、数量是否一致。

（4）预定生产进度的安排是否合理，是否与合同的交货期相匹配。

五、采购合同的解除与终止

（一）解除合同

解除采购合同时为了坚持公平的原则，不履行合同义务的一方须承担解除合同的相关责任。

（二）终止采购合同

为维护供需双方的权益，在采购合同内约定了合同终止的条款，以便在必要时终止合同。关于合同的终止，一般有以下规定。

1. 采购合同终止的时机

在履约期间，因受自然灾害或其他不可抗力事件影响，使供应商失去履约能力时，供需双方均可要求终止合同。而且有以下情形时，采购商可以要求终止合同。

（1）发现供应商报价不实，有图谋暴利时。

（2）合同严重损害国家利益时。

（3）在督导时发现严重问题，经要求改善而无法改进以致不能履行合同时。

（4）供应商有违法行为且经查证属实时。

在履行合同过程中，经办人员若发现并有确切证据证明对方当事人有下列情况之一的，应立即终止合同，并及时书面上报集团办公室处理。

（1）经营状况严重恶化。

（2）转移财产、抽逃资金，以逃避债务。

（3）丧失商业信誉。

（4）有丧失或者可能丧失履行债务能力的情形。

（5）在长期合同特别是长期销售、采购合同履行过程中，经办人员定期对账，确认双方债权债务存在风险时。

（6）在对方当事人发生兼（合）并、分立、改制或其他重大事项以及本公司或对方当事人的合同经办人员发生变动时。

参考资料 3-9

2007 年，A 公司委托 B 公司加工一批钢模板。合同约定：A 公司提供图纸，B 公司按照约定时间于 2007 年 12 月 30 日交付货物。后由于 B 公司资金不足，备料不充足，未能按时交付货物。

2008 年 1 月，A 公司多次派人催货，其中在 2008 年 1 月 26 日的催货函中载明："……贵公司应于 2007 年 12 月 30 日发货的钢模板，2008 年 1 月 10 日仍未能发货后和贵公司口头约定 2008 年 1 月 20 日发货，但至今仍未发货。"

后因考虑到 B 公司多次拖延发货，并胁迫 A 公司加价，加之考虑到工期紧张，A 公司无奈之下于 2008 年 2 月 9 日致函 B 公司解除合同。

2008 年 5 月，B 公司以货物已加工完毕，受不可抗力事件影响（2008 年 1 月 14 日—2008 年 2 月 1 日的大雪冰冻天气）为由，诉至法院要求 A 公司接收货物，支付价款。

法院判决结果如下：

法院一审认为 2008 年 1 月 26 日的催货函表明双方已经口头约定将钢模板的交货时间重新约定为 1 月 20 日，由于受不可抗力事件影响（2008 年 1 月 14 日—2008 年 2 月 1 日的大雪冰冻天气），B 公司延迟交货并不违约。A 公司解除合同没有法律依据，鉴于合同已经不能实际履行，遂判决 A 公司赔偿 B 公司经济损失 90 万元。

管理建议：

（1）合同履行中，双方来往函件较频繁，必须高度重视来往函件的措辞。合同来往函件中必须严格界定放宽期限和履行期限变更的区别。在对方违约、容许对方延迟履行合同时，催促对方履约的函件必须防止将放宽期限表述为履约期限的变更。

（2）建立来往函件的审核制度。各单位要高度重视来往函件，发文要经过部门会签、领导审核。

（3）建立来往函件登记管理制度。加强来往函件的保管，形成来往函件的规范档案。

（4）解除合同时，力争采取协议解除的方式，双方签订书面的解除协议。单方面解除合同时，必须慎重，必要时，通过诉讼或仲裁的方式，先确定合同解除的效力，以免被对方抢得先机。

2. 采购合同终止的赔偿责任

合同生效后，即具有法律约束力，任何一方不得随意变更或解除合同，供需双方应履行合同，不履行或不完全履行合同的应承担违约责任。如需变更或解除合同，应经双方协商一致，并达成书面协议。

参考资料 3-10

采购合同终止协议书

____________（甲方）与________（乙方）双方于____年____月____日在________（地点）共同签订的________号合同于____年____月____日期满，由于________，经甲乙双方协商，一致同意（提前或如期）终止该合同，订立如下条款。

（1）甲乙双方同意终止________号合同。

（2）合同执行期间，乙方进入甲方工厂的不作价设备，价值________万元；作价设备，价值________万元；借用设备，价值________万元。总计________万元（详见设备清单）。协议期间所签订的生产合同及发生的加工费已全部核销结汇完毕，甲乙双方不存在债权债务关系。

（3）本合同终止协议书正本一式__份，甲方、乙方及有关部门各一份，副本__份。本合同终止协议书经甲乙双方签字并由有关部门批准后方可生效。

甲方：____________________　　乙方：____________________

地址：________	地址：________
电话：________	电话：________
法定代表：________	法定代表：________
签字日期：____年____月____日	签字日期：____年____月____日
甲方工厂：________	商务代理：________
地址：________	地址：________
电话：________	电话：________
负责人：________	代表：________
签字日期：____年____月____日	签字日期：____年____月____日

六、采购合同争议的处理

采购合同的争议主要是指由于采购合同的双方主体没有履行采购合同或者未按合同约定履行采购合同，引起合同双方主体纠纷。合同争议的解决途径包括和解、调解、仲裁和诉讼等。

（一）和解

和解是由争议各方根据合同约定的违约条款和各方实际情况，自行协商而不需通过司法程序解决纠纷的方式。和解是解决采购合同争议常见的方式，但由于和解缺乏法律的约束力，争议各方在执行分解协议时可能会出尔反尔，和解结果成为一纸空文，采购合同中的争议无法有效解决。

（二）调解

调解是由争议各方选择一致信任的第三方就合同争议进行调解处理，通常是以各方互谅互让为原则进行的。此方法解决采购合同争议的有效性较和解大一些，但调解协议与和解协议一样不具有强制性效力，也使得纠纷的解决难尽如人意。

（三）仲裁

仲裁是指争议各方根据合同中的仲裁条款或者纠纷发生以后达成的仲裁协议，将争议提交法定的仲裁机构，由仲裁机构依据仲裁规则进行居中调解，依法作出裁定的方式。当事人不愿和解、调解或者和解、调解不成的，可以根据仲裁协议向仲裁机构申请仲裁，并可根据生效的仲裁协议申请强制执行。

（四）诉讼

诉讼是解决合同争议最后选择的方式。它是指人民法院根据争议双方的请求、事实和法律，依法做出审判，借此解决争议的方式。当事人没有订立仲裁协议或者仲裁协议无效的，可以向人民法院起诉。

管理办法范本 3-2

合同纠纷处理办法

1　目的

为维护本企业的合法权益，依法加强企业的合同管理，根据本企业的合同管理办法，特制定本办法。

2　管理

合同纠纷由本企业法律顾问室统一管理。

3　登记

3.1　在合同有效期内发生纠纷后，主办部门应在三日内将合同编号、合同纠纷情况等上报企业法律顾问室。法律顾问室应当对合同纠纷案件统一编号、登记，并指定专人负责案件。

3.2　案件登记后，法律顾问应在三日内通知原合同经办人，并将有关材料送至法律顾问室。

4　处理

合同纠纷产生的原因包括对方不履行合同或者不正确履行合同、己方不履行合同或者不正确履行合同以及双方都不正确履行合同三种情况。根据不同情况，负责案件的法律顾问提出针对性的处理意见。

4.1　属于对方不履行合同或者不正确履行合同的，在对方违约行为发生后，法律顾问应在两日内提出法律意见书，再由经办人以企业的名义起草致对方的信函，经总经理批准盖章后，以传真或者快递的方式通知对方，并及时确认取得对方对信函的回复。

4.2　属于己方不履行合同或者不正确履行合同的，应当积极与对方取得联系，提出解决问题的建议，做好协调工作。同时，要注意收集相关证据，为应诉做好准备。

4.3　对于双方都不正确履行合同的，企业要注意收集证据，并做好起诉或者应诉的准备。

5. 时效

法律顾问一定要注意案件的诉讼时效，必须保证时效的有效性。

6. 起诉

对方违约给企业造成损失的，如果双方协商不成，企业应做好诉讼准备。经办人要根据法律顾问的要求，将相关材料交给法律顾问。由法律顾问决定是否聘请律师、向法院提起诉讼、计算诉讼标的物、组织证据材料等。一旦进入诉讼程序，法律顾问直接出庭的，有关部门要予以积极配合；聘请外部律师的，由法律顾问与律师沟通，并协助律师做好诉讼工作。

7. 仲裁

根据合同中的仲裁条款，向仲裁机构申请仲裁的，由法律顾问负责起草申请书及组织相关证据材料，决定是否聘请律师。

8. 应诉

本企业作为案件的被告或者仲裁的被申请人时，法律顾问要做好应诉工作。在规定的期限内提出答辩状，及时参加诉讼活动，不得无故拖延、延误胜机。答辩状要与经办人所在部门会签后上报主管领导决定，但作为代理人的代理意见则由法律顾问室决定。

9. 责任

因为法律顾问或者经办人的故意行为导致诉讼或者仲裁败诉的，法律顾问或者经办人应当承担相应的责任。

10. 通报

案件审理过程中，一切重大事项均应及时向主管领导和有关部门汇报，需要集体研究决定的事项要提出建议，由主管总经理决定研究的时间、地点和参加人员。一旦集体做出决定以后，法律顾问室必须执行。

11. 本办法由本企业董事会讨论通过，由总经理颁布实施。

12. 本办法自颁布之日起实施。

参考资料 3-11

采购合同纠纷起诉书

原告：××贸易中心，地址：____________。

法定代表人：王××，性别：男，年龄：42 岁，职务：经理，住址：______________。

诉讼代理人：丁××，性别：男，年龄：30 岁，职务：供销科长，住址：__________。

被告：××贸易有限公司，地址：________________。

请求事项：

请求人民法院根据《中华人民共和国民法典》的相关规定，追回××贸易有限公司所欠我方货款 14.5 万元，赔偿所欠货款利息及有关损失，依法维护我方的合法权益。

事实和理由：

2014 年 1 月 23 日、2 月 6 日，我方经理王××先后两次与××贸易有限公司经理李××签订购销合同。第一份合同系购买各种规格的圆钉共 50 吨，每吨单价 0.22 万元，合计人民币 11 万元。第二份合同系购买镀锌 8 号线 200 吨，每吨单价 0.165 万元，合计人民币 33 万元。我方严格按合同规定办事，合同签订后一个星期内，分别将两笔货款汇到××贸易有限公司的指定账户上，共计人民币 44 万元。

但是，××贸易有限公司却不按合同规定办事。我方第一批货款 11 万元汇出后一个月，××贸易有限公司才首次发出圆钉 20 吨，其余 30 吨杳无音信。第二批货款 33 万元汇出后，××贸易有限公司也未将镀锌 8 号线发出。

我方多次发出函电催货，××贸易有限公司都不予理会。2014 年 4 月以来，我方两次派人专程去找××贸易有限公司经理李××面谈，并主动提出如无货物，可以退款。李××一直推脱责任，至今也未将货物发出，且不向我方退回货款。

两份合同都有规定：供方在收到货款后 10 日内未将货物发出，处以其货款 10% 的罚款。××贸易有限公司收到我方的货款已经超过 10 天，仍未把货物发齐，实属严重违反合同规定。为此，我方经营活动受到了严重影响，直接经济损失近 10 万元。

为维护我方的合法权益，请求人民法院依法予以处理。

此致

××市中级人民法院

起诉人：××贸易中心（盖章）
××年××月××日

第三节　采购合同日常管理及注意事项

合同签署完毕后，合同承办部门应将合同原件、合同审批表送公司综合部存档，合同承办部门、财务部门保存合同复印件。

合同生效需要履行的报批、备案手续，如果需要公证、鉴证的，经公司领导批准并出具授权许可，交由合同承办部门办理。

一、采购合同日常管理

合同签订以后，涉及的日常事务性管理工作包括合同授予后的事务管理以及合同进行中的事务管理两大部分。

（一）实行合同编号管理制度

（1）公司和分公司有关部门应设立兼职合同管理员，负责合同的编号管理、报表统计等工作，合同承办部门对合同的保管宜由专人保管，并需作日常登记。

（2）为便于检索和管理，公司实行合同基本要素摘录制度。

（3）要求合同承办部门在合同正式签署完毕后的五个工作日内向合同管理部门提供最终合同的电子版本（含电子扫描版本）进行存档。

（4）合同的存档保管期限按国家有关档案保管期限执行。

（二）建立合同管理系统

（1）大型合同应建立账户代码以便跟踪与合同有关的所有成本。该账户代码包含合同号及合同文件编号，合同管理系统包含所有合同文件。

（2）合同管理系统要求特定的文件按特定的结构进行保管，并要求文件按一定的方式编号。

（三）准备关键文件

（1）获得担保书和保证书，并保证其文字内容与协商的结果相符。

（2）获得供应商有关保险单据的复印件。

（3）所有要签署的信用合同，通知合同缔结者现场审核相关规定，例如与安全政策、工作许可证、经营行为等有关的规定。

（四）文件管理

（1）文件管理通常得不到足够的重视，但无论从实施效率，保证出现合同争议时有据可查或方便外部权威机构的审查来说，文件管理都非常重要。

（2）每份文件必须标有文件号、发布日期修订号、签署人信息。文件应附上传递注意事项（如传达范围等），以及由供应商签署意见后返还的签收确认单。

（3）建立一个已发布文件登记表，记录所有正式传达给供应商的文件。登记表的登记内容包括发出日期、发送方式以及供应商的收文日期等。

（五）进度管理

（1）在合同管理计划中明确规定供应商执行进度的前提下，根据合同进度表来要求、督促供应商加快进度。

（2）督促供应商提供阶段性进展报告。

（六）台账管理

（1）采购合同台账管理是采购管理工作的中间部分，是采购数据分析的主要依据，也是供应商考核、评估、奖惩的依据。

（2）采购合同台账包括采购合同相关信息（如合同编号、合同签订日期、合同期限、付款方式）、供应商相关信息（如供应商名称、供应商地址、供应商联系方式及联系人）、采购物料相关信息（如品名、规格型号、数量、单位、单价、总价、交货日期），表3-5为一家制造企业的采购合同台账示例。

表 3-5　采购合同台账

序号	合同编号	合同期限	供应商名称	品名	规格型号	单位	数量	单价	总价	备注
1	JG-2012-042	2 年	辽宁××集团有限公司	铝母线	LMX005	米	58	650	37700	含运费、安装费、包装费及现场调试服务费
2	JG-2012-043	1 年	辽宁××集团有限公司	计量柜	JLG233	台	66	680	44880	含运费、安装费、包装费及现场调试服务费
3	JG-2013-064	1 年	××电力有限公司	计量柜	JLG577	台	13	720	9360	含运费、安装费、包装费及现场调试服务费
4	JG-2013-071	5 年	××电力有限公司	后台装置	NPS9901	台	1	70000	70000	含运费、安装费、包装费及现场调试服务费
5	JG-2013-075	2 年	××电力有限公司	密集型母线	MX505	米	60	650	39000	含运费、安装费、包装费及现场调试服务费。按实际安装数最终结算，多退少补
				插接箱	CJX274	台	80	620	49600	
				采暖炉	CNL315	个	74	3780	279720	

（3）采购合同台账对应的采购到货明细统计表，内容包括批次到货情况、品质不合格频次、退换货时间及退换货频次、售后服务态度、资金支付情况等。

二、采购合同日常管理注意事项

（一）委托授权

在签订委托代理合同时，需考虑以下方面。

（1）法定代表人授权委托他人代为签订合同应签发授权委托书，授权委托书应载明受委托人、授权范围、有效期限等基本内容。

（2）任何人员严禁在超越授权范围、授权期限或未经授权的情况下签订合同。特别授权的签署需按一事一委托的原则，合同一经履行，委托事项即行终止。

（3）不得将代理事项自行委托他人代理。代理人应妥善保管授权委托书，不得转借、转让或出卖给他人，如有遗失，应登报声明作废。代理人离岗，应交回有效期限内的授权委托书。

（4）受委托人遇到不能履行授权委托时，应及时向合同管理部门提出更换受委托人的要求并交回上述授权委托书。

（5）授权委托书须一式两份。一份由合同管理部门留存，另一份由受委托人留存。

（6）对方当事人需要授权委托书的，由受委托人负责提供其复印件。

参考资料 3-12

2003 年 4 月，A 公司项目部与 B 公司签订了加工定做合同，约定 B 公司为该项目部加工若干橡胶制品。

合同中特别约定："货款必须按合同所约定的账户结算，如果造成经济损失，全部由定做方（即 A 公司项目部）承担。"合同履行过程中，A 公司项目部按指定账户向 B 公司支付了货款 10 万元。

2003 年 6 月，A 公司项目部在 B 公司的合同经办人 C 没有出具书面收款授权委托书的情况下，以现金方式向 C 支付了 15 万元。不久后，C 从 B 公司辞职。B 公司拒绝承认收到业务员 C 的 15 万货款，由此 B 公司提起诉讼。

法院判决：

终审认定，合同约定货款必须向 B 公司指定账户支付，B 公司未授权 C 收款，C 收款属于个人行为，因此判决 A 公司败诉，A 公司向 B 公司支付货款 15 万元。

管理建议：

（1）签订合同时必须要求签约方的合同签订人（法定代表人除外）出具书面的授权委托书，必须严格审查对方合同签订人的代理权限、代理期限等内容。

（2）合同约定款项支付到指定账户的，在合同履行过程中，必须严格按照约定将款项付至合同指定账户。若需要付到其他账户的，必须要求对方单位出具书面的授权委托书。

（3）支付合同款项时，尽量通过银行电汇并开具银行票据，不得将现金、现金支票以及收款人一栏为空白的转账支票直接付给对方的合同经办人。

（4）代债权人向其他人付款时，必须要求债权人出具书面的授权委托书。

（5）妥善保管签约单位出具的授权委托书原件。若在合同签订和执行过程中，对方提供的授权委托书是复印件或者是传真件的，一定要及时索要原件。

（二）合同专用章

（1）公司的合同专用章由专人管理，公司的空白合同、授权委托书也由专人管理。

（2）业务人员不得随身携带合同专用章或已盖章的空白授权委托书、空白合同出差，特殊情况下，由公司总经理批准。

（3）合同专用章、盖章的空白合同、授权委托书、已签订的合同等遗失的，应及时向公安机关报案并登报声明。

参考资料 3-13

2002 年年底，A 公司将工程项目分包给施工队 B，并下令成立了项目经理部，刻制了项目经理部印章。

2005 年，C 公司持有一份盖有该项目经理部印章的分包合同和有施工队 B 签认的分包工程结算单，将施工队 B 和 A 公司一起告上法庭，要求两者共同支付欠付的分包工程款 60 万元。

据 A 公司项目经理回忆，该项目的印章一直由其保管，未使用项目经理部的印章对外签订任何分包合同，也未曾将项目经理部的印章交由施工队 B 使用。在案件审理过程中，A 公司主张该分包合同上的项目经理部印章是施工队 B 私刻的。

C 公司举出相关证据证明，该分包合同上项目经理部印章和 A 公司与工程发包方办理中间计量时使用的项目经理部印章一致。

经法院审理，判决结果如下：C 公司持有的分包合同上加盖的项目经理部印章和 A 公司与工程发包方办理中间计量时使用的项目经理部印章一致，A 公司主张项目经理部印章系施工队 B 私刻缺乏相应证据。

因分包合同系 A 公司项目经理部与 C 公司签订，项目经理部无独立法人资格，无独立承担民事责任的能力，故判决 A 公司承担给付 C 公司分包工程款的责任。

管理建议：

（1）项目经理部的印章应统一刻制，以总公司名义承接的项目由总公司刻制，以子公司名义承接的项目由子公司刻制。公司（子公司）成立项目经理部的文件中应附有项目经理部的印模。

（2）未经公司（子公司）同意，项目经理部一律不准刻制分部或工区印章，不得自行发文成立分部或工区，不得任命分包商负责人为项目工区负责人。

（3）公司（子公司）成立项目经理部的文件必须明确抄送业主、监理、质检、银行等部门和机构，项目经理部必须及时将相关文件交送到有关部门和机构，以便有相关证据证明刻制印章的唯一性，防止分包队伍私刻项目经理部的印章。

（4）严禁项目经理部将项目印章、项目合同专用章、财务专用章出借给分包单位使用。

（5）项目经理部的印章必须由专人保管，必须经过严格的审批程序通过后方可使用，并做好详细的印章使用记录。

（6）未经批准，严禁在空白的合同书、授权委托书、介绍信等上面加盖项目经理部的印章。

（7）在项目完工后，项目经理部印章应及时交回公司（子公司）办公室，由办公室集中统一管理，待项目债权债务结清后销毁。

（三）合同的公证与鉴证

1. 合同的公证

国家公证机关即公证处，代表国家行使公证职能，根据当事人的申请和法律规定，依据法律程序，证明采购合同真实性和合法性。

进行合同公证的主要有以下三类合同。

（1）房产类合同：房产买卖、转让、赠与、交换、拍卖、租赁合同；合作建房、土地使用权有偿出让或转让、房屋拆迁补偿合同；房产代销、包销合同以及其他有关房地产事项的合同。

（2）经济类合同：产权、股权转让，企业租赁经营、联合经营、中外合资经营，建设工程承包、加工承揽、购销、科技协作等各种经济合同；提存、境外投资委托合同等。

（3）金融类合同：借（贷）款合同、融资租赁合同；商品房、土地使用权、机器设备、股权、股票及其他有价证券等的抵押、质押合同；保证合同等。

2. 合同的鉴证

合同的鉴证是指合同监督管理机关根据双方当事人的申请依法证明合同的真实性和合法性。合同鉴证收费标准为采购合同价款的 0.2%。

（四）廉政合同

为了保护合同当事人的合法权益，保证企业资金的安全、有效使用以及投资效益，促进企业党风廉政建设，维护社会经济秩序，根据有关法律法规规定，凡合同金额超过一定金额的合同（简称“主合同”），在签订时应同时签订廉政合同（即“从合同”）。

1. 签订廉政合同的注意事项

（1）廉政合同的范本由分公司党群工作部拟定。廉政合同由合同承办部门送廉政合同管理部门和分公司纪检组长审查确认后方可签署。

（2）廉政合同的归口管理部门为分公司党群工作部和公司综合部，安排兼职廉政合同管理员，负责廉政合同的审查、页签、归档工作。

（3）廉政合同经廉政合同管理部门页签后由主合同签字人签署并加盖公司合同专用章。

（4）廉政合同的履行、争议解决及归档等按主合同的规定执行。

2. 应当签订廉政合同的主合同范围

（1）分公司的合同，且合同金额超过人民币一百万元及以上的。

（2）市公司及其下属县（市）公司签订的合同，且合同金额超过人民币五十万元及以上的。

（3）虽不涉及金钱但会对公司的生产经营造成重大影响的合同，如合作协议、商标使用许可合同、特许经营合同等。

合同范本 3-4

工程廉政合同范本

为做好工程建设中的党风廉政建设工作，保证工程建设高效优质，保证建设资金的安全和有效使用以及投资效益，工程的业主单位________（以下称甲方）与施工单位______（以下称乙方），特订立如下合同。

第一条　甲乙双方的权利和义务

（一）严格遵守党和国家有关法律法规及交通运输部有关廉政的规定。

（二）严格执行工程的合同文件，自觉按合同办事。

（三）双方的业务活动坚持公开、公正、诚信、透明的原则（除法律认定的商业秘密和合同文件另有规定之外），不得损害国家和集体利益，不得违反工程建设管理规章制度。

（四）建立健全廉政制度，开展廉政教育，设立廉政告示牌，公布举报电话，监督并认真查处违法违纪行为。

（五）发现对方在业务活动中有违反廉政规定的行为，有及时提醒对方纠正的权利和义务。

（六）发现对方有严重违反本合同义务条款的行为，有向其上级有关部门举报、建议给予处理并要求告知处理结果的权利。

第二条　甲方的义务

（一）甲方及其工作人员不得索要或接受乙方的礼金、有价证券、贵重礼品，不得在乙方报销任何应由甲方及其工作人员支付的费用。

（二）甲方工作人员不得参加乙方安排的高消费宴请和娱乐活动；不得接受乙方提供的通信工具、交通工具和高档办公用品等。

（三）甲方及其工作人员不得要求或者接受乙方为其住房装修、婚丧嫁娶活动、配偶子女的工作安排以及出国出境、旅游等提供方便。

（四）甲方工作人员的配偶、子女不得从事与甲方工程有关的监理分包项目。

第三条　乙方义务

（一）乙方不得以任何理由向甲方及其工作人员馈赠礼金、有价证券、贵重礼品。

（二）乙方不得以任何名义为甲方及其工作人员报销应由甲方及其工作人员支付的任何费用。

（三）乙方不得以任何理由安排甲方工作人员参加高消费宴请和娱乐活动。

（四）乙方不得为甲方单位和个人购置或提供通信工具、交通工具和高档办公用品等。

（五）乙方及其工作人员不得索取或接受甲方的礼金、有价证券和贵重礼品，不得在甲方报销任何应由乙方及其工作人员支付的费用。

第四条　违约责任

（一）甲方及其工作人员违反本合同第一、二条规定，按管理权限，依据有关规定，给予党纪、政纪或组织处理；涉嫌犯罪的，移交司法机关追究刑事责任；给乙方造成经济损失的，应予以赔偿。

（二）乙方及其工作人员违反本合同第一、三条规定，按管理权限，依据有关规定，给予党纪、政纪或组织处理；给甲方造成经济损失的，应予以赔偿；情节严重的，甲方建议交通工程建设主管部门给予乙方一至三年内不得进入其主管的交通工程建设市场的处罚。

第五条　双方约定，本合同由双方或双方上级单位的纪检监察机关负责监督执行。由甲方或甲方上级单位纪检监察机关对本合同执行情况进行检查，提出在本合同规定范围内的裁定意见。

第六条　本合同有效期为甲乙双方签署之日起至该工程项目竣工验收后止。

第七条　本合同一式三份，甲、乙双方各执一份，送交监督单位一份。

甲方单位：（盖章）　　　　　　乙方单位：（盖章）

代表人：　　　　　　　　　　代表人：
地址：　　　　　　　　　　　地址：
电话：　　　　　　　　　　　电话：

（五）合同的责任

（1）对在合同签订、履行过程中发现重大问题，积极采取补救措施，使本公司避免重大经济损失以及在经济纠纷处理过程中，避免或挽回重大经济损失的相关人员，予以奖励。

（2）合同签订及履行过程中的相关人员有下列行为之一的，按其情节轻重，应承担公司内部的行政责任或经济责任，涉嫌犯罪的，移交国家司法机关依法追究刑事责任。

A. 未经授权批准或超越职权签订合同。

B. 为他人提供合同专用章或盖章的空白合同、授权委托书。

C. 应当签订书面合同而未签订书面合同。

D. 合同承办人员在签订、履行合同过程中，因失职或故意签错合同、违约或引起合同纠纷，致使公司遭受损失。

E. 合同审查人员因疏忽审查，对明显不当的合同条款没有提出法律意见，致使公司遭受损失。

F. 合同承办人员和审查人员违反公司保密规定，泄露公司重要机密，致使公司遭受损失。

G. 公司履行合同未经对方当事人确认。

H. 合同相关人员因违反规定索要或收取不正当利益。

I. 利用公司失去的生意机会，并从中获取私人利益。

J. 丢失合同及函件、图表、电报、传真、单据等造成经济损失。

K. 合同专用章、盖章的空白合同、授权委托书遗失未及时报案和报告。

L. 合同纠纷发生后，不及时向公司领导汇报、不追究对方责任，导致公司遭受损失。

M. 其他违法、损害公司利益的行为。

参考资料 3-14

2002 年，我国某进出口公司向巴西出口一批非食用玉米。合同规定：品质为适销品质，以 98%的纯度为标准，运输方式为海运，支付方式采用远期汇票承兑交单，以给予对方一定的资金融通空间。

合同生效后两个月货到买方，买方以当地的检验证书证明货物纯度比原合同规定纯度低，黄曲霉菌累计超标为由，拒收实物。经查实，原货物品质不妨碍其销售，对方拒收主要是由于当时非食用玉米市场价格下跌。经多次洽谈，我方以降价 30%的条件修订合同。

此案中，支付方式、品质条款，对于出口方来讲均存在很大的风险性。不难看出，出口方明知道风险条款的存在，但对风险估计不足，也存有侥幸心理，为促成交易成功，轻易跳进对方设下的陷阱。

品质方面，虽考虑到了农产品的品质在备货时很难准确把握，用“适销品质”来补充，但没有采用品质增减价条款具体地说明在品质出现不同程度的不符时的处理方式。

非食用玉米本身具有易滋生黄曲霉菌的特点，长时间的运输更能加快其增长速度。对于这种可以预料但难以避免的状况，在品质条款中没有任何说明，给对方拒收货物提供了机会。

支付方式上，远期汇票承兑交单，货到付款，虽是我国在南美贸易中普遍采用的方式，但这种方式过于注重促成合同的成立，风险极大，特别容易被对方恶意利用。在市场形势对其不利的情况下，买方往往以其他条款为由或拒收货物，或大幅度压价。

该案例便属典型的恶意利用“软条款”的例子。那么，如何规避这类风险呢？

案例解析：

国际贸易合同商谈中，条款的订立会直接影响到买卖双方的利益，在具体贸易中，应尽量避免易产生纠纷的“风险条款”。合理把握条款，最大限度地避免风险，正确处理订单和风险之间的平衡是签订合同能否维护好双方利益的关键。

管理制度范本 3-1

采购合同管理制度

第 1 章　总则

第 1 条　目的

为规范公司对采购合同的管理事宜，做好采购合同的编制、签订、执行、修改等工作，使其符合采购管理的要求及公司的利益，特制定本制度。

第 2 条　适用范围

本制度适用于生产原辅料、设备、工装模具、外协加工、外协服务等类型的采购合同管理工作。

第 3 条　职责划分

1. 采购部是采购合同的管理单位，负责公司采购合同的编制、签订、执行、修改等管理事项。

2. 生产部、质量管理部、技术部和财务部负责参与合同条款的公审。

3. 总经理或其授权人负责合同签订工作的批准。

4. 财务部负责合同原件的保管。

第 2 章　采购合同的编制

第 4 条　采购合同编制条件

在某公司一次性采购物品的金额高于____元时，必须签订采购合同。外地采购也必须签订合同。

第 5 条　采购合同的编制程序

1. 选择供应商，所选供应商必须是公司认可的合格供应商。

2. 进行谈判，采购部应与合格的供应商展开谈判，谈判内容包括采购物料的价格、数量、质量、供货方式、货款支付方式等方面。

3. 拟订草案并评审，采购部应根据谈判所形成的方案拟订采购合同草案，报送法律顾问审核及总经理或分管副总审批。

4. 编制正式合同，采购部应根据各相关部门、法律顾问及总经理或分管副总经理的意见对采购合同草案进行修订，并据此形成正式的采购合同。

第6条 采购合同的主要内容

1. 合同签订双方的姓名、地址和联系方式。
2. 采购物料的单价、总价。
3. 采购物料的数量与规格型号。
4. 采购物料的品质和技术要求。
5. 履约方式、期限、到货地点。
6. 采购物料的验收标准和验收方式。
7. 付款方式和期限。
8. 售后服务和其他优惠条件。
9. 违约责任和解决争议的方法。

第7条 采购合同的要求

1. 合同拟订必须在调查供应商和询价、比价的基础上进行。
2. 采购合同主管根据对方资信情况起草符合本制度规定的采购合同。
3. 采购合同的条款内容必须完备、明确、具体，表达必须严谨。

第8条 采购合同审批管理

1. 采购合同主管应将拟订的合同草案交给相关部门审核并请其提出建议。
2. 财务部主要负责对合同价款的形成依据、款项收取或支付条件等条款进行审查并提出意见。
3. 法律顾问主要对合同内容条款的合法性进行审查并提出审查意见。
4. 分管副总经理负责对合同所涉内容进行全面审查并提出审查意见。
5. 总经理根据相关部门所提意见、办理程序的规范性以及其他需要审查的内容对合同进行审阅并签署意见。
6. 采购部根据总经理的审阅意见修改合同文本，并将总经理审阅意见、合同签署相关附件等文件再次报送审查后，由总经理或受总经理委托的合同签署代理人正式签署合同。

第3章 采购合同的签订

第9条 与公司签订采购合同的供应商必须具有法人资格，并以其自己的名义签订采购合同。如果委托别人代签，采购部应审验委托证明。

第10条 公司与供应商签订的合同必须采用书面形式，其他任何形式的合同视为无效合同。

第11条 对于金额在10万元以下的采购合同，可以采用传真的方式进行签订，即公司将合同拟订好后传送给供应商，供应商进行盖章签字后回传，公司在回传的合同上盖章签字后发给供应商回执，视为合同成立。

第4章 采购合同的执行与控制

第12条 采购合同的执行

1. 采购合同签订后即具有了法律约束力，采购部应及时向供应商发送订货单，使供应商及时准备公司所需的物料。
2. 采购部应配合质量管理部做好采购物料的进厂验收工作，当所采购的物料不符合合同所约定的质量要求时，采购部相关人员应积极联系供应商进行处理。

3. 合同执行过程中，采购部要处理好公司与供应商的关系，将供应商视为公司的战略合作伙伴，使公司在生产旺季增加物料采购数量时能够及时得到供应，在生产淡季时能够缩减物料采购数量或取消物料的采购。

第 13 条　采购合同执行记录

采购部应建立合同履约的管理台账，对双方的履约进程逐次、详细地进行书面登记，并保存好能够证明合同履约的原始凭证。

第 14 条　采购合同进度控制

1. 采购部应本着经济性的原则做好物料的采购进度控制工作，既能保证仓库中的采购物料库存最低，又能保证采购物料满足生产的需求。

2. 对于供应商需要按照样品或图纸加工的物料，如果存在加工过程周期长、变数大、监控过程比较复杂的情况，采购部应要求供应商提供进度安排计划，并根据进度安排与供应商进行联络和协商，确保物料能够及时运送到公司。

3. 如果供应商提供的物料将延缓公司的生产，采购部应减少在该供应商的采购数量，并与其他供应商联系，增加采购数量。

第 5 章　采购合同的修改与终止

第 15 条　在合同执行过程中，如果出现因供应商的原因造成无法按量供应采购物料的情况，采购部经调查核实，可与供应商签订新的采购物料数量的条款，作为采购合同的附件执行。

第 16 条　在合同执行过程中，若外部市场环境发生重大变化，采购部可与供应商协商，签订新的供货价格的条款，作为采购合同的附件执行。

第 17 条　在合同执行过程中，若因不可抗力导致供应商无法按时交货，采购部经核实后，可与供应商协商签订双方的延期交货条款，作为采购合同的附件执行。

第 18 条　有下列情形之一者，视为合同终止。

1. 因不可抗力导致合同无法继续执行，双方同意取消合同。
2. 因市场环境或需求的变化，一方提出取消合同，由双方协商解决赔偿事宜。
3. 出现违背合同条款的状况。
4. 逾期没有履行合同约定的情况。
5. 发生符合合同条款中合同终止的事项。

第 6 章　合同纠纷的处理与合同管理

第 19 条　当公司与供应商出现合同纠纷时，一般可采取如下几种处理方法。

1. 与供应商协商解决。
2. 请第三方协调解决。
3. 由仲裁机构进行仲裁。
4. 通过法律途径解决。

第 20 条　采购合同的签订人员与资料管理人员要遵守合同的管理纪律，有下列情形之一者，公司将根据情节的轻重进行相应的处理。

1. 泄露合同内容。
2. 私自更改合同内容。
3. 丢失合同。

4. 在合同签订或资料保管过程中损害公司的利益。

第 21 条　参与采购合同履行与监督的人员违反公司的相关规定，给公司造成经济损失和其他损失的，公司将根据性质与情节轻重对责任人进行行政或经济处罚，情节严重者将依法追究其法律责任。

第 7 章　附则

第 22 条　本制度未尽事宜，依照国家相关的法律法规和政策执行。

第 23 条　本制度由采购部制定，采购部保留对本制度的解释权和修订权。

第 24 条　本制度经总经理、分管副总经理办公会议审议后执行。

本章小结

1. 采购合同可按定价机制、合同期限长短、非传统合同等标准分类。

2. 采购合同条款包含合同当事人自然情况，合同标的物，品种、规格和数量，产品的质量和包装，价格和结算方式，交（提）货期限（日期）、地点，运输和保险，验收办法，违约责任，争议解决，合同的变更和解除条件，其他条款等。

3. 采购合同的审查内容包含供应商资格审查、供应商履约能力审查、合同文本审查。采购合同争议的解决途径包括和解、调解、仲裁和诉讼等。

4. 采购合同日常管理包含实行合同编号管理制度、建立合同管理系统、准备关键文件、文件管理、进度管理和台账管理。

5. 采购合同日常管理的注意事项包括委托授权、合同专用章、合同的公证与鉴证、廉政合同以及合同的责任。

综合案例分析

2021 年 A 国疫情持续暴发，国内的口罩生产商无法满足其国内市场需求。B 国的疫情已经得到控制，口罩产能开始溢出，甲工厂恰恰是当时的佼佼者。对于甲工厂来说，生产口罩算是个副业，来钱快，市场需求量大。A 国政府与甲工厂很快签订了一笔价值十亿美元的口罩合同，并且甲工厂考虑到此次合同物料的特殊性，出口到 A 国的口罩实际价格比出口到其他地区的口罩价格便宜了一半。签合同时，A 国政府加了一条：如果在 4 月 30 日之前，甲工厂未通过 A 国国家职业安全卫生研究所认证，视为甲工厂违约，要退还合同预付款的 50%。

甲工厂认为自己工厂生产出来的口罩一定会通过该项认证，自信满满地签了合同，4 亿美金的预付款到手了。之后甲工厂不断地向 A 国输送口罩，已经交货几千万个了，但是，到 4 月 30 日，使出浑身解数的甲工厂依旧没有通过 A 国国家职业安全卫生研究所认证，这意味着甲工厂需要退还 2 亿美元给 A 国政府，而且已经交货的几千万个口罩也拿不到 A 国政府应支付的剩余款项。甲工厂不仅要支付 2 亿美元，还收不回已经出口的口罩以及剩余款项，还在生产线上的未交付口罩又不知如何处理，这给甲工厂带来了不小的冲击。

结合所学知识从采购合同的签订角度出发，分析该案例。

第四章　供应商交货期管理

学习目标

1. 了解交货期的定义和重要性。
2. 理解交货期管理的内容。
3. 掌握交货期延误的原因和对策。
4. 掌握交货期各阶段的跟催和常用的跟催方法。

知识要点导图

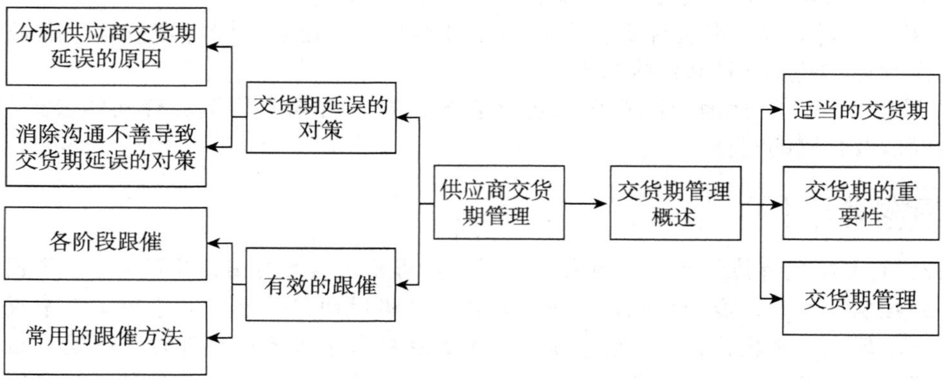

导入案例

有一个产品计划在本月15号生产，假如有一个供应商经常送货不准时，并且存在因为质量不良退货的情况，如果为保证生产，应该把交货期定在几号？有人说10号。如果是10号，采购人员通常在8号就会给供应商打电话催货，10号供应商把货赶制出来，送到仓库后，仓库的管理人员说这批材料15号才用于生产，仓库放不下了，要求对方拉回去。这时采购人员往往给仓库的管理人员打电话，要求其收下这批材料。过了一段时间，又有一批货比较急，采购人员就催供应商，对方让我们放心，说是两个小时一定到。两个小时之后，采购人员不放心，又打电话催促对方，这时对方讲："哎呀，我刚准备给你打电话，不好意思，车坏在路上了。"

这个例子就像狼来了的故事，供应商总是认为你说的交货期有宽限。用这种狼来了的想法控制交货期，结果"狼真的来了"。这样导致的结果是分不清哪个的确是急单，哪个不是急单，往往造成供应商不着急的货已经生产出来，着急的货还未生产的情况。

第一节　交货期管理概述

一、适当的交货期

交货期是指制订采购计划的到货时间与生产材料的调配、制造、运送时间及采购人员选定适当的交易对象、购买以及议价所必要的时间。

如果无视制造业的客观进度，一味强调交货期很短的订货，必然无法期待以“适当的价格”取得“良好的货品”。因此，采购人员需要经常和请购部门接触，在友好协商的气氛中根据双方的情况设定适当的交货期。

二、交货期的重要性

确定交货期的目的，旨在将生产活动所需的物料在必要的时候切切实实进货，从而以最低的成本来完成生产任务。

“必要的时候”是指为了以最低的成本完成生产任务，预先所计划好的物料进货时间。确定交货期的重要性在于提前发现有可能延迟交货的物料，从而防止延迟交货，同时也应控制无理由的提早交货。

（一）延迟交货带来的问题

延迟交货，毫无疑问会妨碍生产活动的顺利进行，对生产现场及其相关部门带来有形、无形的不良影响。

（1）导致制造部门断料，从而影响生产效率。

（2）物料延迟交货，间接导致成品延迟交货。

（3）延迟交货，失去客户信任，导致订单减少。

（4）效率降低，增加工作时间、制造费用、人工费用。

（5）延迟交货时如果利用替代品交货导致成本增加或品质降低。

（6）断料频繁，工作人员士气受挫，工作意愿降低。

（二）提早交货带来的问题

一般，人们总以为提早交货的不良影响比不上延迟交货造成的不良影响，实际上，两者都会成为增加成本的原因，提早交货的不良影响具体如下。

（1）导致库存成本增加。

（2）导致流动资金周转率下降。

（3）允许提早交货，导致供应商存在优先生产高单价物料而忽略低单价物料的隐患，从而导致低单价物料延迟交货。

（4）由于经常提早交货，导致库存囤积、仓储空间不足。

（5）频繁提前交货，使供应商对交货期的管理松懈，忽视交货期管理。

因而能否确保按时交货，对经营效果有很大影响。

三、交货期管理

（一）交货期事前计划

要做好交货管理，企业应有“预防重于治疗”的观念，事前慎选有交货意愿及责任感的供应商，并安排合理的采购、运送时间，使供应商从容履约。

1. 确定合适的交货期

要确定合适的交货期，采购人员首先须了解交货期的时间构成，将请购、采购、供应商准备、运输、检验等各项作业所需的时间予以合理计划，避免出现供应商无法解决的问题。

交货期由以下六项前置时间构成，所有前置时间的总和又称为累计前置时间。

（1）行政作业前置时间。行政作业所包含的时间是采购商与供应商之间共同为完成采购行为所必须进行的文书及准备工作。

对采购商而言，包括了选择或开发供应商、准备采购订单、取得采购授权、签发订单等工作。

对供应商而言，包括采购订单进入生产流程、确认库存、客户信用调查、生产能力分析等工作。

（2）原材料采购前置时间。供应商为了完成客户订单，也需要向其供应商采购必要的原材料，需要花费一定的时间。

在订单生产型模式中，产品的生产是收到客户订单之后才开始的，非加工所占时间较多，所需的交货期较长；在存货生产型模式中，因生产的产品是为未来订单做准备的，采购交货期相对缩短；在组合生产型模式中，一些标准零部件或次组装件已事先准备妥当，一旦接到订单，即按客户要求快速生产出所需产品，该模式对少量多样的需求有快速反应的能力，一般交货期较存货生产型模式长，较订单生产型模式短。

（3）生产制造前置时间。生产制造前置时间是指供应商内部的生产线制造出订单上所订产品的生产时间，基本上包括生产线排队时间、准备时间、加工时间、不同工序等候时间以及物料的搬运时间，在非连续性生产中，生产线排队时间占总时间的一大半。

（4）运送前置时间。当订单完成后，将产品从供应商的生产地送到客户指定交货点所花费的时间为运送前置时间。运送前置时间的长短与供应商和客户之间的距离、交货频率以及运输方式有直接关系。

（5）验收与检验前置时间。客户进行验收与检验的时间一般包含卸货与检查、拆箱检验、完成验收文件、将产品搬运到适当地点的时间。

（6）其他零星前置时间。除上述五项前置时间外，还包括一些不可预见的外部或内部因素所造成的延误，以及供应商预留的缓冲时间。

参考资料 4-1

某企业常用产品交货期计算原则

一、影响产品交货期的主要因素

1. 设计周期 A：包括采购资料 A_1，结构设计 A_2，电气设计 A_3。

2. 生产周期 B：包括柜体加工 B_1（数控、焊接组合、表面处理），总装加工 B_2（柜体组合、元件装配及一次线制作、二次线制作），产品包装 B_3。

3. 检验周期 C：包括耐压试验 C_1，通电试验 C_2，调试（机械电气）C_3，整改验证 C_4。

4. 采购周期 D：包括采购计划 D_1，资金安排 D_2，供方周期 D_3，运输周期 D_4。

5. 其他因素：用户变更、设计更改、设计失误、人力资源、设备故障、内部协调、生产计划、生产能力、商务因素等。

二、交货期的计算原则

1. 计算前提一：月生产能力在 1100 万个以内，影响产品交货期的主要因素第 5 条“其他因素”都不存在或不影响交货期。

2. 计算前提二：产品采购周期短于设计周期加柜体加工用时或不影响整体生产进度。

3. 交货周期 J_1 = 设计周期 A+生产周期 B+检验周期 C。

4. 若产品采购周期 D 长于设计周期加柜体加工用时，则交货周期 J_2 = 采购周期 D+总装加工 B_2+产品包装 B_3+检验周期 C。

三、产品交货期的确定

1. 设计周期 A = 采购资料 A_1+结构设计 A_2+电气设计 A_3；

采购资料 $A_1=2\sim5$ 个工作日；

结构设计 $A_2=3\sim5$ 个工作日；

电气设计 $A_3=3\sim10$ 个工作日；

$A=A_1+A_2+A_3=8\sim20$ 个工作日。

2. 生产周期 B = 柜体加工 B_1+总装加工 B_2+产品包装 B_3；

柜体加工 $B_1=3\sim10$ 个工作日；

总装加工 $B_2=3\sim10$ 个工作日；

产品包装 $B_3=1\sim2$ 个工作日；

$B=B_1+B_2+B_3=7\sim22$ 个工作日。

3. 检验周期 $C=1\sim3$ 个工作日；

交货周期 $J_1=A+B+C=16\sim45$ 个工作日；

交货周期 $J_2=D+B_2+B_3+C=D+5\sim D+15$ 个工作日。

4. 说明：

若因用户等内部不可控制的外部因素影响交货期，应以书面方式给用户或销售经理予以澄清。

非标产品的设计周期以及与用户技术交底周期应在合同签订时予以明确。

四、常用产品的交货周期（见表 4-1）

表 4-1　常用产品的交货周期

序号	产品型号	数量	交货期（工作日）	说明
1	KYN61/XGN17	15 面以下	20~40 个	
		15~30 面	50 个	
2	KYN28/XGN2/HXGN	15 面以下	20~30 个	
		15~30 面	50 个	
3	ZBW/DXB	5 套以下	20~30 个	
		5~15 套	50 个	
4	AStar P/GGD/GCK/GX	40 面以下	20~30 个	
		40~100 面	50 个	
5	AStar MX	60 面以下	20~30 个	
		60~150 面	50 个	

特别说明：

1. 若单个工程有多个产品，则按较长交货期计算，也可根据用户需求计划，分批交货并明确批次交货期。

2. 若采购周期长于设计周期加柜体加工用时，交货周期则在采购周期的基础上延长5~15 个工作日。

3. 非标产品交货周期的计算应在设计完成后开始计算，其生产周期应在 30 日以上。

4. 由于交货周期受控于多种因素，若外部因素对交货周期产生实质性影响，则在报价和商务合同上注明其可能影响的程度，如“若技术交底不能在约定的日期内完成，则交货周期应顺延”等。

××电器成套有限公司

××年××月××日

2. 选择合适的供应商

了解供应商的产能、设备、瓶颈与供应能力，便于选择合适的供应商，减少供应商延迟交货的可能性或针对异常情况及时采取对策。

3. 确定供应进度监视的方法

早在开立订单或签订合同时，采购商便应决定如何监视采购进度。倘若采购产品并非重要产品，则进行一般的监视已足够，通常只需注意是否能在规定时间收到验收报表，可用电话询问。但若采购产品较为重要，可能影响企业的经营，则应另考虑进行较周密的监视。

4. 审核供应商供应计划进度

采购商应审核供应商的供应计划进度，并分别从各项资料中获知供应商的实际进度，如供应商的流程管理资料、生产汇报中所得资料、直接访问供应商工厂进行的记录或供应商按规定送交的定期进度报表等。

5. 规定供应商编制预估进度表和实际进度表

采购商可在采购订单或合同中明确规定供应商应编制预估进度表。预估进度表应包括企划作业、设计作业、采购作业、工厂能力扩充作业、工具准备作业、组件制造作业、次装配作业、总装配作业、完工试验及装箱交运作业等全部过程的计划和进度。此外，应明确规定供应商必须编制实际进度表，与预估进度表对照，存在进度延误的说明进度延误原因及改进措施。

6. 准备替代来源

供应商不能如期交货的原因颇多，且有些属于不可抗力因素，因此，采购商应未雨绸缪，多寻求其他供应来源，如寻求替代品、潜在供应商、兄弟单位等，以备不时之需。

7. 奖惩明确

一方面，在签订采购合同时，应增加违约罚款或不予交货而解约的赔偿金额，使供应商不敢心存侥幸。另一方面，如果需求急迫时，应对如期交货的供应商给予奖励或较优厚的付款条件。

8. 强化供应商绩效考核

应建立供应商交货情况评估制度，对如期交货的厂商给予奖励或提升供应商等级，强化供应商绩效考核。

（二）交货期事中管理

下面依照执行过程，说明交货期事中管理的方法。

1. 订购信息的处理

订购信息的范围应包括订单内容、替代品、供应商等级及生产能力等相关资料。基本上资料的分类可以依照交易对象、能力、产品等加以区分，都是为了得到正确的信息。因此，订购信息处理得恰当与否，将影响整个交货期。

2. 主动查核

下订单后请供应商提供生产计划或生产日程表，以此掌握并督促供应商的生产进度。可以定期打电话询问厂商生产进度，建立跟催表或管制卡，切实掌握实际进度。了解过程中，如发现供应商实施的方式和计划有很大的出入时，尽快向对方的负责人及高层管理者报告，并及时投诉。交货期控制表如表 4-2 所示、采购订单状态一览表如表 4-3 所示、采购订单跟踪表如表 4-4 所示。

表 4-2 交货期控制表

月 日至 月 日

预订交货期	请购日期	请购单号	产品名称	数量	供应商	单价	验收人	到货日期	延迟天数
备注：									

表 4-3 采购订单状态一览表

序号	物料									订单状态												产品入库数量总和	备注
										供应商一						供应商二							
	产品编号	名称	规格型号	年需求量	单价	开始日期	完成日期	订单计划编号	订单经办人员	选择	订单合同	跟踪	检验	接收入库	付款	选择	订单合同	跟踪	检验	接收入库	付款		

表 4-4 采购订单跟踪表

编号： 日期： 年 月 日

序号	订单号	供应商名称	产品名称	采购数量	下单日期	拟交货日期	实交数量	未交数量	预计补交日期

审核人： 制表人：

3. 工厂实地查证

对于重要产品的采购，不能完全相信供应商，采购商除要求供应商按期递送进度表外，还应前往供应商的工厂访问查证，但此项查证应在合同或订单内明确，必要时要求专人驻厂监视。

4. 加强供需双方的信息沟通

关于供应商准时交货的管理，还有双方的资源共享计划，供需双方应建立综合性信息沟通系统，使采购商的需求一有变动可立即通知供应商，供应商的供应一有变动也可随时通知采购商，保证交货问题的顺利解决。

5. 销售、生产及采购部门加强联系

由于市场状况变幻莫测，因此销售、生产、采购部门需加强沟通和联系。若采购计划调整，必须征询采购部门的意见，并尽快通知供应商以减少可能的损失，提高其配合的意愿。销售部门减少急单、急件的处理，降低供应需求波动性，使采购量的变动处于稳定可控的范围内。

6. 加强收货管理

在收货管理方面应做好以下两项工作。

（1）抑制提早交货：提早交货不仅会使库存增多，而且扰乱交货期，因此，必须规定明确的提早交货允许范围，尤其要避免提前付款。

（2）提高验收速度：对于收到的产品必须迅速开展验收工作，验收迟滞不仅会使供应商遵守交货期的意识降低，而且验收不及时，有时候还可能由于场地环境、气候原因等引起产品品质劣化，因此须明确规定验收作业的程序及时限。

（三）交货期事后考核

1. 建立绩效指标

企业可以设定指标据以考核交货期管理的绩效。下面是三种常见的绩效指标及其计算公式。

（1）交货延迟率=（延迟总批数÷交货总批数）×100%。

（2）延迟件数率=（交货延迟件数÷订单件数）×100%。

（3）延迟天数率=（自订购日起至实际交货日止的天数÷自订购日起至合同交货期止的天数）×100%。

2. 日常交货资料的记录与统计

平常要对供应商的交货状况做好记录，这可以通过一些制式的表格来实现。

3. 定期对供应商交货期进行考核

按企业规定的交货期对供应商进行定期考核，考核的指标、方法及处理措施可在合同中写明，考核的结果也要通知供应商，同其核实。

4. 分析交货延迟的原因并提出对策

针对交货延迟可要求供应商提供改进、整改措施，根据整改情况，必要时可分析是否必须转移订单或更换供应商。

5. 执行供应商奖惩办法

对于不配合交货期管理的供应商，企业要发出改善通知，积极寻求改善办法，如果实在改善不了，那就选择放弃；而对于配合交货期管理的供应商则可与其签订长期合同，并采取一些奖励措施。

参考资料 4-2

小王最近跳槽到一家工厂任采购部经理。她为人低调，工作细致，做事逻辑性很强。小王新官上任没有放上三把火，而是把所有交货表现差的供应商都仔细地捋了一遍。

小王经过观察，发现在最初签订的供货合同里，没有关于交货表现未达标的惩罚性条款。

于是她趁着重新签订合同的机会，增加了一些交货条款的相关内容，包括工厂因为缺料造成的各项索赔的计算方式、超额运费需由供应商承担、物流事件的处罚金等。

接下来小王正式地在供应商大会上宣布了这些新内容，并让供应商代表们都签字留档。

工厂以前也制定过类似的考核指标和罚款机制，但是从来没有认真执行过，所以供应商们也没多想，以为小王这次就是走个过场。

过了一阵子，小王把交货表现最差的几家供应商的老板一一叫过来开会，还郑重其事地把工厂总经理和财务总监都请来。

在会上，小王把之前统计的交货情况如实汇报，并且提供了因为延迟交货而给工厂造成的直接与间接损失，最后把一张张罚单放在了几家供应商老板的面前。

这些老板一看罚单上的数字，都快赶上各自小半年的净利润了，当场惊得出了一身冷汗。

小王在会前就跟总经理和财务总监沟通过了，由于供应商交货及时率低给工厂造成了负面影响，损失金额都是有理有据地计算出来的。如果想要改变工厂被动的局面，必须对供应商进行罚款，让其重视交货问题。总经理和财务总监都一致赞同小王的做法，这次开会就是来给她站台撑腰的。

供应商老板们眼看无力扭转局势，以后还要傍着工厂做生意，不能彻底翻脸，于是就请求少罚一点钱。

最后协商下来，小王要求其对于给工厂造成直接损失的部分，采取平均分摊的办法，其他的罚款根据供应商是否能如期兑现整改的承诺而定。供应商老板虽然很不情愿被硬生生地“拔毛”，但也无可奈何，只能心里感慨这个小王不寻常。

催货是个技术活，如何让供应商配合采购部的工作，体现出采购人员的职业素养和能力水平，与供应商斗智斗勇，保证物料按时足量供应，这就是采购人员的修行。

第二节　交货期延误的对策

一、分析供应商交货期延误的原因

如果交货期延误的事情常常发生，则要积极分析供应商交货期延误的原因，并探讨解决延误的办法。

（一）供应商导致交货期延误的原因（如表 4–5 所示）。

表 4–5　供应商导致交货期延误的原因

原因	人	管理	生产状况
具体说明	对交货期的承诺度低； 联络沟通不足； 人手不足； 过于忙碌而疏忽； 供应商顾客服务理念差； 经营者的业务重心转移； 业务员常换人或训练不足； 员工工作意愿降低； 其他原因	进度管理不善； 上游原材料来源不能掌握； 货源危机； 品控制度不落实； 上游原材料品质不良； 品质管理不当； 时间估计错误； 交货期管理不当； 外包能力不足； 其他原因	接单量超过产能； 技术、工艺能力不足； 不良品率高，无法控制； 生产计划不妥当； 机器不足或精度粗劣； 模具不足； 制程不完备或不落实； 小批量产品需合并生产； 其他原因

（二）采购商导致交货期延误的原因（如表4-6所示）。

表4-6　采购商导致交货期延误的原因

原因	采购部门责任	其他部门责任
具体说明	选择的供应商不妥当； 产能、技术水平调查不足； 订单或要求事项不明确； 对品质的要求不明确； 价格的决定很勉强； 未经常掌握进度、督促不力； 经验不足； 付款条件过于苛刻或未及时付款； 频繁更换供应商； 缺乏交货期管理意识； 其他原因	生产计划变更； 紧急订货准备时间不足； 设计变更； 技术资料不齐全； 订货数量太多； 收货确认时效延迟； 内部沟通不畅； 没有协调一致的工作方向； 未给予供应商有效辅导； 其他原因

（三）双方沟通不善

（1）未掌握一方或双方的产能变化。

（2）对改用新材料的规格未充分沟通。

（3）图纸、规格等技术资料交接不充分。

（4）品质标准沟通不一致。

（5）单方面指定交货期。

（6）运输过程出现意外。

（7）双方团队沟通不良。

（8）双方没有定期更新进度。

（9）交货期、单价、付款等问题未达成共识。

（10）对双方的体制、作业方式不熟悉。

（11）其他原因。

（四）不可抗力

（1）主要包括战争、罢工等。

（2）自然灾害。

（3）经济、政治或法律因素等。

（4）其他原因。

二、消除沟通不善导致交货期延误的对策

（一）引起沟通不善的主要原因

查找交货期延误的原因时，发现大多来自供应商与采购商之间的沟通不善。引起沟通不善的主要原因如表4-7所示。

表 4-7 引起沟通不善的主要原因

序号	原因	具体说明
1	未能了解到产能的变动	指供应商接受了超过其产能的订单，却由于订货骤增或人手不足无法完成任务等，未告知采购商
2	未充分掌握新产品的规格	指供应商在未充分掌握新产品规格的情况下进行生产
3	未充分掌握机器、设备的问题点	指采购商未能了解到相关机器、设备为了定期点检而需停止操作，或由于故障而需修护之类的事情
4	未充分掌握经营状况	指采购商未能了解供应商资金短缺而无法批量购进原材料之类的事情等
5	指示联络不确切	指关于图纸的修订、订货数量的增加、交货期的提前等信息未能详细传达给能够处理这些问题的人，除了口头说明之外，事后的补送书面资料也极为重要
6	日程变更说明不足	指无论交货日期的提前或延后，若不将真实意图传达给对方，使其充分了解从而获得协助，也会造成差错
7	体制、作业方式的接洽不充分	指体制、作业方式的接洽、询问、沟通不充分或不认真，导致问题发生
8	单方面指定交货期	指未了解、考虑供应商的现状，仅以采购商需求单方面指定交货期的情形

（二）货物集中到某一时刻的情形

1. 供应商的优先顺序

供应商通常在一定的时段里要生产许多订购的产品，许多产品的交货日期可能重叠，也可能集中于某些机器、设备上，遇到这种情形，供应商要排出生产顺序，供应商的生产优先顺序示例如表 4-8 所示。

2. 供应商的产能实况

关注供应商的产能实况，注意其所提出的产能与实际产能之间的差异，采购商最好能亲自了解供应商实际生产状况，并日常记录其年供货积累量。

表 4-8 供应商的生产优先顺序示例

序号	项目	序号	项目
1	交货期管理严格的产品	8	依存度高的产品
2	付款条件良好的产品	9	想提高依存度的产品
3	价格高的产品	10	催货很紧的产品
4	生产工艺成熟的产品	11	交货手续麻烦的产品
5	生产工艺较成熟的产品	12	有充足原材料的产品
6	能提高作业效率的产品	13	已来订单的产品
7	数量多的产品	14	支给品价格高的产品

（三）消除沟通不善的基本对策和常用方法

1. 向适当的交易对象下订单

向适当的交易对象下订单是指在充分了解采购产品或外包加工产品内容的前提下，向适当的交易对象采购适当、适量的产品。

2. 确立调度基准日程

确立调度基准日程是指关于调度所需要的时间，要与生产管理部门达成共识，要得到生产管理、设计、制造、技术部门的帮助，以便对外包加工产品设定调度基准日程，据此确定适当的交货期。

3. 降低交货期的不确定性

此项是指基于采购商与供应商双方的信任来设定交货期的前提下，减少交货期的变更或紧急、特急、临时订货之类的事情，降低交货期的不确定性和可变性，从而遵守交货期。

4. 依经济批量适当订购或生产

依照采购商及供应商双方都能接受的经济批量订购或生产。

5. 确立支给品的支给日程并予以遵守

确立支给品的支给日程并予以遵守是指应该避免支给慢了，但是交货期要遵守之类不合理的要求。

6. 管理供应商的产能、劳务、进度

管理供应商的产能、劳务、进度是指采购商为了掌握供应商机器、设备、人力等状况，要求供应商提供机器设备状况、职种类别状况及职责类别劳务状况各种报表，这些报表构成交易对象调查表。

7. 手续、指示、联络、说明、指导的便捷化

手续、指示、联络、说明、指导的便捷化是指在变更交货地点、下达图纸改版指示、需对不易懂的图纸进行说明时，加强沟通联络，积极说明指导，提高手续文件办理的便捷程度。

8. 发生交货期变更或紧急订货时正确掌握其影响程度

此项是指交货期变更或紧急订货时，要正确掌握其影响程度，以便供应商及时妥善处理，避免后续系列麻烦。如供应商采购的某一原材料虽已确定，但仍要关注，避免因其他原材料欠缺而耽误其生产，否则将引起恶性循环。

9. 加以适当的追查

加以适当的追查是指当还有宽裕时间处置的时候，应确认供应商运行情况。

10. 分析现状并予以重点管理

分析现状并予以重点管理是指先用 ABC 分析法，进而绘制柏拉图，这样可对目标影响最大的是哪个一目了然，进而容易掌握重点管理对象。

A 品的件数占比虽然少，但金额占比很大，C 品的件数占比虽然多，但金额占比小，所以对 A 品有必要加强管理。分析现状的目的是改变管理方法，或重新检讨管理措施。

参考资料 4-3

我在一家制造业公司负责采购工作，我当时所负责的采购品类有稀释剂、三防漆。

10月中旬，由于车间的工人没有及时关注稀释剂的库存情况，在稀释剂快要用完的情况下，还有2300台机器的线路板未刷三防漆，而这批机器的订单一周后就需要交货。

车间当天给到我稀释剂的需求订单，让我跟稀释剂的经销商确认是否有现货。结果得知经销商当下没有现货，而且从德国原厂调货需要整整一周的时间，眼看着稀释剂所剩无几，三防漆无法稀释，生产线即将停产。

面对上述情况，我想了两个方案。

第一个方案，从其他渠道寻找这款稀释剂的现货资源。时间比较紧急，新供应商准入流程需要时间，从电商平台上购买无法保证产品的质量，所以当时这个方案就不做考虑了。

第二个方案，从合格供应商名单里的代理商中寻找稀释剂的现货资源。首先，这些代理商已经通过了供应商准入流程的考核，包括资料收集、交货期、产能的确认。其次，这些代理商的产品更齐全，而且代理商一般会代理多个品牌。

于是，我联系了相关的代理商，询问是否有代理同款稀释剂或者是否有相关的替代品。同时，联系现有经销商是否能从其他客户手中调到货源。最后，在一家跟我们长期合作的代理商中找到了可替代的产品。

但该产品是美国进口的，我猜想其价格应该也是不低的。果然，一开始这家代理商的报价是108元/升，而我们原来所使用的稀释剂价格是100元/升，这两个价格已经非常接近。但作为采购人员，绝不能接受供应商的第一次报价。

之前有两家国内的化工企业来推销过国产的稀释剂。利用这次机会我咨询了这两家企业稀释剂的价格，报价均在90元/升，但样品均未能达标。在一次巧合中打听到这家跟我们长期合作的代理商所代理的稀释剂在中国是有加工厂的，听到这个消息后我打电话咨询这家代理商，询问稀释剂的价格是否还有可谈的空间，对方也把海运、关税费用明确跟我讲了。后来，我提到了他们代理的产品在国内有加工厂的事情，并按照国内的稀释剂价格让他们再调整一下报价。最后，以98元/升的价格谈成。之后我立刻接收了样品做测试。测试成功通过，确认了代理商国内工厂的库存情况后，将订单下了过去。

最后，三天后稀释剂就到了，这个问题也顺利解决，保证了生产线的正常生产。

经过这件事，我意识到作为一名采购人员，要时刻留意自己身边的资源，一些不起眼的资源会在紧急时刻帮到你。在处理紧急情况时，要保持冷静，使用正确的方法（谈判、比价），以结果为导向解决问题。

（四）建立加强交货期意识的制度

1. 异常发生报告制度

异常发生报告制度是指对供应商提出异常发生报告的要求。比如，机器、设备、模具、治具（夹具）故障等交货期延误原因出现后及时提出报告。

通过这一报告采购商能预知交货期的延误，也可未雨绸缪早做安排。该项制度远比交货期延误发生后才来研讨对策更加有效。

2. 延误对策报告制度

延误对策报告制度是指除了对供应商提出异常发生报告，明确异常发生原因外，对其改善的对策也应提出报告。

3. 交货期遵守（延误）率公告制度

企业要建立每月编制供应商交货期遵守（延误）率公告的制度。交货期遵守（延误）率可以按照下列算式计算，另外，也可针对每一种产品掌握其延误天数，以便掌握总延误天数。

$$交货期遵守率=\frac{交货期遵守件数}{(交货期延迟件数+交货期遵守件数)}\times 100\%=\frac{交货期遵守件数}{交货期到货件数}\times 100\%$$

$$交货期延误率=\frac{交货期延误件数}{交货期到货件数}\times 100\%$$

4. 表扬制度

表扬制度是指对交货期遵守情形良好的供应商给予表扬，以年度、半年度或季度为周期，根据交货期遵守率进行评判。

5. 与订货量联结的制度

与订货量联结的制度是指视交货期遵守的程度给供应商评级后采取以下措施改变订货策略。

A 级：增加订货量。

B 级：订货量不变。

C 级：减少订货量。

D 级：停止订货。

但是，当该供应商的品质与价格比其他供应商更合适时，应另作考虑；还有，必须预先向供应商说明，以避免由于减少订货量或停止订货所引起的纠纷。

6. 与支付条件联结的制度

与支付条件联结的制度是指视交货期遵守的程度给供应商评级后，可改变付款方式。

A 级：全额付现。

B 级：现金 2/3，支票 1/3。

C 级：现金 1/2，支票 1/2。

D 级：现金 1/3，支票 2/3。

另外，假如因资金调度困难而采取上述对策时，应注意是否会因此破坏双方多年建立的信任关系。

7. 指导、培训的制度

指导、培训的制度是指开展经营者研讨会、供应商有关人员的集中培训、个别巡回指导等。

8. 抱怨、期望处理的制度

抱怨、期望处理的制度是指诚恳地听取供应商的抱怨、期望，并迅速加以处理、回复。如某企业在物控部门内设置“供应商会谈室”之类的场所，用于对供应商的指导、培训及期望的处理。

（五）实绩资料的编制

为了实施基本策略，建立加强交货期意识的制度，实绩资料的编制极其重要，因此，采购人员有必要将记入“异常发生报告”或“交货期延误对策报告”理由栏的理由加以汇总查看。

1. 编制延误原因类别的分类统计图

编制延误原因类别的分类统计图是指按照延误原因分类编号，统计延误原因类别的频度，使延误责任归属明确，据此作为研究对策的资料。具体的延误原因分类编号如表 4-9 所示。

表 4-9　延误原因分类编号

责任在采购商的情形		责任在供应商的情形	
代码	原因	代码	原因
101	事务手续不完备	201	作业员工离职
102	指示联络不佳	202	工时计算错误
103	支付延迟	203	不良品的返工
104	交货期不适当	204	作业员工缺勤
105	模具、治具送出时间延迟	205	原材料到货延迟
106	图纸不规范	206	补货延迟
107	设备、机器故障		

2. 编制慢性延误品种表

找出反复发生延误的原因分类编号，将其图形化，使慢性延误的实况清楚展现，借以明确有关人员的职责。

3. 编制经办人员的延误状况图

将延误件数、延误天数等按照经办人员予以汇总统计，进一步加以图形化，使每个采购人员的成绩明了，据此可以加强经办人员的交货期意识。将“经办人员延误件数统计图”与“经办人员延误天数统计图”加以比较，因为延误件数多的产品其延误天数未必也多，所以，应进行此类统计。

管理办法范本 4-1

订单交货期保证办法

第 1 章　总则

第 1 条　目的

为加强交货期管理，确保供应商按时交货，确保企业的生产经营活动顺利进行，特制定本办法。

第 2 条　适用范围

本企业采购物料交货期管理工作，除另有规定外，均依本办法执行。

第 3 条　相关定义

采购交货期是指从采购订货之日到供应商送货到库之日的时间。

第 4 条　交货期管理责任人

采购专员在采购经理的指导下负责采购交货期管理工作，确保按时收货。

第2章　合理确定交货期

第5条　拟定交货期范围

采购专员根据企业生产计划、销售订单、库存数据等资料综合分析，初步拟定采购订单交货期范围。

第6条　预估订单交货期

1. 采购专员需了解供应商生产设备利用率，并请供应商提供其生产进度计划及交货计划，估算供应商执行采购订单所需的时间。

2. 采购物料的运输有供应商送货和企业自运两种方式，采购专员应根据不同运输主体对运输时间加以控制。

（1）供应商送货情况下，采购专员不需单独控制运输时间。

（2）企业自运情况下，采购专员需要根据物料数量及性质、路途的远近、交通条件等因素，选择合适的运输方式、合理的运输线路，以节省运费和时间。

第7条　规范交货期条款

1. 采购专员根据企业、供应商双方因素提出合理的交货期。

2. 采购专员应将订单交货期上报采购经理审批。采购经理审批订单交货期时应征询仓储部、生产部以及销售部经理的意见。

3. 采购专员在进行采购谈判时，应在明确交货期的基础上同供应商达成对交货期违约责任的共识，并形成合同条款，在采购合同中予以明确。

第3章　采购执行进度控制

第8条　采购进度控制点

1. 采购专员应至少设定以下三个采购进度控制点。

（1）询价谈判。

（2）订购执行。

（3）采购交货。

2. 采购专员要重点监控这三个采购进度控制点，以确保供应商正常交货。

第9条　订单跟踪控制

1. 采购专员需控制询价谈判时间，确保以最短的时间完成询价谈判。

2. 采购专员应跟踪了解供应商生产过程，并协调相关原材料、模具、技术支援的供应工作。采购专员需重视交货前的催货工作，掌握供应商生产效率及进度状况。

（1）如遇交货期及数量变更，采购专员需及时联络与通知供应商。

（2）为了避免不必要的损失，企业应尽量避免规格变更。

3. 采购专员应跟踪管理供应商交货以及交货后物料使用、财务部付款事宜。

（1）采购专员应组织相关质量管理人员或仓库验收人员开展验收工作。采购专员应监督验收人员严格遵照《物料验收管理规定》执行验收工作。

（2）采购专员根据付款条款要求，在规定时间内申请付款。

第10条　记录采购进度

1. 采购专员填写企业采购进度控制表，记录采购进度。

2. 采购专员还应将三个采购进度控制点花费时间、完成事项等进行记录，作为以后工作的借鉴。采购专员可自制采购进度控制点工作事项说明表（如表4-10所示），记录工作内容。

表4-10 采购进度控制点工作事项说明表

采购进度控制点	花费时间	完成事项
询价谈判		
订购执行		
采购交货		

第11条 应急处理准备

1. 为确保不影响企业正常生产经营活动，企业应制定《采购交货期异常应急预案》。

2. 采购部及相关部门应采取以下措施紧急处理交货期延误问题。

（1）采购部、技术管理部应收集、查找替代品。

（2）采购部应设立供应商信息资料库，确保及时寻找到可用的供应商资料。

（3）仓储部应保有安全库存。

第4章 交货期不符处理

第12条 交货期延误管理

采购专员需对交货期延误的原因进行分析并研拟对策，确保不再发生同样的问题。

第13条 交货期提前管理

1. 交货期提前太多对采购企业的影响主要有以下三点。

（1）导致库存成本增加。

（2）导致流动资金周转率下降。

（3）导致库存囤积、空间不足。

2. 交货期提前太多会对企业造成不良影响，企业应按照以下规范处理这一问题。

（1）企业对单位价值高而数量少的物料允许提前交货____日、单位价值较低但数量较多的物料允许提前交货____日，对单位价值较低且数量较少的物料不允许提前交货。

（2）本年度提前交货____次以上的供应商不得提前交货。采购专员应与供应商随时沟通，确定交货时间。

第14条 供应商考核

1. 企业应将交货期的考核列为供应商考核的重要项目之一，以督促供应商提高交货期达成率。

2. 采购部需根据供应商考核结果与配合度，对供应商进行相应的奖惩。

（1）更换、淘汰交货期不佳的供应商，或减少其订单的订购量。

（2）对优良供应商予以适当的回馈，或建立长期合作伙伴关系。

第15条 企业内部改善

1. 因企业内部原因导致交货期延误的，企业追究各流程相关经办人责任。

2. 企业应加强相关工作的流程管理，以规范相关人员作业，提高作业效率。

第5章　附则

第16条　本办法由采购部制定，解释权归采购部所有。

第17条　本办法经总经理审批后生效，修改、废止时亦同。

参考资料4-4

交货期延误的改善

公司计划变化无常，虽最近出台了计划固化的方针，但因缺件问题仍导致计划调整频繁。为彻底解决缺件问题，实现交货期管理，建议定期召开缺件会议，将缺件管理纳入日常管控。

在汽车总装生产效率提升项目中分析发现，汽车上装装配线的装配缺件率有相关考核数据，但底盘装配线仍无缺件统计数据。交货期管理不力造成缺件现象频发，生产基本靠库存保供，使得安全库存基数大，风险高。

因此，为防止新产业园照搬现有生产管理体系，促进产业园生产能力稳步、健康提升。建议将缺件管控纳入日常工作，梳理供应链管理，提升物流能力，规范计划管理和生产管理，规范系统数据。将缺件管控从项目中独立出来，成立专门的缺件管控小组，利用组织力量将缺件管控纳入日常管理。

缺件管控小组对7月的交货期数据进行了简单分析，结果如表4-11所示。

表4-11　交货期数据统计

项目		数据
交货期迟滞率	外购件迟滞率	84.80%
	自制件迟滞率	49.20%
平均迟滞天数	外购件	6.20天
	自制件	13.40天

成立缺件管控小组的目的：确立交货期管理机制，完善交货期管理。通过缺件管控小组提高缺件管理意识，促进问题解决。

缺件问题改善措施如下。

1. 商务方面：收集缺件数据，进行缺件管理，对各商务人员的交货期管理指标考核，对各供应商交货期管理指标考核，制定交货期管理规定。

2. 制造方面：收集底盘装配线停线数据，确认制造日上线计划顺序遵守情况。

3. 物流方面：库存合理化，规范缺件预警（3日预警）机制。

4. 计划调度方面：汇总各部门提供的缺件信息，固化3日上线装配计划，分析缺件原因，主导缺件会议，督促改善缺件问题。

缺件管理指标分析如表4-12所示。

表 4-12 缺件管理指标分析

序号	指标名称	计算公式	上周值	本周值	变化
1	小件安全库存满足率	小件安全库存满足项数/小件物料总项数×100%	61.8%	67.91%	↑
2	小件最高库存超储率	小件最高库存超储项数/小件物料总项数×100%	28.36%	32.62%	↑
3	自制件交货期迟滞率	未按计划完工自制件订单件数/计划完工自制件订单件数×100%	39.75%	42.97%	↑
4	装配上线顺序遵守率	按计划顺序上线次数/总台次×100%	98.60%	98.60%	—
5	自制件交货期迟滞平均天数	单位时间内各批次自制件订单迟滞天数之和/单位时间内自制件订单总批次	4.74	5.45	↑
6	外购件交货期迟滞率	未及时到货的订单件数/应到货的订单件数×100%	26.57%	23.61%	↓
7	外购件交货期迟滞平均天数	单位时间内各批次外购件订单迟滞天数之和/单位时间内外购件订单总批次	4.21	3.99	↓
8	月度计划变更次数	月度计划变更次数	4.00	4.00	—
9	装配缺件率	缺件造成装配线实际停线时间/装配线开工时间×100%	2.02%	2.90%	↑
10	底盘一日上线准确率	当日实际上线底盘数/当日计划上线底盘数×100%	99.00%	99.00%	—

第三节 有效的跟催

一、各阶段跟催

（一）下订单阶段的跟催

下订单阶段的跟催是指订单一经发出就要对由此而来的业务进行处理。因此，为了确保能按照交货期交货，采购商要对供应商提供必要的支援。

1. 下订单阶段跟催事务

企业采购人员在下订单阶段跟催时的主要工作有以下三个方面。

（1）发出订单，必须将图纸交给供应商，如图纸未交给供应商，则无法令其制订生产计划。另外，若供应商对图纸有质疑或疑问，应及时给予答复。

如遇到采购商只提交产品或零部件的机能或设计构想，约定由供应商制定图纸的情况，企业采购人员应跟催确保对方在双方约定的时间提交图纸，并及时交技术部确认。

（2）采购商需要安排支给品时必须在约定的日期交付对方。至于有需要模具、治具的，要确定是由采购商制造还是由供应商制造以及接洽日期，确认其性能符合最佳经济成本要求。支给品是采购商免费提供给供应商的生产材料，用于采购商自己产品的加工或包装。

（3）对于不易进货的生产材料，采购商要与供应商协调好，如果供应商有货则要及时交付。同时，对供应商的生产负荷在这一阶段也需要进行调查，查看其交货期是否过分集中，从而确认其能否如期交货。

2. 下订单阶段跟催要点

企业采购人员下订单阶段跟催要点如表 4-13 所示。

表 4-13　下订单阶段跟催要点

对象	具体说明
图纸	1. 确认有无发出：已发出时应决定如何予以追踪确定，未发出时应确认何时发出，如何分发并调整货期。 2. 确认图纸是否正确发出。 3. 供应商有所质疑时，企业采购人员及时给予答复。 4. 必要时由供应商提交图纸，对提交的图纸进行追踪；所提交的图纸不齐全时，要求其修订并进行追踪。 5. 采用新图纸时，应与技术部协调好
支给品	1. 明确交付预定日期。 2. 调整交付预定日期与交货期，并了解供应商的生产能力。 3. 调整生产批数与支给批数
模具、治具	1. 与请购部门协商自制或交由其他公司制造。 2. 明确进货预定日期。 3. 调整进货预定日期与交货期，并了解供应商的生产能力。 4. 模具、治具的性能要符合最佳经济成本要求
不易进货的生产材料	要与供应商沟通不易进货的生产材料的情况
供应商的相关信息	1. 负责供应商规模、经营状况和相关资信状况的调查。 2. 确认每一批的交货期对供应商的供货能力是否有勉强之处。 3. 供应商机械设备状态的调查

（二）合同履行阶段的跟催

1. 计划阶段的跟催

计划阶段的跟催是指供应商按照订单已处于制订生产计划的阶段，采购商有必要再次确认其能否顺利生产。计划阶段跟催要点如表 4-14 所示。

表 4-14　计划阶段跟催要点

事项类别	具体说明
图纸	1. 确认图纸是否齐全。 2. 修订图纸时，及时通知供应商并予以确认。 3. 核对试制图纸与正式发行图纸是否一致。 4. 反复试制品要确认其版数。 5. 不清楚的地方要随时给予反馈。 6. 如果供应商提出无法按照指定要求制造时，应详加调查并予以答复

续表

事项类别	具体说明
支给品	1. 确认有无按照约定交付。 2. 交付延迟时要调整货期。 3. 确认有无支给品不良、不足、疏漏、品相异常等情况。 4. 按照约定交付但支给品还是不足的情况下，不足原因出在供应商方面的，办理再交付手续并予以追查；不足原因出在采购商方面（指定数目的错误、添加率过低）的，应与有关部门接洽，办理追加支给手续并予以追查。 5. 采购商发生了需要中断或取消订货的情况时，应及时收回支给品，办理清偿手续并予以追查
模具、治具	1. 确认能否按照预定计划运送。 2. 对于延迟交货的情况，采购商应与有关部门接洽，商讨对策并调整货期。 3. 制造完成时，办理检查手续并予以追查。 4. 对不合格的模具、治具的决定对策：当获知供应商无法制造时，采购商应与有关部门接洽以决定对策；获知图纸不齐全时，采购商应迅速决定如何处置并予以指示
生产材料	1. 确认有无按照约定入库。 2. 对未入库部分予以追查。 3. 对不易进货的生产材料，采购商应协助供应商，及时支给，或者指定替代或代用生产材料。 4. 调整预定日期与交货期

2. 生产阶段的跟催

生产阶段的跟催是指供应商已经处于生产阶段，采购商有必要追查其能否顺利生产。此阶段需要注意的问题是模具、治具或机械设备的故障及员工减少等。

在发生自然灾害或供应商倒闭的情况下，不得不改换其他公司来制造。除此之外，由于采购商的原因而要延迟货期或中止订货、取消订货，此种情况应妥善采取对策，避免违背有关支付货款的法令规章。生产阶段跟催要点如表 4-15 所示。

表 4-15　生产阶段跟催要点

对象	具体说明
模具、治具或设备、机器的故障	与有关部门接洽并决定解决对策，进而调整交货期
员工减少	1. 由于员工伤病而发生缺勤，或由于和其他货品竞争时，要求加班开工速制等。 2. 调整交货期
自然灾害	1. 视被损害程度而决定，改由其他公司制造或者自行制造。 2. 调整交货期
供应商倒闭	1. 改由其他公司制造或自行制造。 2. 购买模具、治具，追查供应商倒闭的情况，处理债权、债务
罢工	1. 调整交货期后尚难解决时，改由其他公司制造或自行制造。 2. 还要做好折冲损害赔偿的工作

续表

对象	具体说明
由于采购商的原因而延迟货期	充分考虑在不违反有关的法令规章下调整货期，并在在制品的品质上采取保全对策
取消、中止供货	1. 收回支给品，办理清理手续并予以追查。 2. 处理在制品。 3. 如果是采购商的原因，对产生的损害赔偿要予以折冲

一般让供应商备有库存，库存数量为季度采购计划的30%，这样可以减少供应的不稳定性，保证按时交货。最后排除上述原因，如果供应商仍延迟交货，可寻找一家新供应商作竞争并备用，必要时取消原供应商供应资格。

（三）交货后的跟催

交货后的跟催是指所订的货品已经交货之后，采购商有必要追查已交货品的交付状态。企业采购人员的任务是将交货后的货品经检查合格后运到生产现场，当供应商注意到自己正在被衡量时，通常会提高交付绩效。

如果合同中规定了延迟交货的违约赔偿金，供应商的交付绩效也会受到影响。而且在大宗货物交易中，大部分采用租船运输，为了使租船合同与采购合同相互衔接，在采购合同中也会规定滞期费和速遣费。

在这一阶段或许会有货品数量过多或不足的情况出现，当然也难免会有不合格品，对于这些情况都要给予适当处理。交货后跟催要点如表4-16所示，到期未交物料一览表如表4-17所示，催货通知单如表4-18所示。

表4-16　交货后跟催要点

对象	具体说明
未收货品、超量交货和短量交货	1. 未收货品的处置：催促交货，确认交货期；已超过交货期，且已不需要该货品时，办理取消手续。 2. 超量交货的处置：有其他订单，亦有未收货品时，办理调换手续或退还。 3. 短量交货的处置：调查原因，追踪现货；重新安排货品运送工作
搬运	确认已收货品是否已通过检查，并搬运给所需部门
检查	确认货品交付过程进展是否顺利，能否在预定的检查期间内完成检查，督促对紧急货品进行检查
不良品的处理与对策	1. 确认不良品的相关信息。 2. 调查原因。 3. 接洽良品品质的水准。 4. 适合使用的视为良品。 5. 调整交货期。 6. 决定重新安排交货或采取应对措施。 7. 特别采用的折冲（只要稍加工就能使用的货品，如涂装之前，使用砂纸一抹就能除去伤痕）
良品的搬运督促	到生产现场检查搬运进度
支给品	支给品交货数的追查

表 4-17 到期未交物料一览表

签约日期	合同编号	物料品名/规格	数量	单位	约定交货日期	备注
__年__月__日					__年__月__日	
__年__月__日					__年__月__日	
__年__月__日					__年__月__日	
__年__月__日					__年__月__日	

本表一式三联：一联送供应商留存；一联请购部门留存；一联采购主管留存。

表 4-18 催货通知单

敬启者： 查贵公司与本企业签订的合同已到期，仍未交货，请于一周内迅速交清！ ____启 年 月 日

二、常用的跟催方法

1. 订单跟催法

订单跟催法是按订单预定的进料日期提前一段时间进行跟催，包括以下两种。

（1）联单法：将订单按日期顺序排列好，提前一段的时间进行跟催。

（2）统计法：将订单统计成报表，提前一段的时间进行跟催。

2. 定期跟催法

定期跟催法是于每周固定时间，将要跟催的订单整理好，打印成报表统一定期跟催。

3. 物料跟催表法

物料跟催表可据以掌握供料状况，明确跟催对象，确保进料，物料跟催表如表 4-19 所示。

表 4-19 物料跟催表

分类： 跟催员：

订购日期	订购单号	物料编号（规格）	数量	单价	总价	供应商	计划进料日期	实际进料日期
__年__月__日							__年__月__日	__年__月__日
__年__月__日							__年__月__日	__年__月__日
__年__月__日							__年__月__日	__年__月__日
__年__月__日							__年__月__日	__年__月__日

4. 物料跟催箱法

在采购部的办公室内设置一个物料跟催箱来取代传统的翻页打钩法。在这个物料跟催箱里，分成36格，前面的1~28格或1~31格，代表着一个月的天数，即第1格代表当月的第1天、第2格代表当月的第2天、第3格代表当月的第3天，依次类推，而其他格，则是问题处理的档案及急件处理格。

假如某零部件的预定进料日期是某月9日，则该零部件的订单放在第九格内，当该零部件入库后，就把这张订单抽出来归档。总而言之，已经进料的订单，就把它们从这个物料跟催箱里抽出来归档，订单还在物料跟催箱里的，则表示它们尚未入库。

因为物料跟催箱里的订单会随物料的入库而消失，采购人员就可集中精力跟催那些物料跟催箱里还有订单的物料。有时，采购人员已经尽了力，但某些物料还是催不进来，这时就可以将这项物料的订单抽出来，放到急件处理格内让工厂内相关部门人员来协助催料。

5. 分批采购法

因供应商产能或质量原因，不能按时供货时，要求供应商先提供小批量物料，以避免停工待料，同时为采购部门赢得向其他供应商采购的时间。

6. 盯人逼迫法

在供应商出现延期供货时，采购人员应持续紧盯供应商负责供货的相关人员，迫使对方最大限度地采取补救措施。

7. 生产会议逼迫法

通过召开生产会议，要求采购人员说明供应商延期交货的原因，并要求采购人员采取紧急措施，避免影响生产。

8. 实绩管理法

利用企业有关采购人员业绩考核机制，强化采购跟催的执行力度。

管理制度范本4-1

订单状态跟踪管理制度

第1章　总则

第1条　目的

为了以下目的，特制定本制度。

1. 保证采购合同或订单的正常执行。

2. 满足企业物料需求，保持合理的库存量，确保企业生产经营活动正常进行。

第2条　适用范围

本制度适用于企业采购部所有采购专员跟踪订单的全过程工作。

第3条　职责分工

采购专员按采购订单所载明的物料、品名、规格、数量及交货期等进行订单跟踪工作。

第4条　采购订单跟踪的基本要求

1. 适当的交货时间。

2. 适当的交货质量。

3. 适当的交货地点。

4. 适当的交货数量。

5. 适当的交货价格。

第 2 章　订单跟踪管理程序

第 5 条　跟踪订单接受情况

向供应商下订单之后，采购专员需及时了解供应商接受订单的情况。

1. 在采购活动中，供应商会因担心最终被采购单位淘汰而拒单，所以采购专员应要求供应商在接受订单后及时向企业提供接受回执。

2. 在供应商难以完全符合本企业的采购要求时，采购专员应改变价格、质量、交货期等条件，在满足企业基本要求的基础上，与供应商充分沟通，达成共识。

3. 若供应商拒单，采购专员可以另选其他供应商。采购专员应注意及时将与供应商签订的订单进行存单，以备查档。

第 6 条　跟踪订单处理情况

1. 采购专员审核订单无误后将订单发给供应商，并要求供应商签字回传。订单审核的要求包括以下三点。

（1）确认订购的物料的名称、规格、型号、数量、价格以及是否符合质量标准。

（2）确认物料需求量，制定订单说明书。

（3）交货期等要求表达清楚。

2. 供应商接受订单后，采购专员应及时跟踪供应商的订单处理情况，查看并确定供应商是否及时根据订单安排生产或安排出货。

第 7 条　供应商备料过程监控

1. 采购专员应严密监控供应商需要加工的物料的备料过程，确保其按计划执行相关工作。

2. 采购专员在监控过程中发现问题要及时反馈，需中途变更的应立即解决，不可耽误时间。

第 8 条　供应商生产过程跟踪

订单物料需求紧急或需求减少时，采购专员应加强对供应商生产过程的跟踪工作。

1. 当订单物料需求紧急时，采购专员应立即与供应商协商，必要时可协助供应商解决疑难问题，确保物料的准时交付。

2. 当物料滞销，市场对订单物料需求减少时，采购专员需尽快与供应商沟通，减少物料产量，或者与供应商协商是否可以延缓交货，必要时可以弥补供应商的损失。

第 9 条　采购跟单催货

1. 跟单催货是一种为了使供应商在规定的时间内送达物料而采取的措施。跟单催货可以保证采购物料在规定时间内供应，还能够有效控制库存量。

2. 采购专员在跟单催货作业中，可采用以下六种方法，如表 4-20 所示。

表 4-20 跟催方法

跟催方法		具体说明
订单跟催	联单法	将订单按日期顺序排列好，提前一段时间跟催
	统计法	将订单统计成报表，提前一段时间进行跟催
定期跟催		于每周固定时间将要跟催的订单整理好，打印成报表，统一定期跟催
运用“物料跟催表”		通过“物料跟催表”可掌握供料状况，明确跟催对象，确保进料
运用物料跟催箱		在采购部办公室内设置一个物料跟催箱，在跟催箱里分成 36 格，前 1~28 格或 1~31 格对应每个月的天数，后面几格是急件处理格
运用计算机跟催		根据订单及验收单的资料，采购管理信息系统可以提供供应商采购单明细、物料采购单明细、制造批号单备料完整信息、采购订单物料采购进度信息
运用颜色管理跟催	管制卡	按采购日期顺序放入卡栏内：逾期放入黄栏，由采购专员跟催；紧急用料放入红栏，由采购经理跟催
	管制板	靠颜色显示供应商各月交货状态，如期交货用绿色，应进而未进用黄色，紧急交货用红色

3. 如果供应商没有按时交货，采购专员应该采取以下措施。

(1) 联系供应商以获得确切的交货时间，及时通知需求部门准确的到货时间。

(2) 咨询技术人员、材料工程师等，了解有无可替代材料。

(3) 如果供应商交货超期或所交物料质量差，而且短期内无法改善的，采购部应该寻求其他供应货源或实施紧急采购作业。

第 10 条 供应商交货跟踪

采购部需严格地对订单交付过程进行跟踪，确保物料质量满足企业要求。

1. 供应商送货上门时，采购专员应同质量管理部、仓储部等部门相关人员在现场按照订单对物料的数量、单价、外观、质量等进行核查确认，核查合格后方可办理入库。

2. 企业在供应商处提货时，需事先要求供应商将“提货通知单”传真给采购专员，采购专员及时联系运输部等相关部门的人员对物料点收并组织装车提货。提货过程中，采购专员应详细记录物料情况，作为付款结算的依据。

第 11 条 供应商交货后跟踪

1. 在所采购的物料交付使用后，采购专员应要求请购部门对物料作相应的标识，并对物料的后续使用状况跟踪记录。

2. 采购专员应根据订单交付情况，及时按照规定的支付条款向供应商付款，并联系财务部办理结算业务。

3. 如果物料在使用过程中出现质量问题，采购专员应根据可追溯性标记查找物料来源，并及时联系供应商，如果遇到重大质量问题需报采购经理协调处理。

第 3 章 附则

第 12 条 本制度由采购部制定，解释权归采购部所有。

第 13 条 本制度经总经理审批后生效，修改、废止时亦同。

本章小结

1. 交货期事前计划：确定合适的交货期，选择合适的供应商，确定供应进度监视的方法，审核供应商供应计划进度，规定供应商编制预估进度表和实际进度表，准备替代来源，奖惩明确和强化供应商绩效考核；交货期事中管理：订购信息的处理，主动查核，工厂实地查证，加强供需双方的信息沟通，销售、生产及采购部门加强联系和加强收货管理；交货期事后考核：建立绩效指标，日常交货资料的记录与统计，定期对供应商交货期进行考核，分析交货延迟的原因并提出对策，执行供应商奖惩办法。

2. 交货期延误的对策包括：分析供应商交货期延误的原因、消除沟通不善导致交货期延误的对策。

3. 消除沟通不善的基本对策和常用方法：向适当的交易对象下订单，确立调度基准日程，降低交货期的不确定性，依经济批量适当订购或生产，确立支给品的支给日程并予以遵守，管理供应商的产能、劳务、进度，手续、指示、联络、说明、指导的便捷化，发生交货期变更或紧急订货时正确掌握其影响程度，加以适当的追查，分析现状并予以重点管理。

4. 建立加强交货期意识的制度：异常发生报告制度，延误对策报告制度，交货期遵守（延误）率公告制度，表扬制度，与订货量联结的制度，与支付条件联结的制度，指导、培训的制度和抱怨、期望处理的制度。

5. 常用的跟催方法包括：订单跟催法、定期跟催法、物料跟催表法、物料跟催箱法、分批采购法、盯人逼迫法、生产会议逼迫法、实绩管理法等。

综合案例分析

从去年开始，芯片问题就一直牵动着中国人的神经，其实不只是中国，现在，其他国家的很多重要产业，像汽车、电脑、手机等产业都在被芯片缺货这个问题困扰着。

此前，有消息称大众汽车因为芯片缺货而导致停产。消息一出，大众汽车官方马上出来辟谣。如果只是某一次的交货出现问题，这样的辟谣可能就奏效了。但实际上，之后大众汽车芯片缺货的问题一直没有解决，准备向大陆集团和博世集团两家汽车芯片零部件厂商索赔。丰田汽车也曾暂停过广汽丰田的部分生产线。

芯片缺货的现象在传统的电脑零部件行业也出现了。比如显卡部分，英伟达早在2020年9月就发布了新一代的RTX 3000系列显卡，如今依然很难买到。英伟达几十年的老对手AMD（美国AMD半导体公司）也在这之后的一个多月，发布了RX 6000系列显卡。在这一个多月的时间里，AMD看尽了英伟达因为备货不足而被网友舆论攻击的场景，于是开卖时还承诺，绝不会搞英伟达那样的营销伎俩。结果等实际开卖了，也是秒没。实际上，AMD的供货情况比对手英伟达还要差。直到这时候AMD才意识到，那其实不是对手的饥饿营销，而是真的缺货。

如果升级一个层次，去看看半导体厂的情况就会发现，凡是包含了高科技功能的产品，都难以保证供货。首先，8英寸和12英寸这两种使用量巨大的晶圆全面缺货。所有的芯片都是从一张圆圆的晶圆上刻、蚀、切出来的小片片，如果连晶圆那张大片片都缺的话，当然会影响到芯片的供应了。

其次，负责传输功率的MOSFET（金属-氧化层半导体场效晶体管）缺货，和供电相关的部分元件就没法完成生产。

接着，钽电容广泛缺货，于是和滤波有关的电路就没法生产。还有，ABF（自适应天线波束赋形技术）基板严重缺货。当芯片和所有元件都备齐了以后，需要用基板将十几层线路正确连接在一起。那个虽然只有2毫米宽，但内部能够多层次连接的基板也缺货的话，就算其他元件都备齐了也没用。

如果再继续升级一个层次，我们会发现，与去年同期相比，PVC（聚氯乙烯）这种基础原料的价格涨了60%，玻璃的价格涨了40%，铁、铝、塑料、纸箱的价格涨了30%。看到这些就会发现，这些电子产品的最初形态和最末端的保障全都出现了问题，于是电子类产品的供货源头可以说是一团糟。

为什么芯片持续缺货？原因主要有以下三点。

缺货原因一：疫情的持续。

因为隔离的需要，很多上游厂商不得不停工，于是交货时间从原来的1~3个月变成了3~6个月。而在之前全球化生产和供货顺利的情况下，终端产品的厂商都在尽量压低库存，减少不流动资金的占比。

比如，大家经常说小米饥饿营销，实际上这对小米是有好处的，不用在开卖前就准备几千万台手机，消耗大量的原料成本，来一批订单就付一批订单的成本，小米的库存压力会小很多。

更有甚者，像丰田汽车引以为傲的一小时库存或者一分钟库存，都强烈依赖于上游企业充足的产能和高效的运输。这种模式确实减少了大量的库存压力，资金被释放了出来。但是在疫情影响下，芯片断货之后，丰田汽车那种模式确实只能挺住一分钟或者一小时，而华为之前那种鲸吞式的采购模式就能挺住大半年。

缺货原因二：恐慌性的囤积。

就像上一个原因说的，丰田汽车那种库存模式从此以后可能就不适用了，为了保证稳定供货，还是要把库房充分填满了才更稳妥。于是，一些从前尽量削减库存的厂商就把仅有的产能消耗掉了，原料变成了暂时还不会成为产品的库存半成品。

而在零售端，囤积就是“黄牛”做的了，而且“黄牛”的队伍还在不断扩大。从前的“黄牛”大都是经营了好多年的渠道商，有足够大的价格优势时才会去囤货。但现在，每个终端消费者都切身感受到了产品缺货的不便，于是这些终端消费者甚至会自己寻找渠道，囤积货品。对这些终端消费者来说，他们不需要结识厂商的销售部门，也不需要租用库房，只要每天通过网络程序抢到一些缺货严重的商品，然后及时卖出。从前“黄牛”这样做的风险很大，因为大家不知道某家厂商突然供应，买了之后会不会卖不掉。但现在“黄牛”摸准了，短期之内，芯片的缺货会一直持续。于是，很多终端消费者就变成了“黄牛”，“黄牛”的数量不断增加，缺货的问题更加严重。

缺货原因三：2020年后的新产品对算力的要求显著增加。

比如，从前的汽车芯片主要控制发动机和车内电子设备，但是当前新型汽车都带有辅助驾驶功能，还新增了电池管理、驱动力和制动力的控制、转向控制、图像处理、人工智能等功能，远比之前对芯片的需求量大。

如果只是常规的产品升级还好，但在全球疫情的影响下，虚拟币市场疯狂起来，虚拟币的矿机对芯片的消耗量也是非常大的。

乐观预估，缺货至少会延续到2022年。因为从需求侧看，各领域对芯片的需求还在不断增加，而且需求增长的速度超过了芯片制造业的产能扩张速度。比如，现在线上教学、线上开会的系统，要求更清晰的连接画面、更少的延迟时间、更好的网络基础设施，这就是一个需求的无底洞。

而从生产侧看，要建成那些实实在在的新设备和流水线需要好几个月的时间。产能提升之后，首先会被大型厂商填满库存的需求占据，然后被“黄牛”囤货占据，最后才能轮到终端消费者。

第五章　供应商质量管理

学习目标

1. 了解供应商质量管理相关制度。
2. 掌握选择供应商时质量评估内容。
3. 理解来料验收的事前规划。
4. 明确进货检验的重点和难点。
5. 了解品质异常的处理流程。
6. 理解特采和紧急放行相关内容。

知识要点导图

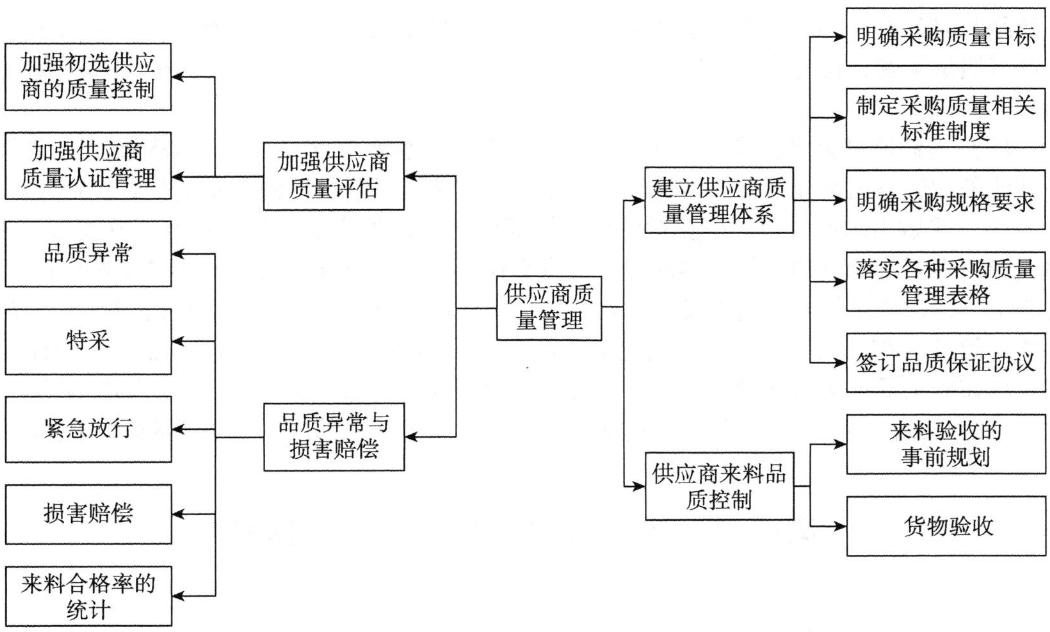

导入案例

小张新换了一家民营公司，但工作一段时间之后发现了很多问题。公司会议很多，占用了大量时间。主要是因为公司外协精加工件的品质问题和零部件的品质异常状况太多，要花大量的时间去跟进和处理。来料异常单平均每天有二三十笔，不良品率很高，这种情况下小张没有更多精力去做其他事情。

品质监控部门几乎不去做供应产品质量辅导及改善工作，出现品质问题就让品质监控部门通知供应商将产品拉回去返工。几万只产品中发现有几只产品不良，就在品质报告中将整批产品评定为不合格，要求退回返工。每天大批的产品在全检组，一个全检组就有30多人在全检产品。在同行业小张至今还没有遇见过哪家公司有这样规模的全检组在检测产品，小张认为品质是做出来的，不是检出来的。

小张发现，现在这家公司现有供应商大部分是老板亲属的公司，有些供应商不好打交道，有事情找对方处理，小张话还没讲完，对方就挂电话了。小张提出安排品质监控部门的人员去外协进行品质管理，公司认为自己公司有巡检，对做好的产品也要全检，派人外协会增加成本，没必要这样做。

上周因客户的品质投诉，公司罚了品质监控部门20万元。现在公司对品质的要求越来越严格了，小张每天处理品质异常的情况也越来越多，真的很头疼！

结合案例和所学知识分析该企业质量管理的问题有哪些。

供应商质量中的失误会降低品牌信誉，即使是世界顶级品牌。任何无法通过其供应链管理质量的企业都会面临客户不满意、市场份额减少和产生负面影响的风险。供应商质量管理的重要性体现在以下几个方面。

（1）供应商产品质量对企业相关产品质量的影响大。通常，供应商对企业50%的相关产品的质量问题负有责任。此外，北美地区的制造企业平均需要花费销售额的55%在购买产品及服务上，其他一些制造企业花费则更多。只注重内部质量问题的企业将无法认识到许多质量问题存在的真实原因，而且供应商产品质量不良会迅速破坏企业全面质量改善的局面。

（2）持续改进要求。现今许多产业都承受着持续改善质量的压力，大多数企业亦希望在其业务的各方面都能持续改善质量。其中一种方法就是对供应商质量进行有效管理。

（3）采购需求的外包。企业对供应商零部件甚至最终产品的依赖程度正在稳步上升，由供应商来制造产品的大部分零部件或提供企业所需的所有服务已经不再是某些供应商的优势了。采购商正依赖着拥有设计和建造能力的，甚至具有较高技术水平或满足复杂零部件要求的供应商。例如，戴尔电脑主要负责技术开发和产品组装业务，几乎所有的零部件，例如显示器、硬盘、键盘、微型处理器、电源设备等都是从外部供应商那里采购回来的。最终产品由供应商提供的比重越大，供应商对整个产品的成本及质量的影响就越大。

第一节　建立供应商质量管理体系

一、明确采购质量目标

采购质量目标是采购人员遵守和依从的行动指南。

二、制定采购质量相关标准制度

为了质量控制规范化，应尽量确定质量方针并形成标准文件。企业应制定采购质量相关标准制度，使采购质量管理工作做到事事有人管、人人有专职、办事有依据、考核有标准，使所有技术专家及其他参与人员为保证和提高采购质量而认真工作。企业可根据自身的情况制定采购质量相关标准制度，具体内容如下所示。

（一）供应商选择评估制度

该制度应就供应商选择、评估、体系审核中的权责人员、作业程序及结果处理办法作出规定。

（二）采购质量记录管理制度

可按照 ISO 9000 标准的要求对采购质量的相关记录进行管理。采购质量记录包括以下两个方面。

（1）与接收产品有关部门的记录，如验收记录、进货检验与试验报告、不合格品反馈单、供应商处的验证报告及质量等级等。

（2）与可追溯性有关的质量记录，如验收记录、发货记录、检验报告及使用记录（出、入库单）等。

（三）进货检验控制制度

该制度应在以下方面作出规定：进货的验收、隔离、标识、结果处理；进货检验或试验的方法及判断依据；所使用的工具、量具、仪器仪表和设备的维护；检验人员、试验人员及技术专家的技能要求等方面。

三、明确采购规格要求

产品的采购得以圆满完成，始于对要求项目的明确叙述。这个要求通常包含在给供应商的产品规格及采购订单内。要拟订一套标准的规则，以确保对供应产品的要求予以明确叙述、沟通。

这个规则可包含拟订规格及采购订单的相关执行条款，下订单前供需双方需要协商采购的合同条款以及适合产品采购的其他方法。采购文件应将所订产品或服务的资料详细注明，一般采购文件资料要项包括式样与等级的精确鉴别、各种检验说明及适用规格和所应用的品质系统标准。在采购文件资料对采购产品规格的要求中应考虑产品规格的类别，针对性地进行设计。

（一）产品规格

产品规格是供应商进行生产的依据或标准，也是品质部门执行检验工作所依循的标准。从技术层面来看，规格可分为主要规格与次要规格两类。

（1）主要规格是指形式、吨位、性能、成分、用途、纯度、韧性、拉断力及其他足以影响使用的规范。

（2）次要规格是指厂牌及形式的补充说明，不参加比价的零部件项目单价，以及其他相关方面的要求。

（二）产品规格的设计要点

（1）一般性产品应尽量采用国际性及通用性的规格。

（2）规格设计要力求新颖，并以适应新产品及制造方法为原则。

（3）产品规格须有合理的公差，以方便掌握制作品质和控制时效。

（4）主要规格力求清晰明确，次要规格应具有弹性，避免太过严格。

参考资料 5-1

××公司与供应商的产品质量条款

1. 所交的每批货物必须有报表

报表必须真实，且相关的资料必须齐全（包括材质证明等资料）。

2. 质量异常情况下发通知单

为了解供应商的质量异常情况是否有所改善，公司会发异常通知单给各供应商，各供应商必须在一周内回复，如不能回复的，将给予相应的处罚。

3. 针对供应商的每月考核

对各供应商进行月度考核，让其了解每个月进料的质量状况，并在每个月供应商质量会议上公布各供应商进料合格率，未达到质量标准的供应商进行检讨改善。

4. 供应商每月质量会议

为了加强对供应商的质量管理，公司每月 25 日召开供应商质量会议，参会人员必须是各供应商的质量管理关键人员（如有特殊情况，可由工程师等相关人员代替，但必须事先联系），无特殊情况且未事先告知情况不参加的供应商将给予相应处罚。

5. 罚款事宜

（1）为了解各供应商质量异常状况，公司会发异常通知单给各供应商。异常通知单必须在指定的时间内回复（一周内），如逾期未回复的，将予以 50～200 元的罚款（特殊情况须向公司说明）。

（2）对于各供应商的相关报表，必须在送货时全部附带且不能是复印件或传真件；少带、没有或伪造报表的情况，每次将予以 100 元的罚款（如果时间紧急，必须事先向公司说明，在 8 小时内以传真件补上）。

（3）针对供应商的异常现象，公司会加以追踪。对同一异常现象连续发生三次以上的，按未改善处理，将予以 100～1000 元罚款；另外，返工后质量合格的产品不能再次出现异常，如发生第二次或由返工造成产品其他方面不良的，将予以 100～500 元的罚款（特殊原因须附带相关证据交于公司）。

（4）对出现的质量异常情况，供应商必须按要求来公司检讨，避免日后再次出现；如不按时到达或经电话通知不予理睬的，按其不配合处理，将予以 100～1000 元的罚款（特殊情况须提前通知）。

（5）公司每月 25 日召开供应商质量会议，如供应商不参加，将予以 100～1000 元的罚款（特殊情况须提前通知）。

（6）如因供应商质量问题致使公司造成损失的，一切费用由供应商承担；如果产品需要重新返工的，供应商须派人至公司或相应客户方处进行返工（按时到达）。

（7）供应商产品出现异常，且返工挑选出来的不良品经确认后非本公司原因，供应商必须按时将不良品拉回返工，且按公司规定的时间交货，如不能履行的，将予以100~500元的罚款。

（8）供应商来料不良，造成公司产品不良率超过95%时，公司将发出扣款通知单进行扣款，供应商须无条件接受。

四、落实各种采购质量管理表格

在采购管理与采购作业流程中，需借助表格来进行实际的申请及承办手续。一般来说，一项制度被规定后，必须落实到具体的表格来进行控制。在采购计划与预算、订单跟踪、供应商管理、采购品质控制、采购价格与成本控制、采购付款与结算、采购绩效管理、外协加工管理等各项工作的处理过程中都必须有一系列的表格来辅助完成工作。

采购质量管理表格的设计原则可以参考以下两种方式。

1. 一次自动套写

一次自动套写即采用一次自动套写的方式，不必重复填写，这样不仅可以节省填写时间，还可以减少出现错误的可能性；另外，将套印的表格迅速传送至相关部门，可以提高采购作业效率。

2. 一单多功能

一单多功能即采用一单多功能的方式，提高采购效率。比如说，请购单不仅可以作为申请单位的需求凭证，还可以提供给采购部作为核准采购的凭证，提供给财务部作为审核付款的凭证，提供给仓储部作为验收数量的凭证等。

五、签订品质保证协议

品质保证协议包含质量保证协议、验收方法协议和解决争端协议三方面内容。提前同供应商签署相关协议，让供应商了解质量管理的相关内容，为验收和解决争端提供保障。

（一）质量保证协议

企业应与供应商达成明确的质量保证协议，以此来规定供应商应负的质量保证责任。协议可包括下列一项或多项内容。

（1）供需双方共同认可的产品标准。

（2）接收检验方法（包括允收标准的确定）。

（3）供应商提交的检验、试验数据记录。

（4）由供应商进行批次接收抽样检验或试验。

（5）检验或试验依据的规程、规范。

（6）由供应商实施质量管理体系，由本企业或第三方对供应商的质量体系进行定期评价。

（7）明确设备使用方法、工作条件和人员技能等方面的规定。

（8）应考虑成本和风险等方面的内容。

（二）验收方法协议

企业与供应商就验收方法达成明确的协议，以验证产品是否符合要求。协议应具体规定如下内容。

（1）验收项目。

（2）验收条件。

（3）验收规程。

（4）抽样方法。

（5）抽样数据。

（6）合格品判断标准。

（7）供需双方需交换的检测资料。

（8）验收地点。

（三）解决争端协议

为解决企业和供应商之间的质量争端，需就常规问题和非常规问题的处理作出规定。

（1）常规问题，即不符合产品技术标准的一般性质量问题。

（2）非常规问题，即产品技术标准范围之外的质量问题、成批不合格或安全特性不合格等问题。

（3）制定流通企业和供应商之间处理质量事宜时的联系渠道和措施等相关要求。

参考资料 5-2

质量保证协议

甲方：××电器有限公司

乙方：________________________________

甲乙双方本着“互惠互利、共同发展”的原则，为确保产品质量的稳定和提高，特签订本协议。

一、乙方为甲方提供的____________________________质量应满足以下部分或全部要求。

1. 甲乙双方签订的采购合同____________________________

2. 甲方提供的技术标准________________________

3. 甲方提供的图纸__________________________

4. 其他补充要求__________________________

二、乙方对出厂的产品进行全程把关，每批产品需向甲方提供以下资料。(用打“√”的方式选择)

（　　）检验合格证

（　　）检测报告

（　　）相关检验原始记录

（　　）型式试验报告（每年）

三、甲方对乙方提供的产品进行质量验收，采用全部检验或抽样检验两种方法。

1. 全部检验不合格率（P_1）：______________________

2. 抽样检验批次：________________________________

3. 抽样方案：________________________________

4. 合格质量水平：________________________

5. 抽样检验批次不合格率（P_2）：__________________

四、甲方对乙方提供不合格品数量的统计范围，应为甲方进厂检验时发现的不合格品数量、生产过程中发现的不合格品数量和售后发现的不合格品数量的总和。

五、产品进货检验中全部检验不合格率（P_1）和抽样检验批次不合格率（P_2）的计算公式如下。

$$P_1 = \text{进厂检验判定的不合格品数/交验产品总数} \times 100\%$$

$$P_2 = \text{季度抽查不合格批数/季度抽查总批数} \times 100\%$$

六、产品进厂验收的检验判定依据为：__________________

七、质量保证

1. 乙方应按甲方的要求，并参照 ISO 9000 标准建立并保持质量体系，不断提高质量保证能力。

2. 甲方在需要时确认乙方提供的产品在制造过程中的质量保证体系及质量保证的实施状况时，征得乙方同意后方可进入乙方制造场地进行质量保证体系调查。

3. 如果乙方将甲方所需的产品全部或部分委托给第三方制造，甲方有权提出进入第三方制造场地调查其质量保证的实施状况，乙方应积极协助甲方。

八、为保证乙方的产品质量稳定和提高，根据双方确认属乙方质量责任的不合格品时，甲方可采取以下经济措施。

1. 被判为整批不合格的产品应及时通知乙方，经甲方做出可否回用的判定，被判为可回用的产品需办理回用手续并按降级处理，甲方将扣除该批产品总价值的____%；被判为不可回用的不合格品甲方有权做整批退货，并向乙方收取该批产品价值的____%作检验费和误工费。

2. 合格批中的不合格品甲方除退货外，还应收取乙方退货价的____%作检验费与误工费。

3. 如因整批不合格退回，乙方不能及时再次提供合格品，甲方因此停产造成的一切经济损失，乙方必须负全部责任。

4. 乙方为甲方提供的产品、原材料、零部件的制造工艺发生改变时，必须事先通知甲方，征得甲方同意，否则由此造成的一切经济损失由乙方承担。

5. 如果乙方产品质量连续两个月达不到本协议规定的质量要求，或发生重大质量问题，除执行本协议的有关条款外，甲方有权减少乙方的供货量或终止协议，取消乙方定向供货资格。

九、因乙方提供的产品出现质量问题造成重大事故，按国家相关法律法规处理。

十、其他补充条款

____

____

十一、当甲、乙双方认为本协议条款需要变更时，由双方协商重新签订协议。

十二、本协议未签事宜，由甲、乙双方共同协商解决。

十三、本协议一式四份，甲、乙双方各执两份，经双方签字盖章后生效。

第二节　加强供应商质量评估

加强供应商选择、考察和评审中对于质量的考核，优先选择质量过硬的供应商；加强供应商质量认证、质量体系考核、持续推进供应商质量改进等都将为供应商质量管理起到良好的作用。

一、加强初选供应商的质量控制

初选供应商时，企业应在质量上严格把关，具体应注意以下几个方面。

（1）考察供应商的硬件和软件体系，如硬件体系中设备的先进性、维护保养情况、环境配置情况等和软件体系中人员技术水平、工艺流程、管理制度及合作意愿等。

（2）供应商是否通过质量认证，是否有质量手册，是否有质量目标，质量方针是否被全部员工理解等，供应商质量体系评估表见表5-1。

（3）供应商是否有质量计划，质量控制措施是否合理、有效，质量管理和质量改进措施等是否有质量改进程序，是否有持续的质量改进规划和指导要求等。

（4）考察供应商的生产计划和控制程度，是否有操作人员的作业指导书，关键工序是否有质量监控记录等。

（5）供应商是否有正式的产品检测和质量检验程序，是否有物料检验程序，是否有不合格品处理流程等。

（6）供应商对质量管理的态度和提高质量的意愿如何，是否愿意与采购商签订质量改进协议和质量赔偿协议等。

表5-1　供应商质量体系评估表

<table>
<tr><td colspan="8">供应商名称：</td></tr>
<tr><td colspan="2">工厂地址：</td><td colspan="6">提供产品：</td></tr>
<tr><td colspan="2">评审人员：</td><td colspan="6">评审日期：　　年　　月　　日</td></tr>
<tr><td colspan="2">评审得分：</td><td colspan="6">符合等级：</td></tr>
<tr><td rowspan="2">序号</td><td rowspan="2">评审项目</td><td colspan="5">评审结果</td><td rowspan="2">备注</td></tr>
<tr><td>4分</td><td>3分</td><td>2分</td><td>1分</td><td>0分</td></tr>
<tr><td>1</td><td>是否有质量负责人，如果有，请说明</td><td></td><td></td><td></td><td></td><td></td><td></td></tr>
<tr><td>2</td><td>是否有正式的质量管理系统，如果有，请说明</td><td></td><td></td><td></td><td></td><td></td><td></td></tr>
<tr><td>3</td><td>是否通过质量认证</td><td></td><td></td><td></td><td></td><td></td><td></td></tr>
<tr><td>4</td><td>是否有质量手册，如果有，请附一份复印件</td><td></td><td></td><td></td><td></td><td></td><td></td></tr>
<tr><td>5</td><td>是否有正式的产品监测与测量程序</td><td></td><td></td><td></td><td></td><td></td><td></td></tr>
<tr><td>6</td><td>是否对原材料及采购的生产用料进行控制，如果有，请附相应的程序或流程资料</td><td></td><td></td><td></td><td></td><td></td><td></td></tr>
</table>

续表

7	是否对生产制程进行质量控制，如果有，请附相应的程序或流程资料						
8	是否对出货前的成品进行质量控制，如果有，请附相应的程序或流程资料						
9	是否有不合格品的处理程序，如果有，请附相应的程序资料						
10	当不合格品发运时由谁决定，是否及时通知客户						
11	当出现不合格品时是否有正式的纠正及预防措施程序，如果有，请附相应的程序资料						
12	是否有明确的客户投诉处理程序，如果有，请附相应的程序资料						
13	是否有书面的文件说明客户的产品要求						
14	生产工序操作人员是否有书面的作业指导书						
15	用于指导生产及检验的文件是否受控，如果有，请说明						
16	产品生产及检验完成后是否有相应的记录并在需要时可以提供						
17	生产用料及过程是否符合相关法律法规要求						
18	对客户的财产（材料、工装及知识产权等）是否进行管理，如果有，请附相应的程序或流程资料						
19	是否有确保产品质量的质量计划（过程流程图和控制计划）						
20	对于生产设备是否建立了全面的预防性维护保养计划						
21	对于生产工装是否建立了管理系统，如果有，请附相应的程序或流程资料						
22	对于客户的订单要求是否进行制造可行性评估和风险分析，如果有，请说明						
23	用于产品监测和测量的量测装置是否经过校正并满足监测与测量要求						
24	是否有正式的生产计划系统，确保按期交付，如果有，请说明						
25	交付产品是否进行有效防护（如搬运、包装、储存和保护）						

注：结果的评分标准——有控制系统、要求充分并有效、有落实、有证据得 4 分，缺一项扣除 1 分。体系评估等级划分——A 级 90 分以上；B 级 86~90 分；C 级 81~85 分；D 级 60~80 分；E 级 60 分以下。新供应商必须达到 C 级，方可视为合格。

二、加强供应商质量认证管理

（一）初试认证的质量控制

初试认证是供应商提供样品并进行验证的过程。这种检验内容较多，要求比较严格。

1. 进货检验标准

在进行首批进货检验时，检验人员首先要充分了解该零部件或产品的技术要求、质量要求、抽样方案和接收标准。一般来说，技术要求、质量要求和接收标准由供应商和采购商的相关部门提供，抽样方案一般采取全检。

2. 文件检验

在这个环节中，供应商提供的文件还应包括各种质量证明文件，例如合格凭证、供应商进行的检验资料记录及有关检验或试验方法的说明资料等，要注意确认。

3. 检验记录及差异确定

在实施检验的过程中，检验人员要进行判断，将检验结论做好记录，再与供应商提供的质量证明文件进行比较，指出不一致的事项与差异，确定这些事项与差异是否可以接受，双方形成文件。

4. 样品检验报告

最后，整理形成样品检验报告，报告内容要说明样品检验判定结果、供应商质量证明文件的符合程度、样品检验的总评价及有关建议等。

（二）中试认证的质量控制

中试认证阶段的关注点由单一样品向小批量物料过渡，质量、成本是其最重要的因素。

1. 新开发方案的质量控制

供应商可能在试制期间运用一切手段，使新开发方案得以实现。但由于供应商提供单一样品较容易，而提供小批量物料的难度大、成本高、时间长。因此，如何选择质量过关、价格适中的物料是中试认证必须解决的问题。认证人员应参与物料选型和研发过程，并向研发人员推荐质高价廉的物料。

2. 新供应商认证的质量控制

进入中试认证阶段后，供应商提供的小批量物料的质量是很难保证的。在对其进行质量控制时，认证人员一定要与供应商进行充分沟通，共同研究提高产品质量并且降低成本的方法，使批量生产具有可行性并能最大限度地取得收益。

（三）批量认证的质量控制

在这一阶段，企业须做好来料质量检验，即对供应商送来的物料进行质量检验，以控制供应商批量物料供应质量。批量认证阶段的质量控制主要有两个方面：一方面是双方控制新开发方案保证产品批量生产的供应质量的稳定性；另一方面是控制新增供应商的批量物料供应质量的稳定性。

参考资料 5-3

供应商质量系统调研

一、调研问题

（一）综合

1. 能否提供生产部门同其他部门的组织结构图？

（1）质量经理向谁汇报？

（2）是否为每个员工制定了任务书？

2. 备有质量手册吗？它是否包括质量系统的组织、功能和运营的规程？

（1）供应商运营模式发生变化时，质量手册是否也得到更新？

（2）质量手册是否充分发挥了作用？

3. 是否具有提供给××公司的产品从接收到运输的质量计划？

（1）它包含必备的信息吗？

（2）是否制定了过程流程图以辅助管理质量计划？

4. 是否具备制成文件的系统以保证只有最新应用的图纸和规格在生效？

（1）是否建立了日志以记录最新的数据和修理条件？

（2）是否所有过时的信息均已从所有应用点去除？

5. 是否对内部系统的定期记录进行审核？相关系统的评估、规程和记录的存取是否符合质量要求？

（1）管理层关注审核结果、听取改进建议并采取相关措施吗？

（2）至少每季度进行一次自我审核吗？

6. 是否具备整理和存取与质量有关记录的系统？

（1）质量系统的记录是否保存五年？

（2）质量表现记录是否保存两年？

（二）接收

1. 是否对接收材料有成文的检验指示？

（1）检验和测试的结果形成文件吗？供应商有接收到分供应商的分析证明吗？

（2）每年进行分供应商的认证验证吗？

（3）接收标准是零缺陷吗？

2. 是否在接收材料时正确辨识产品质量以防止混淆及误用有缺陷的库存？

3. 鼓励分供应商应用 SPC（统计过程控制）工具吗？

4. 要求分供应商提供统计能力的证据吗？

5. 供应商应用统一的审核系统定期审核分供应商吗？

6. 每年进行供应商调研吗？

（三）检验和运输

1. 对产品检验过程中的操作有成文的检验指示吗？

（1）在每个检测地点的文件中展示这些指示吗？

（2）检测的过程参数结果是否记录在案？

2. 生产操作者对产品质量或检验负有责任吗？当检测到不合格产品时生产操作者有权停止操作吗？

3. 具备有效的适用所有产品的控制系统（包括不合格产品的隔离）吗？是否应用了产品分类管理标准？是否设置了不合格产品的管理标准隔离区等？

4. 提供给××公司的每批产品是否都有分析证明？

（1）运输外包装有标签以区别产品吗？

（2）文件包含必需信息吗？

（3）向其他客户提供什么信息？

5. 运输、存储、包装的操作流程和方法是否能够保证产品质量？工厂的整理、清洁、环境和工作条件是否适当？

（四）不合格产品处理

1. 在发现不合格产品的事件处理措施中是否包含改正措施计划？

（1）产品分类、隔离吗？

（2）负责的管理人员对质量问题警觉吗？

（3）询问××公司将如何处理不合格产品了吗？

2. 对不合格产品返工、分类后，再次发送前是否通过规范的检验过程进行重新检验？

3. 是否具备记录改正措施以防再次发生的系统？

（1）适当的地方是否有统计信息？

（2）是否包括××公司质量问题反映工作的统计？

（五）测量、检测设备

1. 是否具备成文的文件以管理测量、检测设备的校正和维护？记录是否明确仪器编号、校正规程、规格、校正日期、结果、有效期等？

2. 是否对照国家或国际标准验证设备的精度？设备的管理要求能否跟踪到国家或国际相关标准？

3. 是否进行测量、检测设备的可重复性和可再现性研究？

4. 当测试系统的变化被确定为不符合管理要求的标准时，是否采取纠正措施？

（六）持续改进

1. 对过程参数和（或）产品性能是否应用控制曲线图进行分析？

（1）被控制性能的控制曲线图是否正确绘制？

（2）非随机模式的失控状态是否被标注在曲线上？

（3）是否采取改正措施将过程管理重新纳入控制状态？

（4）是否制订改进计划以减少可变因素？

2. 对过程参数和（或）产品性能是否进行过程能力研究？

（1）供应商是否达到××公司的 CPK（过程能力指数）最低要求？

（2）当过程能力研究没有指出已经存在错误的过程参数和（或）产品性能已经受损时，是否制订改进计划？

（3）能向其他客户提供什么能力？

3. 供应商提供给××公司的季度过程能力总结报告正在进行吗？（总结报告包括以下内容：封面、组织图、控制计划和修订的流程图、控制图、长期过程能力表格、根据需要的××公司工作单、根据需要的供应商证明文件、持续改进计划。）

4. 是否制订了持续改进计划？

（1）有计划进行全员教育和培训吗？（包括管理层职员和基层职员，以提高他们对于团队建设、领导、产品和系统的认识和提升与工作相关的技能的掌握能力）

（2）计划是否描述了将来与此调研和全面经营评估相适应的改进活动？

（3）高级管理层是否批准此计划并通过资源分配支持此计划？

（4）计划是否每年由组织内各部门制订并每季度更新？

二、对所有问题的评级准则（见表 5-2）

表 5-2　评级准则表

评级	评级说明
A 优秀	展示较强的能力，具有持续改进计划，非常符合××公司的期望
B 满意	展示有效的系统运营的实施计划，比较符合××公司的期望
C 少量缺陷	必须进行系统改进或实施中逐渐改进，以取得质量提升的进步
D 重大缺陷	必须进行系统或实施过程的重大改进，以满足××公司的期望
E 不可接受	不存在检查中期望的系统，没有展示出成文的计划以指导改进

三、系统调研结果计算（见表 5-3）

表 5-3　质量系统得分表

评级	频率	因数	总计
A		4	
B		3	
C		2	
D		1	
E		0	

质量系统分类标准如下。

85～100 分，优秀。

70～84 分，满意。

50～69 分，少量缺陷。

25～49 分，重大缺陷。

0～24 分，不可接受。

符合××公司供应商质量系统要求，在此次调研中至少需要 70 分（类别：满意或优秀）。不论哪个质量系统类别，供应商均需递交每项得分在满意以下的系统调研改进计划，并附有时间表。

参考资料 5-4

皮经理任职的公司近期要举办供应商大会，颁发年度最佳服务奖、最佳交付奖、最佳成本节约奖以及最佳质量奖。前三个奖项早已颁发，唯独最佳质量奖迟迟没有颁发，于是皮经理找来了负责供应商绩效的小李问其原委。

小李搬来了笔记本电脑，一边指着数据，一边挠着头说："皮经理，品质部会对供应商的每批货进行质量评分，评分标准是按照每一种货物的检测数据与我们品质部对应的质量参数来取值评定的。100 分是极好，90 分是优秀，80 分是良好，70 分是合格，60 分是让步接收，0 分是退货。现在供应商 A 和供应商 B 总得分和平均分全部一致，您看这怎么办才好。"供应商 A 质量评分表、供应商 B 质量评分表分别如表 5-4、表 5-5 所示。

表 5-4 供应商 A 质量评分表

供应商 A	1 月	2 月	3 月	4 月	5 月	6 月	7 月	8 月	9 月	10 月	11 月	12 月
批次 1	90	80	80	80	80	90	80	80	80	90	90	80
批次 2	80	90	80	80	90	90	90	80	90	90	90	80
批次 3	80	80	90	80	90	80	90	80	80	90	80	90
批次 4	80	80	80	90	80	90	90	80	90	90	90	90
批次 5	80	90	80	90	90	90	80	80	80	80	80	90
月度平均值	82	84	82	84	86	88	86	80	84	88	86	86
年度总分	5080											
年度平均值（保留两位小数）	84.67											

表 5-5 供应商 B 质量评分表

供应商 B	1 月	2 月	3 月	4 月	5 月	6 月	7 月	8 月	9 月	10 月	11 月	12 月
批次 1	100	90	80	90	100	90	80	80	80	90	100	70
批次 2	80	90	80	90	80	80	90	80	90	80	80	80
批次 3	80	80	100	90	90	100	90	90	70	70	80	90
批次 4	90	90	90	90	80	90	70	90	90	90	90	80
批次 5	80	70	80	60	80	80	80	100	90	80	80	80
月度平均值	86	84	86	84	86	88	82	88	84	82	86	80
年度总分	5080											
年度平均值（保留两位小数）	84.67											

两分钟后，皮经理说："就质量稳定性而言，我们应该把最佳质量奖给 A 供应商。"小李一脸疑惑，皮经理笑了笑说："我们不妨把上面两组数据换成更直观的数据来看一看。"

皮经理接着说："在统计学中，标准差可以反映一个数据集的离散程度，Excel 里是 STDEV 函数。我们得出 A 供应商的标准差约为 5.03，B 供应商的标准差约为 8.53。A 供应商的标准差小于 B 供应商，所以 B 供应商的离散度更高，对我们而言，B 供应商的质量没有 A 供应商稳定。”

小李：“用了这个函数，省去了肉眼识别的苦恼，更加简单和便捷了。”

皮经理：“标准差在生产中运用得比较广泛，掌握原理之后，可以应用在价格稳定性、质量稳定性甚至人员流失率等很多方向和领域。”

小李看了下时间，说道：“皮经理，回头我再向您讨教，我现在就去做最佳质量奖的奖杯。”

第三节　供应商来料品质控制

验收是指检查或试验后，认为合格而接收物料或产品。物料或产品的合格与否，则需以验收标准的确立以及验收方法的制定为依据来决定是否验收。

验收只是一种手段，而不是目的。无论如何，验收必须要考虑到时间与经济等原则，并经双方协定后，才能达到有效控制来料品质的效果。

一、来料验收的事前规划

（一）制定标准化规格

规格的制定涉及专业技术，通常由采购商提出，要以经济实用以及能够普遍供应为原则，切勿要求过严。所以在制定规格时，既要考虑到供应商的供应能力，又要顾及交货后是否可以检验，否则，一切文字上的约束易流于形式。但也不能过宽，致使劣货充斥，影响使用。总之要将规格的拟订与审查的途径合理化、标准化，如此，验收工作才能有据可依。如表 5-6 所示为物料品质控制标准表。

表 5-6　物料品质控制标准

标准	具体说明
规格、图样与采购订单要求	采购部应拟定一套规则，确保供应物料的要求得以明确叙述，而最重要的是要完全为供应商所了解。这些规则可包含规格、图样及采购订单，下订单前买卖双方需要协商的事宜及其他适合物料采购的方法
品质保证协议	针对供应商所负的品质保证责任，与供应商达成明确的协议。品质保证协议条款应与企业经营需要相称，避免不必要的成本支出。对于某些可能涉及品质系统的状况、需包含企业和供应商物料保证系统的定期评鉴
验证方法协定	对于是否符合双方要求而查验的方法，应与供应商拟定一个明晰的协定。此协定也可涉及为求进一步改进物料而交换的测试资料。所达成的协定将要求条件及检验、测试或抽样方法在解释上的困难减至最少
解决物料品质纠纷条款	与供应商拟定各种制度，以解决物料品质纠纷。所订条款应包括例行性与非例行性事情的处理措施，企业和供应商针对影响物料品质的事情必须有相关条款去改善和解决

续表

标准	具体说明
接收检验计划与管理	采用合适的方法实施物料管制，以免不慎误用不合格物料。接收检验的执行程度应谨慎规划。有必要检验时，应首先考虑总体成本，如决定实施检验，必须仔细选择受检的特定项目。在物料到达前，须确定所需的工具、量规、仪表和其他装备器材，且要确保检验人员能够使用和校正上述工具或器材
接收品质记录	应保持定期的接收品质记录，确保以往的资料完备，这样就可以评估供应商的绩效与品质趋势

（二）招标书合同条款中明确规定规格要求

规格虽属技术范畴，但是招标时还是作为审查的重要条件，因其相关要求和规定影响品质优劣与价格高低，不能有丝毫含糊。所以企业在招标书上对规格须作详尽明确的规定，必要时应附详细说明，以免供应商产生误会。在合同内也应该明确规格条款细则，使双方交货验收时避免因内容含糊而引起纠纷。

（三）确定交货验收时间、地点、数量和程序

采购合同应定明交货期限，包括：制造过程所需预备操作时间，运送供应物料所需时间，特殊器材技术验收所需时间等，以便相互配合。采购合同也应确定交货验收地点，如遇交货地点不能使用，需移转至其他地方办理验收工作时，及时通知供应商。除此之外采购合同还应对交货数量以及交货时应办理的手续和流程进行明确的规定。

（四）做好验收准备

1. 采购部的采购员应做好以下两项准备工作

（1）采购员应在供应商发货或企业自提起运后，通知质量管理部检验人员以及仓储部仓库管理人员做好验收准备。

（2）采购员应准备好相应的检验材料，确认清楚供应商的交货数量、产品种类、质量标准等。

2. 仓储部仓库管理人员做好接货准备工作

（1）知悉采购物料的基本性质，做好装卸机械、操作器具以及人员安排工作。

（2）确定物料检验地点。

（3）做好采购物料验收合格后入库的准备工作，包括储位准备、垫垛材料准备、入库单据准备等。

3. 质量管理部检验人员做好采购物料验收准备工作

（1）准备所需的计量器具、卡量工具和检测仪器、仪表等，要保证测量准确可靠。

（2）为特殊的物料检验配备相应的防护用品，采取必要的应急防范措施。

（3）研究物料质量要求文件，如有任何表述不清晰的地方应立即询问技术部。

（五）确定验收的方法

1. 验收方法

表 5-7 所示为采购物料验收方法。

表 5-7 采购物料验收方法

区分	检验类型	具体内容
以权责来区分	自行检验	指由采购商自行负责检验工作，国内采购物料大部分都采用这种方式
	委托检验	指由于距离太远或本身欠缺该项专业知识，而委托公证处或某专门检验机构代检，国外采购或特殊物料采购适用
	工厂检验	指由制造工厂出具检验合格证明书
以数量来区分	全部检验	一般较特殊的精密产品和核心零部件采用这种方式
	抽样检验	物品数量庞大，无法逐一检验，或某些物品一经拆封试用即不能复原的，都应采取抽样检验
以检验方式来区分	视觉检验	在充足的光线下，观察物品的颜色、状态等表面状况，检验是否发生变形、破损、脱落、变色、结块等情况，对质量进行初步判断
	听觉检验	通过摇动、轻度敲击等操作，听声音，判断物品的质量
	触觉检验	利用手感鉴定物品的光滑度、细度、黏度和柔软度等，判断质量
	嗅觉、味觉检验	通过物品特有的气味、味道，测定、判断质量
	测试仪器检验	利用各种专业的测试仪器鉴定物品品质，如对含水量、密度等的测试
	运行检验	对某些特殊货物，如车辆、电器等进行运行检验，确保其能够正常运行

2. 确定抽样比例

大批量到货一般只进行抽样检验。对于抽样检验需要确定一个合理的抽样比例。一般根据货物的特点、货物的价值高低、物流环境等综合考虑，货物验收抽样比例考虑因素如表 5-8 所示。

表 5-8 货物验收抽样比例考虑因素

考虑因素	抽样比例
价格	单品价格高，抽样比例大；有些价格特别高的货物应全部检验
性质	性质不稳定、质量易变化、易混杂不良品的货物抽样比例大
气候条件	雨季怕潮货物抽样比例大；冬季怕冻货物抽样比例大或全部检验
运输方式和工具	采用容易影响货物质量的运输方式和运输工具运送的货物，抽样比例大
供应商信誉	对于信誉好的供应商生产的产品抽样比例小，反之则大
生产技术	生产技术水平高的供应商，货物质量较稳定，抽样比例小

一般货物抽样比例为 5%～15%，如果遇到特殊种类货物或验收不合格等情况，希望增加检验数量的可以适当增加抽样比例。

二、货物验收

货物的验收是整个采购过程中的一部分，有的企业把收货部直接划归为采购部管辖，有的企业将收货部划归在仓储部或物流部，但收货工作仍间接归采购部负责。

（一）货物验收流程

（1）货物从供应商发运时或企业自提货物起运时，采购员应准备好采购部需要提供的资料并通知品质部、仓储部或生产部做好接货检验准备。

（2）货物到达指定供货地点后，采购员电话通知品质部 IQC（来料质量控制）人员进行检验。对于需要入库的货物，仓储部应配合检验。

（3）品质部 IQC 人员收到“进料验收单”后，须按“进料检验与试验控制程序”“进料检验规范”和“采购验收管理制度”等规定进行检验，并填写相应的“货物检验报告表”。

（4）相关人员根据检验结果处理货物，验收结果及处理方式如下。

①货物经检验合格后，品质部 IQC 人员应在“进料验收单”上注明“ACCEPT”（接受），并如实填写检验损耗数，同时在货物外包装处贴上“PASS”（IQC 检验合格或通过）标签，做好检验记录，并将“进料验收单”回执给仓库。仓管员办理入库事宜，进行保管、分发。入库货物的搬运、储存、包装、防护和标识管理工作，按仓储部的相关规定执行。

②对于经检验不合格的货物，品质部 IQC 人员应在“物料异常报告”上注明，并填写“退料单”，采购员需填写“供应商异常处理联络单”，及时与供应商进行沟通，必要时要求供应商在规定时间内提出改善对策。

（5）采购部依据材料需求决议及特采会议会签结果执行采购。

（二）货物验收的内容

货物验收应做到“进出验收，品质第一”。一般来说，货物的验收主要包括以下几个方面。

（1）供应商、订单、品名、规格。供应商名称、订单编号、订单信息是否一致。货物是否与相关单据的品名、规格一致。如果一批货物分别向多家供应商采购，或数种不同的货物同时进厂时，验收工作更应注意，验收完后的标识工作非常重要。

（2）数量。明确出入库货物的计量单位，货物进出仓库前应严格点数或过磅。清点数量，确定数量与订单是否相符、是否有短量交货（短交）或超量交货（超交）的现象。对短交的货物，及时要求供应商补足；对超交的货物，原则上应退回供应商。

数量检验主要有计件法和计重法两种。计件法包括标记法、分批清点法以及定额装载法三种。标记法是清点大批量入库货物时，将一定件数的货物分批次做统一标记，待全部清点完后，再按标记计算总的数量。分批清点法是针对包装规范、批数不大的货物采用的检验方法，先将货物堆码整齐，每一层堆码数量相同，统计出层数后计算总的数量。定额装载法是针对批量大、包装整齐的货物采用的检验方法，先用托盘等进行定额装载，然后计算出总数。

（3）品质。品质验收包含外观验收和质量验收。外观检验首先检查货物和包装容器上是否贴有标签，标签上是否注明货物品名、货物编码、生产日期、生产厂家等内容。其次检查包装是否牢固，包装是否有破损、变形、受潮等情况，开包检查货物有无损坏，或者根据货物的特性通过气味、颜色、手感进行检验等。

检验人员选择合适的检验方法，对数量准确、表面完好的货物按照质量检验规范进行质量检验，主要检查其关键质量指标。质量检验应按照采购质量检验流程进行，检验完毕后，IQC 人员应按照检验结果填制“货物检验报告表”，表 5-9 为货物检验报告表，表 5-10 为采购到货验收清单。

表 5-9　货物检验报告表

编号：　　　　　　　　　　　　　　　　　　　　　　日期：　　年　　月　　日

<table>
<tr><td>品　　名</td><td colspan="2"></td><td>规　　格</td><td colspan="2"></td></tr>
<tr><td>批　　号</td><td colspan="2"></td><td>数　　量</td><td colspan="2"></td></tr>
<tr><td>采购日期</td><td colspan="2"></td><td>到货日期</td><td colspan="2"></td></tr>
<tr><td>供应商编号</td><td colspan="2"></td><td>供应商名称</td><td colspan="2"></td></tr>
<tr><td colspan="6">检验记录</td></tr>
<tr><td>检验项目</td><td>检验标准</td><td>检验结果说明</td><td>合格</td><td>不合格</td><td>备注</td></tr>
<tr><td></td><td></td><td></td><td></td><td></td><td></td></tr>
<tr><td></td><td></td><td></td><td></td><td></td><td></td></tr>
<tr><td></td><td></td><td></td><td></td><td></td><td></td></tr>
<tr><td>验收数量</td><td colspan="3">□充足</td><td colspan="2">□短缺</td></tr>
<tr><td>验收总评</td><td colspan="3">□合格</td><td colspan="2">□不合格</td></tr>
</table>

采购经理：　　　　　　　　　　质量控制主管：　　　　　　　　检验员：

表 5-10　采购到货验收清单

编号：　　　　　　　　　　　　　　　　　　　　　　日期：　　年　　月　　日

<table>
<tr><td rowspan="2">订单编号</td><td rowspan="2">品名</td><td rowspan="2">规格</td><td colspan="3">数量检验</td><td rowspan="2">外包装检验</td><td colspan="3">质量检验</td><td rowspan="2">签字确认</td><td rowspan="2">备注</td></tr>
<tr><td>应交数量</td><td>交货数量</td><td>数量结论</td><td>检验项目</td><td>检验标准</td><td>检验结论</td></tr>
<tr><td></td><td></td><td></td><td></td><td></td><td></td><td></td><td></td><td></td><td></td><td></td><td></td></tr>
<tr><td></td><td></td><td></td><td></td><td></td><td></td><td></td><td></td><td></td><td></td><td></td><td></td></tr>
<tr><td></td><td></td><td></td><td></td><td></td><td></td><td></td><td></td><td></td><td></td><td></td><td></td></tr>
<tr><td></td><td></td><td></td><td></td><td></td><td></td><td></td><td></td><td></td><td></td><td></td><td></td></tr>
</table>

（4）凭据。单据不全不收，手续不齐不办。入库要有入库单据及检验合格证明，出库要有出库单据。货物验收和入库流程联系紧密，一般入库验收的凭据如下。

①入库通知单和订货合同副本，这是仓库接收货物的基本凭证。

②供货单位提供的发票、质量保证书、材质证明书、装箱单、磅码单、发货明细表、保修卡及合格证等。

③货物承运单位提供的运单，若货物在入库前发现残损情况，还要有承运部门提供的货运记录或残损记录，作为向责任方交涉的依据。

（三）货物验收的注意事项

1. 抽样要严谨

在进行来料检验时，由于受人力、物力、成本、时间、来料特性等因素的影响，必须做抽样检验，而抽样检验本身存在着风险。既可能把不良品或不合格品漏检而放到生产线上去，也可能把合格品退给供应商造成其损失，从而间接造成企业的损失。

2. 客观公正地判定品质

在进行来料检验的过程中，由于IQC人员经常与供应商人员接触，这样就形成了一个“情感氛围”，在检验时容易形成主观意识，造成对供应商的判定标准有所放松。

品质经理应时常提醒IQC人员注意公正客观，同时还要让IQC人员了解，如将不合格品放到制程后，制程上发现问题，首先追究的是IQC人员的责任；如将合格品拒收多了，容易导致与客户的关系僵化或特采后发现来料检验判定有误差。

3. 以综合因素来判定

在来料品质检验中，可能会遇到品质与时间、成本、效率等方面的冲突。如来料需要紧急上生产线，而检验来料时发现有一些“小问题”，按原有标准不能收下，虽然与原定品质目标有差异，但还是有可能被收下等。

4. 在检验过程中标志要清晰

在实际工作中，容易出现在同一个时间段内相同或不同的供应商送来多个批次或多个品种的物料。在抽样的作业过程中，也可能出现同时抽取多个、多种物料，如果没有区分好，很容易在企业内部出现混料，甚至将合格品、不合格品和待检品区分不清。因此，品质经理可安排部门人员用多样化、科学化的标签、颜色、标志来区分不同批次、不同品种物料中的合格品、不合格品和待检品等。

（四）进货验收易出现的问题

（1）单证不全。采购部门订单未传至仓库管理员，导致仓库管理员验收无依据，供应商到货单证不全等。

（2）问题物料处理不及时。因单证不全、单货不符、送货差错或质量问题，采购不齐，影响验收进度。

（3）处理物料退换业务不及时。导致其他合格物料到货不能及时入仓，甚至紧急用料无法到库影响生产。

（4）到货信息沟通不及时。因采购人员未向仓库管理员提供供应商到货时间、数量等信息，导致仓储部门处于被动状态。仓库人员需加班加点，增加时间成本，同时仓储部门准备仓位及验收作业难度增加。

（5）验收要求不明确。采购人员未向仓库管理人员提供不同物料验收条件、标准和方法，导致仓储部门难以履行把关职责。

参考资料5-5

项目背景：

OPPO是一家全球性的智能终端制造商和移动互联网服务提供商，致力于为客户提供先进和精致的智能手机、高端影音设备和移动互联网产品与服务。OPPO 要进行全方位的管理升级，在借鉴业界最佳实践的基础上，结合 OPPO 自主管理基因与特色，形成务实、高效、标杆化的运作模式。

在采购管理领域 OPPO 曾与某世界顶级咨询公司合作实施了全方位的采购变革，实施后发现不能有效落地。原因之一是咨询成果不够精细化，存在大量的模糊、断节情况；原因之二是没有很好地与 OPPO 本身状况进行结合；原因之三是 OPPO 员工观念与技能不到位。在这些原因推动下，OPPO 经过多方选择，最后敲定供应商质量提升项目。

问题分析：

经过调研，我们发现存在着诸多问题，例如，SQA（软件质量保证）人员执行力不够，SQA 人员还没有把分内的事做好；SQA 人员对供应商品质管理的方法要提升，目前抓问题抓不准；SQA 人员和 IQC 人员职责不清晰；有些 SQA 团队协作意识差，单打独斗，和 CEG（物料专家团）互动不够；由于出身材料工程师的缘故，SQA 人员偏向于从物料技术角度看问题，而忽视供应商管理，并且过于倾向交付，质量把控原则性不够强。

总体来说，全价值采购框架并未完全落实，CEG 资源开发与 CEG 采购工程未达到“双剑合璧”的境界；IPD（集成产品开发）运作也未完全落实，在采购工程早期介入研发、选型、物料导入等方面，采购工程的作用发挥得也不充分；SQA 相关组织职责定位、相关工作流程、相关 IT（互联网）技术的应用并未做到“三位一体”，SQA 理论定位并未落实。

解决方案：

基于上述一系列问题，确定了关键提升原则：切实做到全程质量控制，从“救火”到“消防”，以供应商为中心，SQA 人员要从“技术专家”转变为“技术管理专家”。从以下五个方面来解决上述问题。

采购工程早期介入研发方面。细化流程，凸显 SQA 人员在采购工程早期介入研发中的角色，从 SQA 的角度，厘清 IPD 流程与采购前端流程的触发关系，使 SQA 人员前期工作有更强的依据性，项目全程强化与研发部门的沟通。设计规范的 SQA 人员介入研发的传递流程，强化 SQA 人员介入研发的技巧提炼，编制 SQA 人员介入研发的实操手册。

新供应商导入方面。强化潜在供应商流程的技术认证管理，理顺供应商认证流程的技术与产品认证环节，基于样板物料族优化或新建更有针对性、精细化的对应模板（比如屏幕类、摄像头类物料认证阶段要关注二级供应商，电池类物料认证阶段则要关注其生产线异常处理机制）。供应商考察要抓实质性、有针对性的东西，要细化、规范考察流程，进一步梳理清楚 IPD 流程与采购前端流程的触发关系。

新物料导入方面。不同物料种类下物料认证流程的客观起始点诉求不同（比如屏幕类物料最早），应予以统计、明确。

供应商管理方面。对数据收集内容、收集方式、收集格式等方面的审视和优化，对评估结果的利用（闭环利用）给出优化或强化的建议，审视在供应商关系管理中 SQA 人员具体的角色活动。

异常处理与后期改善方面。SQA 人员要逐步退出日常的质量异常处理工作，优化从 SQA 到 IQC 的检验标准与特殊检验标准管理流程，建立 SQA 日常（针对供应商）质量监控机制，建立统一的来料质量数据库。

实际效果说明：

三个月的试运行过程中，选取了屏幕类、电池类等重点物料为样板，端到端实施全程试推行，最终顺利落地，通过了内部严格的验收审查。

第四节　品质异常与损害赔偿

一、品质异常

采购商若在来料检验中发现异常，可按照以下要点来进行处理。

（1）对于经检验不合格的物料，品质部 IQC 人员应在“物料异常报告”上注明，详细标注不合格品数量、不合格程度和缺陷，作为原始数据材料备查，之后填写“退料单”，采购员需填写“供应商异常处理联络单”，及时与供应商沟通，确认供应商是否认同检验结果。如表 5-11 所示为物料异常报告，表 5-12 所示为退料单，表 5-13 所示为供应商异常处理联络单。

表 5-11　物料异常报告

编号：　　　　　　　　　　　　　　　　　　　　　　　　日期：　　年　　月　　日

物料编号			品名		
供应商			交货日期		
交货数量			样本数量		
异常描述					
序号	规格	问题描述	不良品数	检验方法	备注

质量检验人员确认：

表 5-12　退料单

编号：　　　　　　　　　　　　　　　　　　　　　　　　日期：　　年　　月　　日

订单编号	退货物料	退货数量	退货原因			供应商	备注
			质量不合格	数量不符	其他		

采购经理：　　　　　　　　　　质量控制主管：　　　　　　　　检验员：

表 5-13　供应商异常处理联络单

<table>
<tr><td>供应商代码</td><td></td><td>供应商简称</td><td colspan="2"></td></tr>
<tr><td>联系部门</td><td></td><td>联系人</td><td colspan="2"></td></tr>
<tr><td>电话</td><td></td><td>传真</td><td colspan="2"></td></tr>
<tr><td>邮箱</td><td></td><td>日期</td><td colspan="2"></td></tr>
<tr><td>投诉主题</td><td colspan="2"></td><td>性质</td><td>□普通　□紧急</td></tr>
<tr><td colspan="5">投诉内容：
贵公司____年____月____日送货的________（料号），型号为________的________产品，有________________________的问题，造成我公司的________________等状况，请于____年____月____日前处理好此问题，并以此为诫。
另根据我公司与贵公司的________协议，采取________的处理，如有异议请来电！
××公司采购部________发
____年____月____日</td></tr>
</table>

（2）判定为批量不合格或部分不合格的原物料，由生产部进行隔离和标识。生产部依据用料需求状况，确定是否召开材料评审会议。会议由生产部、技术部、采购部、品质部等部门组成，并做出决议，并按“特采作业控制程序”和“不合格品控制程序”进行处理。

①若物料为生产急用，不合格项又不至于引起客户抱怨时，生产部按特采处理。在该批物料的适当位置上贴“原物料标识卡”备注好“特采接收”字样，同时在 ERP 系统中做好接收备注。

②若物料为生产急用，该物料又可为使用部门加工/挑选使用时，生产部按特采处理。生产部在该批物料的适当位置上贴“原物料标识卡”备注好“加工/挑选”字样，同时在 ERP 系统中做好接收备注。

③若物料不为生产急用或使用后必定引起客户抱怨，生产部对该批物料作“退货”处理。在该批物料的适当位置贴“原物料标识卡”备注好“退货”字样，同时在 ERP 系统中做好接收备注。

管理制度范本 5-1

采购退货管理制度

第 1 章　总则

第 1 条　目的

为了规范不合格品和超交物料的退货处理工作，加强采购物料控制，特制定本制度。

第 2 条　适用范围

本制度适用于企业对所有质量不合格品的处理工作。

第 3 条　职责范围

1. 采购部与供应商联系、协商，确定不合格品的处理方案。

2. 质量管理部负责对不合格品进行判定、标识，并跟踪监督处理过程。

3. 仓储部负责对判定后的不合格品进行区分、隔离和保管。

第 4 条　术语解释

本制度涉及的不合格品是指质量管理部对照物料质量要求、工艺文件、技术标准对采购的物料进行检验和试验，存在一个或多个质量指标不符合采购合同规定要求的物料。

第 2 章　不合格品退货

第 5 条　不合格品检验依据

质量检验人员在进行不合格品判定时，应严格依照以下要求执行。

1. 国家标准、行业标准。

2. 企业提供的检验规范、标准或样品、物料设计指标、技术参数等。

3. 质量管理历史资料及其他参考数据。

第 6 条　判定批量物料质量不合格标准

1. 质量检验人员依据采购物料的特性与价值、运输方式和工具、供应商信誉、生产技术等因素，抽取一定数量的物料进行质量检验。

2. 质量检验人员根据抽检物料的质量情况，做出验收结论。

（1）抽检物料质量合格率为____%，应做出批量物料合格的验收结论。

（2）抽检物料质量合格率为____%以上的，抽取此次抽检比例的____倍数目的物料进行检验，合格率达到____%的，做出批量物料合格的验收结论。

（3）抽检物料质量合格率为____%以下的，做出批量物料不合格的验收结论。

第 7 条　验收标记

1. 发现不合格品时，质量检验人员在采购物料上做“不合格”标识。

2. 仓储部将不合格品隔离。

3. 质量检验人员出具检验报告，清晰地描述不合格品的类型及程度，做出批量物料验收结论。

第 8 条　确定退货数量

对于批量不合格的采购物料需要全部安排退货，以保证批量物料质量统一。采购部有特殊使用需求的除外。

第 9 条　办理退货

1. 对于判定退货的不合格品，质量检验人员将物料用红色字迹标识“退货”，并于“采购物料检验报告单”内注明退货。

2. 质量检验人员开立“不合格品退货单”，质量管理部主管、采购部主管共同签字确认。

3. 采购部采购专员收集整理“采购物料检验报告单”“不合格品退货单”及“采购合同”或“采购订单”。

4. 采购专员联系供应商，办理退货事宜。

（1）供应商不按照“采购合同”履行退货手续的，采购专员上报采购部主管，采购部主管做出调解、诉讼或仲裁的决定。

（2）采购专员与供应商协商一致后，采购专员通知仓储部做好退货安排。

第3章 超交退货处理

第10条 处理原则

交货数量超过订单数量时，以退回多交物料为原则，但经采购部门主管同意的，可接受多交物料。

第11条 退货处理

多交物料如需退货时，采购专员应联络供应商进行处理。

第4章 附则

第12条 本制度由质量管理部和采购部合作制定，其修改、解释权亦归其所有。

第13条 本制度呈总经理核准后，自颁布之日起实施，修订时亦同。

二、特采

特采是指原物料、半成品、成品经检验不合格，无法满足本公司的允收标准，但经品质部确认不影响最终使用功能及特性，可让步接收，对其特别采用。特采包含特许放行及选别使用。

（一）允许特采的情况

（1）在确定无安全性、公害性及功能隐患下，特采的原物料或半成品才可以使用，以确保不至于被客户抱怨或退货。

（2）外观、功能合格，尺寸不合格，但实际上也能匹配使用。

（3）生产或客户急需，外观轻微不合格，但产品功能特性合格。

（4）来不及做可靠性验证的生产急需物料。

（5）有严重缺陷，但可以通过重新全部检验或挑选后使用；与供应商协商好条件，可特采后再安排人员挑选使用。

（二）坚决不能特采的情况

（1）规格完全不符或送错物料。

（2）存在严重缺陷，且在后道工序及制程中不易被发现的物料。

（3）新供应商来料，且其为企业产品中的关键物料。

（4）在整批物料中普遍存在有一种以上主要缺陷的物料。

（三）特采的一般程序

（1）特采一般是在IQC人员判定不合格后或来不及检验时，由采购人员、仓库或使用部门人员提出申请，并填写“特采申请表”，如表5-14所示。

表 5-14 特采申请表

申请部门： 特采日期： 年 月 日

<table>
<tr><td>采购单号</td><td></td><td>名 称</td><td></td><td>责任单位</td><td></td></tr>
<tr><td>特采申请人</td><td></td><td>特采日期</td><td>年 月 日</td><td>特采数量</td><td></td></tr>
<tr><td>特采原因</td><td colspan="5"></td></tr>
<tr><td colspan="6">缺点描述</td></tr>
<tr><td>采购部门</td><td colspan="3"></td><td>签署人</td><td></td></tr>
<tr><td>技术部门</td><td colspan="3"></td><td>签署人</td><td></td></tr>
<tr><td>生产部门</td><td colspan="3"></td><td>签署人</td><td></td></tr>
<tr><td colspan="4">品质部特采总结
□可特采 理由：
□不可特采 理由：</td><td colspan="2">总经理：
日期：
意见：</td></tr>
</table>

（2）经 IQC 主管审核，再经品质部经理或高层管理者核准同意。

（3）将特采申请表的复印件或副本分别送到 IQC 人员、仓库管理员手中，仓库管理员应特别注明该批物料的状况并贴上标签，然后发到生产现场。当特采会签判定不通过时，应终止特采流程。

（四）特采工作后的处理

（1）偏差。送检批物料全部不合格，但只影响企业生产速度，不会造成产品不合格。在此情况下，可在特采后，予以接收。此类物料应由生产部、品质部按实际生产情况，估算耗费工时，对供应商作扣款处理。

（2）全检。送检批物料中不合格品数超过规定的允收范围，经特采后进行全部检验。选出其中的不合格品，退回供应商，合格品办理入库或投入生产。

（3）重检（加工处理）。送检批物料几乎全部不合格，但经过加工处理后，来料可以接收。在此情况下，由公司抽调人力进行来料再处理。IQC 人员对加工后的来料进行重检，接收合格品，对不合格品开出“IQC 退货报告”，并交采购部办理退货。

（五）特采注意事项

（1）尽量不要特采，特采毕竟是针对不良品的特例。特采是一种明知的、短暂的、有限的牺牲品质换取成本的行为，仍存在潜在的不良品。

（2）采购部及品质部每月特采申请次数应少于 10 次。

（3）若每月特采件数超出目规定数量时，由特采提出部门根据责任归属开出“纠正（预防）措施通知单”，要求责任单位进行原因分析并提出整改方案，需对其进行跟进。

（4）经同意特采的物料，应严格按产品标识和可追溯性控制程序做好相应的特采标识与记录，方便追踪。

（5）如客户订单合同上有规定，产品特采需经客户或其代表同意，才能办理特采，并按规定特采。

三、紧急放行

（一）紧急放行定义

紧急放行是指在进货检验和试验中，如因生产急需而来不及检验和试验的原材料、外协零部件，在以往的供货中未出现过不合格，且质量稳定，供货业绩良好的供应商的产品可紧急放行。

（二）紧急放行的一般程序

（1）当任务紧，生产急需而不能按正常检验控制程序进行进厂产品检验时，检验人员应核对品种、规格、数量，填写“紧急放行申请单”，一式两份，一份自存，另一份送总工程师审批，表 5-15 为紧急放行申请单。

表 5-15　紧急放行申请单

申请单号：

申请部门		申请日期	
产品编号		产品名称	
产品级别	重要□　　一般□	产品数量	
放行原因： 申请部门签字：			
质量管理部意见： 部门负责人签字：			
备注：			

备注：此单一式两份，一份自存，另一份送总工程师审批。

（2）总工程师在收到“紧急放行申请单”后，根据以下条件判断是否符合紧急放行条件。

①供货商的等级是否是 A 级供货商，以往供货情况是否保持良好的合格率。

②是否是急需的原材料、外协零部件且库房确无存货。

③标识、记录及可靠的追踪办法能否落实。

总工程师在收到、审核、签署完毕并经总经理批准后，将“紧急放行申请单”返还给检验人员（对质量不稳定尤其是上几批实施了严加检查的零部件可拒绝紧急放行）。

（3）检验人员收到批准的“紧急放行申请单”后，做好该批产品的品种、规格、数量等记录。留取规定数量的样品进行检查，并在批准紧急放行的物料上贴“原物料标识卡”，备注好“紧急放行”字样，并做好监督与隔离工作，避免混淆。

（4）紧急放行产品申请批准后，品质部负责安排检验。

①在检验中一旦发现有不符合规定要求的产品，应根据记录及时追踪和处理。

②对已制成的半成品或成品，要求检验人员进行确认，要在检验记录上注明所使用物料的情况。

③如果产品加工完毕，没有通知合格结果时生产部把“紧急放行通知单”送到品质部确认，确认合格后方可交终检人员检验、出运。

紧急放行产品必须在本批产品流转至终检之前，报出检验结果，在没有报出检验结果前不准出运。

四、损害赔偿

如果供应商送来的物料中有部分物料未达到企业品质要求，供应商需要对企业遭受的损失予以损害赔偿。

（一）损害赔偿的方式

如果物料有一部分没达到质量要求、数量不足、交货期延迟、出货不符时，就需要做处理。这时候就必须要求供应商赔偿，以防止这类情形再发生。比如当数量不足时，需要求其追加补充。

提出赔偿的程度有以下三种。

（1）提出警告。

（2）要求赔偿物料。

（3）要求赔偿金钱。

因为可以要求赔偿，所以事先一定要互相协商好相关赔偿条款和约定。

（二）损害赔偿的处理流程

有时会因为原材料或加工品的品质问题造成报废或其他损失，涉及赔偿问题，一般来说，企业会在供应商的货款中直接扣除，相关程序如下。

（1）出现这种问题时，首先要由企业评审小组进行评审签名（如果涉及挑选工时的扣款，应将挑选工时写在评审单上），然后将评审单交 IQC 人员处理。

（2）IQC 人员在收到评审单后，即填写“供应商物料报废确认单”并通知供应商到现场确认。“供应商物料报废确认单”上应写明型号、数量、缺陷以及挑选工时（需要时才写）。

（3）在确认时，如果供应商认同报废内容及数量，则由供应商在单据上签名确认；如果供应商不认同报废内容及数量，要求供应商在单据上写明意见。

（4）品质部将供应商签名确认的“供应商物料报废确认单”提交给采购部，依据此单据开“扣款通知单”给供应商，表 5-16 为供应商物料报废确认单。

表 5-16　供应商物料报废确认单

致：

编号：　　　　　　　　　　　　　　　　　　　　　　日期：　　年　　月　　日

<table>
<tr><th>序号</th><th>型号/本厂编号</th><th>物料名称</th><th>数量</th><th>缺陷描述</th><th>挑选工时</th><th>备注</th></tr>
<tr><td></td><td></td><td></td><td></td><td></td><td></td><td></td></tr>
<tr><td></td><td></td><td></td><td></td><td></td><td></td><td></td></tr>
<tr><td></td><td></td><td></td><td></td><td></td><td></td><td></td></tr>
<tr><td></td><td></td><td></td><td></td><td></td><td></td><td></td></tr>
<tr><td colspan="4">发出人：
日期：　　年　　月　　日</td><td colspan="3">供应商确认：
日期：　　年　　月　　日</td></tr>
</table>

注：请在三天之内回签，超过此期限本企业将默认报废处理。

（5）采购部在“供应商物料报废确认单”上补填扣款的价格，然后将“供应商物料报废确认单”“扣款通知单”等提交给财务部，表 5-17 为扣款通知单。关于原材料的实际退货必须给仓储部一份“退货单”，财务部每月在与供应商结账时扣除相应的金额。

表 5-17　扣款通知单

文件编号：　　　　　　　　　　　　　　　　　　　　　　　　日期：　　年　　月　　日

<table>
<tr><td colspan="2">供应商名称：</td><td colspan="2">供应商编号：</td></tr>
<tr><td colspan="2" rowspan="2">物料名称：</td><td colspan="2">物料编号：</td></tr>
<tr><td colspan="2">送货单号：</td></tr>
<tr><td colspan="2">来货日期：　　年　　月　　日</td><td colspan="2">来货数量：</td></tr>
<tr><td colspan="2">□拣用　□加工
原因：</td><td colspan="2">备注：</td></tr>
<tr><td>拣用或加工工时：</td><td colspan="3">扣款总额：（大写）</td></tr>
<tr><td>采购人员签字：</td><td colspan="2">厂长签字：</td><td>供应商同意
扣款确认：</td></tr>
</table>

（6）要求 IQC 人员月初（5 天内）将上个月供应商报废情况进行总结，汇总成报告提交给财务部、仓储部以及采购部，以便核对是否有遗漏，表 5-18 为供应商每月物料报废清单。

表 5-18　供应商每月物料报废清单

供应商：　　　　　　　　　　　　　　　　　　　　　　　　　日期：　　年　　月　　日

<table>
<tr><th>序号</th><th>型号/本厂编号</th><th>物料名称</th><th>数量</th><th>缺陷描述</th><th>挑选工时</th><th>确认日期</th></tr>
<tr><td></td><td></td><td></td><td></td><td></td><td></td><td></td></tr>
<tr><td></td><td></td><td></td><td></td><td></td><td></td><td></td></tr>
<tr><td></td><td></td><td></td><td></td><td></td><td></td><td></td></tr>
<tr><td colspan="4">发出人：
日期：　年　月　日</td><td colspan="3">审核人：
日期：　年　月　日</td></tr>
</table>

五、来料合格率的统计

企业应要求 IQC 人员每月对检验物料进行总结、分析，进料检验工程师统计供应商进料合格情况。

来料品质投诉指供应商在物料供应品质方面违反或未达到双方达成的采购品质协议或其他协议，企业对供应商采取的一种通知与处理的措施，也是一种相对轻微的措施，严格的措施可能就是索赔。

来料品质投诉通常由品质部提出，即填写“品质投诉单”。供应商在接到后正常状况下会回复。品质部经理需将回复内容记录并保存下来，该内容包括品质投诉单号、原要求解决日期、实际解决日期、最后判定等项目。

表 5-19 所示为来料品质投诉处理表，为了加强企业与供应商之间的合作，品质经理可以将投诉划分为普通级、紧急级、重大级。

IQC 人员还需要在一定的时期内对不同级别的投诉发生次数和重复次数采取一定的措施，一般可把三个月或六个月，甚至一年作为一个时间段采取相应措施。

表 5-19　来料品质投诉处理表

等级		处理措施
普通级	单项发生 1~2 次	限时改善，并严重警告
	单项发生 3~5 次	降低供应级别，减少订单，限时改善，之后再评估
	单项发生 5 次以上	暂时取消供应商资格
紧急级	单项发生 1 次	降低供应级别，减少订单，限时改善，之后再评估
	单项发生 2 次	撤销已下订单，停止下新订单，当下开始评估
重大级		撤销已下订单，停止下新订单，当下开始评估

不合格频率较高的供应商填写“供应商整改通知单”，采购部接到“供应商整改通知单”后的一个星期内通知供应商整改并结案，并将“供应商整改通知单”发给供应商，品质部根据供应商提供的信息，评估是否可以接受，如可接受则结案并追踪效果，如不可接受则再发“供应商整改通知单”。

本章小结

1. 建立供应商质量管理体系包括：明确采购质量目标，制定采购质量相关标准制度，明确采购规格要求，落实各种采购质量管理表格，签订品质保证协议。品质保证协议包含质量保证协议、验收方法协议和解决争端协议。

2. 加强供应商质量评估包括加强初选供应商的质量控制和加强供应商质量认证管理。

3. 来料验收的事前规划包含：制定标准化规格，招标书及合同条款中明确规定规格要求，确定交货验收时间、地点、数量和程序，做好验收准备，以及确定验收的方法。

4. 货物验收的内容包括供应商、订单、品名、规格，数量，品质，凭据。货物验收的注意事项：抽样要严谨，客观公正地判定品质，以综合因素来判定，在检验过程中标志要清晰。进货验收易出现的问题：单证不全、问题物料处理不及时、处理物料退换业务不及时、到货信息沟通不及时、验收要求不明确等。

综合案例分析

加多宝非常重视所需原材料中的中草药的质量，不惜花费大批人力对供应商的中草药生产的全过程进行检验，从而使中草药的质量合格率达到了 100%，为生产质量安全、口味纯正的凉茶打下了坚实的基础。

凉茶行业的“领头羊”——加多宝非常重视原材料的质量，对所需原材料中的中草药从种植的时候就严格把控质量。加多宝品质及资源管理部门总经理庞振国认为，重视供应原材料的质量是加多宝抓住消费者胃口的法宝。加多宝在发展过程中，越来越重视产品所需的原材料的质量，尤其对于中草药的质量要求更加严格。为了把控所需原材料中的中草药的质量，加多宝建立了一套完整的种植质量保障体系，组建了 80 多人的资源团队，全权负责所有中草药供应商的质量把控和技术指导，对所需的中草药全部检验。

中草药往往受土壤状况、气候、地理位置等因素影响，所以加多宝对于新开垦的土地，必须先检验土壤，合格了才通知供应商种植，在未经检验的土壤上种植的中草药，加多宝一概拒收。与此同时，加多宝还对中草药从种苗投放、田间管护、采收、初期加工、储存的整个过程进行质量监督和技术指导。于是加多宝所需的中草药质量有了百分百的保证，从而使加多宝凉茶不仅口味纯正，而且卫生又安全，一举成为最受消费者欢迎和信赖的凉茶佳品。可见把控好供应原材料的质量，才能生产出极致的产品。

结合所学知识分析如何加强供应商质量管理。

第六章　供应商绩效考核

学习目标

1. 了解供应商绩效考核定义、常见问题和要求。
2. 掌握供应商绩效考核流程。
3. 明确供应商绩效考核指标体系。
4. 理解供应商绩效考核反馈和激励。

知识要点导图

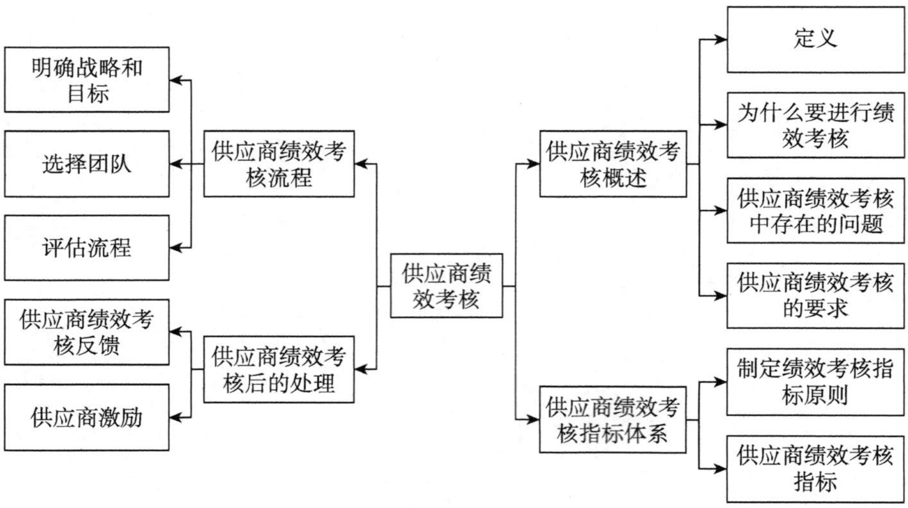

导入案例

采购工程师小路从一家大型供应商做完年度审核回到公司，刚坐到椅子上就开始发牢骚："这次审核太悲催了，在供应商那边的首次会议，对方就来了一个质量工程师和一个计划员，末次会议更惨，只有质量工程师一个人听，写了十三页的报告，找地方复印都找不到，质量工程师说他签个字就行了，他们公司不需要存档。这不明摆着不把我们当回事，似乎我们的审核根本没有意义，审核报告也是多此一举。"

"不要生气啦，这也不是第一回了，我也找到规律了，越大的供应商越不把我们的审核当回事，还是小型供应商好管。不过话说回来，这些大型供应商都是口碑极佳的厂商，一年到头也没有发生过什么问题呀，我们去查也只是走形式而已。”旁边座位的采购工程师小方安慰着小路，小路还是很生气。

小路说：“是呀，好管的供应商老出事，没有事的供应商不好管。不过这次去的这家供应商在过去的一年中还是有一些问题的，但完全没有按照我们的要求改。”

小方说了一句：“但多少还是改正了呀。”

小路怒气未平：“他们没有按照我们的格式和要求进行反馈。这次我还专门和他们提出这件事，但那位质量工程师说，他们按照他们公司自己的流程处理完了，根本不把客户放在眼里。”

小方有些认真了：“那些好管的供应商提交的报告是按照您的格式提交了，但结果又如何？我这里还有几个审核报告不知道怎么做呢，有一个差不多的供应商，去年就交过一次货，货没有问题，我打了100分；另一个和你的情况一样，厂商口碑极佳，一共交过两次货，有一次不合格，合格率50%，不及格。像这样批量不是非常大的，领导也不要求现场审核，我们下面的人呢只能通过来料合格率判定，但评定结果我自己都无法说服自己。”

听到他们两个人的谈话，另外一个年轻采购工程师小蔡凑了上来：“我还正想请教两位前辈呢，我的供应商比你们的还要难搞，公司要求每一种物料都需要找两个供应商，我有一类金属结构件分别交给杏临公司和蓝韬公司这两家供应商。杏临公司的水平和能力比蓝韬公司强得多，难的工件、急的订单我都交给了杏临公司，而简单的、常规的订单给了蓝韬公司，因为我相信杏临公司，毕竟我给蓝韬公司出过几次难题，对方都完成不了，没有办法呀。可年终绩效数据显示，杏临公司比蓝韬公司差，我们领导常念叨数据会说话，我是按绩效数据的实际情况打分出报告，还是要做修改呢？”

小方有些无奈：“你这两家供应商都是从我手头转给你的，多少年了，就这么做着，分数是蓝韬公司高，活都派给杏临公司做，大家心知肚明。好在杏临公司和蓝韬公司都是小供应商，不会也不敢闹事。每年年底都为这审核的事犯愁，领导要客观，我们也想呀，但事情总达不到完美的效果。不过，今年是最后一次了，公司马上就要开发出一套供应商评估系统，明年的评估是由系统做了，人为的因素全部排除，系统出来是什么结果就是什么结果，不得人为干预和修改。”

小蔡怯生生地问道：“两位前辈，系统评估的结果会不会更不靠谱？”

1. 通过三位采购工程师的谈话，指出其供应商评估流程中的问题，并为他们提出一些流程改进的建议。

2. 如何理解“数据会说话”？如何保障供应商评估的客观性？

第一节　供应商绩效考核概述

一、定义

供应商绩效考核是在已经认可的现有供应商中进行的考核。供应商绩效考核是企业的一项常规工作，其目的是通过对供应商进行考核，了解供应商状况，及时发现供应商存在的问题，促进供应商持续改进并为供应商奖励、供应商优化提供依据。

二、为什么要进行绩效考核

（1）有助于更好地进行决策。绩效考核能够使绩效和成果具有可见性，因而企业可以作出更好的决策。绩效考核可以为一段时间内的采购绩效提供追踪记录，并对管理层制定决策提供直接支持。

（2）有助于更好地交流。绩效考核活动可以使供应链成员进行更好的交流，包括采购部门内部、采购部门与其他部门之间、采购部门与供应商之间。例如，采购人员必须向供应商清楚表达其所期望的绩效水平，将供应商绩效进行量化的考核指标反映了采购人员的期望。

（3）提供绩效反馈的机会，从而有利于阻止或及时纠正绩效考核过程中发现的问题。绩效反馈也有利于深入考察供应商在不同时间段内是否达到了绩效目标。

（4）激励和指导行为。绩效考核能够激励并指导企业活动向所期望的方向发展。一种考核系统可以通过多种方式来完成这一任务。首先，绩效种类和目标的选择能够向采购人员表明哪些行为是公司重点关注的；其次，通过将绩效目标的完成情况与公司的奖励机制（如工资的增长）挂钩，管理层可以激励和影响员工的行为。

三、供应商绩效考核中存在的问题

供应商绩效考核一直存在着一些问题和局限性。绩效考核专家马克·布朗认为，目前大多数管理者和专业人士就像那些只拥有一半必需工具及许多用来考核无关数据的额外工具就驾驶飞机的飞行员。

（1）过多及错误的数据。数据过多是企业考核系统中存在的最常见的问题。同时，更严重的问题是管理层往往会关注那些错误的数据。管理层根据经验或感觉可能会认为所选择的考核指标与成功相关，而实际上可能不是这样。事实上，管理层所采用的考核指标有时可能与其他部门或职能领域运用的方法相冲突。

（2）关注短期的考核指标。很多中小型企业都依赖短期的考核指标和数据。通常，这些企业所采集的数据都是财务数据和运营数据。而对采购人员而言，这就意味着只关注短期工作量及供应链活动，而忽视了长期的或战略性的考核指标。

（3）缺少细节。有时候，测评报告过于简短，以致信息变得毫无意义。例如，一个关于月度供应商质量单一考核报告的考核指标缺乏细节内容。采购经理期望获知供应商目前存在的缺陷都有哪些，哪些缺陷需要承担成本等信息无可而知。

（4）导致错误的绩效行为。很多考核指标都会导致一些不是预期或需要的行为的发生。例如，如果以采购订单的数量来考核采购人员的绩效，那么他们肯定会将供应商的订单都分割开来尽可能得到更多的采购订单。

（5）行为考核指标及成果。实施行为考核指标的问题在于无法保证该行为一定能实现所期望的结果。例如，对整家企业的所有合同所涵盖的采购总量进行追踪的行为考核指标如今已经越来越普遍，但追查通过使用企业范围合同所带来的总成本节约是更好的考核指标。

四、供应商绩效考核的要求

（1）考核指标明确、合理、与公司的总目标保持一致。

（2）积极慎重，考核所有的供应商，且文件规定好考核什么、何时考核、怎样考核、由谁考核。

（3）事先确定好考核指标并通过信息系统自动计算考核结果。

（4）考核指标要具体。

（5）考核表现反馈给供应商并通报给公司内部相关人员。

（6）组织供应商会议，跟进相应的改善行动。

（7）设定明确的改进目标。

管理办法范本 6-1

供应商绩效考核办法

前言

一、目的

通过对供应商绩效的考核，保证采购渠道满足公司产品战略发展需求，确保采购能力满足公司持续发展的要求。

二、范围

本办法适用于所有原材料、备品备件、外协加工件的合格供应商绩效考核。

三、定义

无。

四、责权

1. 质量计划部：验收外购原材料并做好记录，参与对供应商的考核，具备参与最终确定合格供应商的资格。

2. 产品实现部：验收外购备品备件、外协加工件，参与对供应商的考核，具备参与最终确定合格供应商的资格。

3. 原材料料库：收货，核对订单交货期，并做好记录，参与对供应商的考核，具备参与最终确定合格供应商的资格。

4. 采购供应部：组织供应商绩效考核工作，收集原始记录，汇总综合考核结果，保存供应商业绩档案。

五、流程图

无。

六、工作内容

（一）供应商绩效考核流程

1. 各归口部门根据物料的重要程度定期对供应商绩效进行考核，填写供应商绩效考核汇总表，于次月 10 日前报采购供应部。

2. 采购供应部收集、汇总各归口部门的考核结果，每半年对供应商进行一次综合考核，并按照考核总分的高低分值，依次将供应商评定为“一级、二级、三级、四级”，具体的等级标准如表 6-1 所示。

表 6-1　供应商等级标准

级别	考核总分	奖惩情况
一级	90~100 分	一级供应商，酌情增加采购量，优先采购，在特殊情况下可办理免检，货款优先支付
二级	80~89 分	二级供应商，对其采购策略维持不变，要求其对不足的部分进行整改，并将整改结果以书面形式提交
三级	70~79 分	三级供应商，减少采购量或者暂停采购，要求其对不足的部分进行整改，并将整改结果以书面形式提交，采购供应部对其整改结果进行确认后决定是否继续正常采购
四级	69 分以下	从合格供应商名单中删除，终止采购供应关系

3. 考核结果应经各归口部门会签后，报送分管采购副总经理、总经理。

（二）供应商综合考核

供应商综合考核是制订采购计划的重要依据，采购计划的制订应遵照如下原则。

1. 独家供货

（1）若该供应商被评定为一级，正常采购，酌情增加采购量，优先采购，在特殊情况下可办理免检，货款优先支付。

（2）若该供应商被评定为二级，对其采购策略维持不变，要求其对不足的部分进行整改，并将整改结果以书面形式提交，以提高产品质量。整改结果必须在规定时间内完成，并重新进行评审。

（3）若该供应商被评定为三级，减少采购量或者暂停采购，要求其对不足的部分进行整改，并将整改结果以书面形式提交，采购供应部对其整改结果进行确认后决定是否继续正常采购。

（4）若该供应商被评定为四级，采购供应部应将其从合格供应商名单中删除，终止采购供应关系，并于 2 个月内寻找新的供应商。

2. 有两家供应商同时供货

（1）供应商评定等级相同时。

①同为一级时，则平均供货。

②同为二级时，采购策略维持不变，采购供应部应对其下发整改通知，供应商对存在的问题采取整改措施。

③同为三级时，减少采购量或者暂停采购，要求其对不足的部分进行整改，并将整改结果以书面形式提交，采购供应部对其整改结果进行确认后决定是否继续正常采购。

④同为四级时，采购供应部应将其从合格供应商名单中删除，终止采购供应关系，并于 2 个月内寻找新的供应商。

（2）供应商评定等级不同时。

①若一方评定等级为一级、另一方评定等级为二级，被评定为一级的供应商应占供货的主导地位，被评定为二级的供应商应在月度采购计划中限制其供货数量，一般情况下评

定等级为二级的供应商的供货量原则上不高于月度供货总量的30%。

②若一方评定等级为一级、另一方评定等级为三级，被评定为三级的供应商应暂停供货，采购供应部对其下发整改通知，整改无效的供应商取消其供货资格。

③若一方评定等级为一级、另一方评定等级为四级，被评定为四级的供应商取消其供货资格。

④若一方评定等级为二级、另一方评定等级为三级，采购供应部应对评定为二级的供应商下发整改通知，供应商对存在的问题采取整改措施，被评定为三级的供应商应暂停供货，采购供应部对其下发整改通知，整改无效的供应商取消其供货资格。

⑤若一方评定等级为二级、另一方评定等级为四级，采购供应部应对评定为二级的供应商下发整改通知，供应商对存在的问题采取整改措施，被评定为四级的供应商取消其供货资格。

⑥若一方评定等级为三级、另一方评定等级为四级，采购供应部应对评定为三级的供应商下发整改通知，整改无效的供应商取消其供货资格，被评定为四级的供应商取消其供货资格。

（三）供应商年度考核

1. 每年12月，采购供应部门汇总供应商绩效考核结果，填写“年度供应商供货业绩综合评价报告”，经各归口部门会签、确认，报送分管采购副总经理审核，总经理批准后执行。

2. 考核结论界定。

（1）考核结果为90~100分，继续保持其合格供应商资格，酌情增加采购量，优先采购，在特殊情况下可办理免检，货款优先支付。

（2）考核结果为80~89分，对其采购策略维持不变，要求其对不足的部分进行整改，并将整改结果以书面形式提交，以提高产品质量，整改结果必须在规定时间完成。

（3）考核结果为70~79分，减少采购量或者暂停采购，要求其对不足的部分进行整改，并将整改结果以书面形式提交，采购供应部对其整改结果进行确认后决定是否继续正常采购。

（4）考核结果为69分以下，上报总经理批准，取消其合格供应商资格。

3. 采购供应部门对取消合格供应商资格的供应商建立档案，编制取消的合格供应商名单，注明取消原因。

（四）供应商考核标准（见表6-2）

表 6-2　供应商考核标准

<table>
<tr><td>考核项目</td><td>权重</td><td colspan="3">评分方法</td></tr>
<tr><td>质量状况</td><td>40</td><td colspan="3">（总批数-不合格批数）÷总批数×40</td></tr>
<tr><td>交付情况</td><td>25</td><td colspan="3">（总批数-未按时交货批数）÷总批数×25</td></tr>
<tr><td rowspan="10">价格水平</td><td rowspan="10">15</td><td>考核因素</td><td>评分标准</td><td>得分</td></tr>
<tr><td rowspan="3">价格因素</td><td>长期配合，不主动要求提高价格</td><td>5 分</td></tr>
<tr><td>符合市场波动情况的价格变化</td><td>2 分</td></tr>
<tr><td>市场无波动，主动提高价格</td><td>0 分</td></tr>
<tr><td rowspan="3">降本
（降低成本）
因素</td><td>自身提出合理改善措施降本</td><td>5 分</td></tr>
<tr><td>配合我司降本</td><td>2 分</td></tr>
<tr><td>不配合我司降本</td><td>0 分</td></tr>
<tr><td rowspan="3">配合度</td><td>合同配合度高</td><td>5 分</td></tr>
<tr><td>部分配合付款手续</td><td>2 分</td></tr>
<tr><td>不接受我司付款方式</td><td>0 分</td></tr>
<tr><td>交货数量</td><td>10</td><td colspan="3">（总批数-数量不符批数）÷总批数×10</td></tr>
<tr><td>服务质量</td><td>10</td><td colspan="3">反应表现得分+合作态度得分+共同改进得分+参与开发得分+其他支持得分</td></tr>
<tr><td>综合绩效</td><td>100</td><td colspan="3">总分：</td></tr>
</table>

1. 质量状况

由质量计划部负责外购原材料的评分，由产品实现部负责外购备品备件、外协加工件的评分。如因供应商的供货品质问题，造成公司无法满足客户要求或客户退货，每次扣 5 分。

2. 交付情况

交付情况指交货准时性，由原材料料库进行评分。交货准时性是指各项货品的供应商应按合同规定的交货日期准时交货。如供应商交货期延误，造成公司无法满足客户交货期要求，每次扣 3 分。

3. 价格水平

价格水平从价格因素、降本因素、配合度三方面进行考核，由采购供应部负责评分。

4. 到货数量

到货数量不符是指实际到货数量超出合同约定的允许公差范围，由采购供应部负责评分。

5. 服务质量

供应商服务质量考核表如表 6-3 所示，由采购供应部负责评分。

表 6-3　供应商服务质量考核表

考核指标	评分标准	分值
反应表现	1. 对订单、交货、质量投诉等反应是否及时、迅速。 2. 答复是否完整，对退货、挑选要求是否及时处理	2
合作态度	1. 是否将本公司看成是重要客户，供应商高层管理者或关键人物是否重视本公司的要求。 2. 是否有合适的人员与本公司沟通，沟通手段是否符合本公司的要求	2
共同改进	1. 是否积极参与或主动参与本公司相关的质量、供应、成本等改进项目或活动，或推行新的管理做法等。 2. 是否积极组织并参与本公司共同召开的供应商改进会议，主动解决或预防问题	2
参与开发	是否参与本公司的各种相关开发项目，是否参与本公司的产品或业务开发过程	2
其他支持	1. 是否积极接纳本公司提出的有关参观、访问事宜。 2. 是否积极提供本公司要求的新产品报价与样品。 3. 是否妥善保存与本公司相关的文件等并不予泄露。 4. 是否保证不与影响本公司切身利益的相关公司或单位合作等	2

（五）考核周期

1. 采购供应部门应对关键、重要材料的供应商每月进行一次考核，对普通材料的供应商每季度进行一次考核。

2. 采购供应部门每半年负责对所有供应商进行一次总评，列出各个供应商的评价等级，确定供应商业绩及供货比例、供货资格，依照规定进行奖惩。

3. 每年对合格供应商进行一次复查，复查流程和新供应商引进流程相同。

4. 考核结果及每次更新的合格供应商清单必须报送分管采购副总经理、总经理批准。

第二节　供应商绩效考核流程

随着经济全球化的发展和资源全球化的流动，企业对供应商绩效改善方法的兴趣日益提高。但与采购经理小组以及供应商质量经理小组交流时，如果问他们是否正在评估供应商绩效，通常情况下，50%~75%的经理会举手。但是，当询问有多少人对他们的评估系统或者方法满意时，很少有人（常常是没有人）举手。供应商绩效考核因为很多原因而充满着挑战和困难。最大的挑战与如何度量绩效有关，即使是那些看上去正确的度量指标，一般情况下也未必能产生什么效果。通常经理们问得最多的问题是下面这些问题。

（1）我应该用什么指标度量？

（2）其他企业（在我们的行业中）用什么指标度量？

（3）老板要求六个月内制作一个恰当的计分卡，我要从哪儿开始？

仅用孤立的度量指标或者从其他公司借鉴来的度量指标考核供应商绩效的作用很小，原因如下。

（1）这些指标不是供应管理计划的一部分。

（2）这些指标与公司总目标或采购目标没有联系。

（3）这些指标通常只是数据收集的实践，而缺乏执行的强制力，同时，这些指标也不会产生行动的指导作用。

很多企业由 ERP 系统获得的指标局限于产品质量，而不是商务过程以及作业质量。

在服务性组织中，可以获得的、能够纳入计分卡的内部数据则更加有限。能获得的关键度量指标通常局限于财务指标，多数是和价格变化相关的。ERP 系统难以获得顾客满意度和非直接采购质量等重要评价指标，更多的是财务指标考核结果，这和供应商管理并没有有效挂钩。

优化供应商管理改进流程，这是识别供应商能力、推动供应商管理的一个工具。

一、明确战略和目标

建立供应商绩效管理系统的第一步是理解公司整体的业务目标、意图和战略。选择的供应商类型、供应商的绩效期望、与供应商合作的方式等，尽管可能只是供应商管理的某个方面，但这些都会受整体目标和战略的影响。

如果高层管理者看不到采购工作与整个公司目标的联系，他们就不太可能支持采购举措，而采购对公司的贡献也会受到无形的限制。例如，如果公司试图缩短周转时间，采购部门就不能只是关注供应价格，而忽视供应商缩短周转时间的能力。

采购部门应该积极支持公司战略。如果采购策略与公司目标、战略不一致。那么，采购部门的工作目标就会与其他部门的工作目标错位，或者不能增加整体价值。

构建一个有意义的供应商管理战略，要考虑很多因素，包括产品、服务、技术、财务计划、全球推广、地缘政治和经济风险、客户满意度、企业社会责任规则和政治环境、员工发展和满意度等。表 6-4 所示为保持供应商管理战略与企业目标的一致性示例。

表 6-4　保持供应商管理战略与企业目标的一致性示例

企业目标	供应商管理战略
降低产品成本	对供应商实施价值工程、精益生产方法
降低服务成本	部分业务外包给服务成本低的供应商
提高客户服务水平	保持供应商服务水平协议（SLA）的良好运行
提高客户满意度	供应商从源头管理质量

从企业战略到供应商绩效管理是一个政策或战略配置的过程。一旦知道公司战略方向及业务重点，就可以设定采购和供应管理重点，随后建立供应商绩效期望。这些绩效期望是供应商绩效管理过程的支柱，也是选择供应商的基础。

二、选择团队

供应商绩效管理（SPM）项目是一个不断变化的管理实施工程，这就意味着需要清晰的计划、高层管理者的支持、与利益相关者不断沟通。需要创建一个团队，其架构要面向整个项目，图 6-1 为 SPM 团队架构。

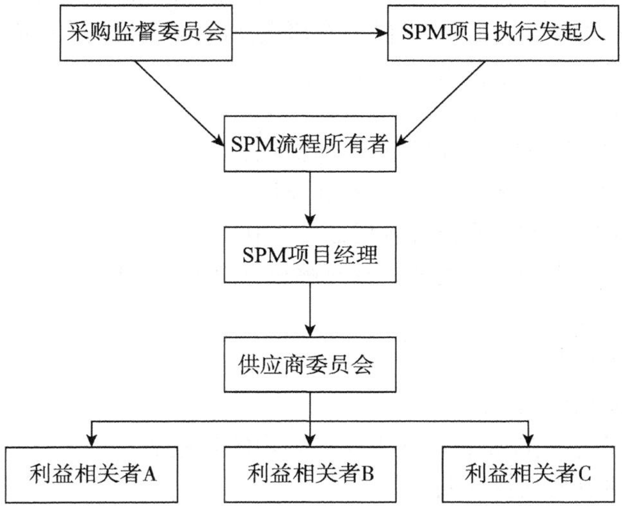

图 6-1 SPM 团队架构

（一）采购监督委员会

供应商绩效评价实施的第一个关键要素是建立一个高水平的采购监督委员会，定期召开会议，以确定优先顺序、监督实施进度，并就采购和供应管理战略或运营战略作出决策。其职责如下。

（1）就供应商管理组织的新流程、政策和技术相关工作，协助高层管理者作出决策。

（2）保证 SPM 项目与公司整体的采购战略、目标保持一致，并且保证有高层管理者的介入。

（3）参与高层管理，与高层管理者沟通并讨论 SPM 项目，报告 SPM 项目的进度、成效和贡献，保证公司对 SPM 项目持续支持和投入资源。

供应商绩效管理通常只是采购监督委员会领导和决策的一个方面。

（二）SPM 项目执行发起人

SPM 项目执行发起人可能是采购监督委员会的成员，甚至可能是一个更高级别的管理人员，他的职责如下。

（1）向高层管理者倡导 SPM 流程。

（2）执行发起人在组织中应该有相应的职位和影响力，确保获得所需的资源，并能作为采购部门与高层管理者沟通的纽带。

（3）保证 SPM 项目和公司战略、目标及指标之间的关联性和一致性。

（4）提供与 SPM 项目相关的有关企业内部问题（如政治问题）的指导。

（5）执行发起人对 SPM 项目实施必要的行政干预，并为 SPM 团队提供指导和支持。

（三）SPM 流程所有者

理想情况下，SPM 并非一个项目，它应该是一个流程，应该有一个供应商绩效管理的流程所有者。

因为 SPM 是一个超越采购或质量管理，涉及多职能的关键流程。SPM 流程所有者需要协调流程所有层面的各种职能和工作行为，还应有权利和能力按需改变流程并管理整个流程周期，以确保绩效管理。SPM 流程所有者与 SPM 项目执行发起人可能是同一个人。SPM 流程所有者的职责可能包括以下内容。

（1）为 SPM 团队提供指导。

（2）为实现 SPM 项目的成功提供组织性知识。

（3）形成对 SPM 项目最佳实践的理解和建议。

（4）协调各种不同的职能及流程各层面的工作。

（5）确保与项目各方的良好沟通、及时解决问题或克服障碍。

（四）SPM 项目经理

SPM 项目经理的职责如下。

（1）选择和管理 SPM 团队。

（2）指导采购部门及在 SPM 流程中受到影响的其他部门。

（3）推进整个项目的交付计划。

（4）确定 SPM 流程的组件、工具及其流程本身。

（5）制订和部署 SPM 项目计划。

（6）管理 SPM 项目的日常活动。

（7）与利益相关者共同投入 SPM 项目。

（8）与 SPM 流程所有者、高级经理、利益相关者等进行内外部的项目沟通。

（五）供应商委员会

SPM 团队落实构建 SPM 系统的细化工作：开发和实施供应商绩效管理流程的所有方面，从供应商绩效期望、流程设计和开发，到持续的流程监督和改进。既然供应商是 SPM 项目开发和配置中重要的利益相关者，很多公司都有一个供应商委员会，在影响供应商的所有事务上得到供应商的支持。

（六）利益相关者

在一个真实、健全的 SPM 项目中，既需要投入，也需要与各种不同的利益相关者合作。不同的利益相关者会从自己独特的视角审视供应商绩效，会对不同采购绩效的企业有不同的看法，利益相关者的介入和支持是很重要的。

利益相关者或许包括：质量部门、财务部门、材料部门、信息技术部门、法律/合同部门、工程部门、产品开发部门、客户服务部门、采购人员以及处理供应商产品和服务的员工，表 6-5 为供应商绩效管理举措过程投入。

表 6-5　供应商绩效管理举措过程投入

利益相关者	特定投入	一般投入
质量部门	供应商质量问题、供应商质量绩效和目标、违规问题、评估战略、纠正措施和持续改进战略、参与选择 SPM 试点供应商、参与供应商开发	绩效期望、绩效指标、期望的产出、商业流程开发、新的工作流程、利益相关者参与设定目标、供应商开发
财务部门	供应商财务问题、支付流程问题、电子商务平台管理问题	
材料部门	供应商供货问题、绩效洞察力、库存问题	
信息技术部门	当前信息系统及其能力、指标数据的来源、新系统的应用、IT 替代者的评估或开发、评估技巧的技术、与供应商的 IT 交互（如电子商务平台或供应商终端）	
法律/合同部门	与供应商的合同类型、合同变更和实施、绩效管理相关的法律问题、供应商解除合同问题	
工程部门	供应商能力、与工程相关的供应商问题、供应商的价值工程	
产品开发部门	确定开发供应商、开发供应商的能力和绩效期望、SPM 指标	
客户服务部门	供应商绩效引起的问题和产生的影响、客户投诉问题	
采购人员	对特定供应商的认识、供应商细分、供应商绩效评估战略、参与选择 SPM 试点供应商	
处理供应商产品和服务的员工	了解供应商优势、引起供应商问题的客户因素、评估技巧、SPM 流程投入	

由于商业类型和规模的不同，SPM 团队的构成也不相同。设定 SPM 项目、组建 SPM 团队的关键点在于项目结构的透明性，其目的如下。

（1）获取并保持高层管理者的支持。

（2）得到所有利益相关者的投入，包括供应商的。

（3）在项目的持续进行中，与利益相关者和高层管理者交流进展和结果。

（4）保证供应商绩效管理过程作为日常工作的一部分，是制度化而非暂时性的。

三、评估流程

明确了团队架构、角色和责任就有必要制订项目计划了，项目计划描述了建立供应商绩效管理系统的核心过程。为得到成功的绩效管理方案，还需要定义一个清晰、强有力的评估流程。这个流程中的绩效管理和改进系统需是闭环的、强大的，并且有潜力得到真实的、可见的投入回报。供应商绩效评估流程如图 6-2 所示。

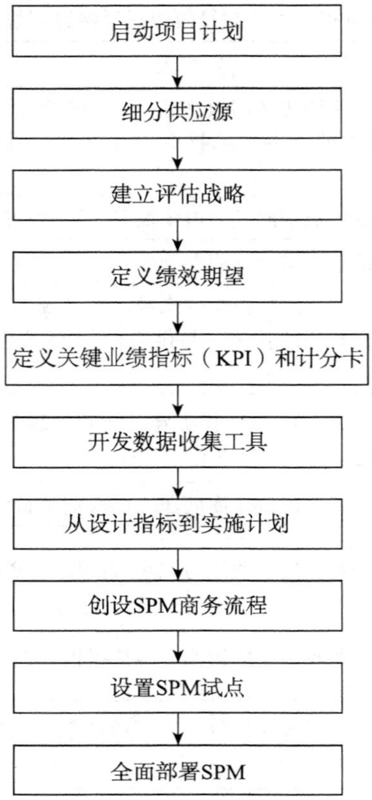

图 6-2　供应商绩效评估流程

供应商绩效管理项目时间轴由于项目实施的实际时间会有所不同，这依赖于项目的范围。

（一）启动项目计划

计划的创设和建议的步骤依赖于对组织战略和目标的极好的理解。在开展项目时要先确定项目团队和项目架构，然后制订计划，并得到团队成员认可。如同所有的计划一样，制订项目计划也是一个反复的、持续的过程，就像经典的持续改进环（计划—执行—检查—再执行），没有终结性。

计划开始之前会有很多未知情况和风险。例如，你或许并不知道有哪些可获得的数据对于建立 KPI 而言是可用的。如果计分卡上的某些数据无法获得，你需要改变思路，或寻找替代方案。问题将随着计划过程的推进而不断显现，计划的细节也会随着计划的展开和完善而日益清晰。

（二）细分供应源

确定要评估的供应商之前，必须细分供应源。这是一个分类评估过程，即把供应商按照诸如依赖性、战略重要性、转换成本以及风险等共同属性进行分类或分组。

供应商细分旨在为供应商管理系统配置恰当的资源，并与关键供应商共同提高供应商的能力和绩效。细分供应源是一个持续的过程，是模棱两可的过程，不必沉溺于此。在供应商绩效评估的实际过程中，细分供应源的成效将得到检验。表 6-6 列出了细分供应源的任务、决定因素和挑战。

表 6-6　细分供应源的要点

任务	决定因素	挑战
定义细分参数	建立对组织有用且合适的参数	定义要评价数据的细分标准，这些数据或许无法获得或最终证明没有意义
实施细分过程	决定商务决策中如何细分这些指标	为作出好的指标细分决策，从供应商处可以获得充足信息
选择并评估供应商	界定需要评估的、最重要的供应商，首选绩效突出的供应商	找到一个供应商期望参与试用的、代表性的界面

（三）建立评估战略

为了奠定评估战略的基准，选出最符合公司环境的评估方法，必须明确任务做出决断，需要回答下面的问题。

（1）信息是直接来源于供应商吗？是源于内部系统吗？是源于内部使用者还是利益相关者？

（2）是否有采集信息的工具，是否需要创造工具。

（3）当前和潜在的信息源的可靠性和准确性如何？

（4）在公司的环境中如何工作？例如，若想从内部的利益相关者得到反馈，公司是否有组织性的纪律和激励机制，以确保在正常的情况下完成对供应商的调查？如何保证调查能够正常地完成？

对于一个服务性组织，如果没有内部商务系统，就无法生成足够的或正确的评估指标，更无法评估供应商绩效。那么，就需要探索一种替代性方法，表 6-7 为建立评估战略的要点。

表 6-7　建立评估战略的要点

任务	决定因素	挑战
回顾、确定评估方法	决定哪一种工具最优：信息邀请书（RFI）、采购者调查法、直接反馈法、供应商评估法、企业评估法	利益相关者参与调查的水平
明确评估的数据源	获得准确、及时的绩效信息的最佳数据源	数据源的可靠性、准确性以及可得性
明确整合的问题/任务	IT 系统信息的可利用性和可得性	数据源的可利用性或可得性； 期望获得的信息可能需要经 IT 整合
计划如何获得评估信息	明确评估数据源	数据源的可靠性、准确性以及可得性； 利益相关者的合作
选择数据采集/调查工具	选择 SPM 数据采集工具，实施利益相关者参与的战略	采集数据的调查方法； 利益相关者的参与水平

（四）定义绩效期望

绩效期望即希望供应商达到的能力以及绩效水平。对于每一项需要评估的供应源细分，都需要描述出最重要和/或最关键的绩效构成。这要从绩效的全局着眼，而不能从实际指标入手。正如应关注质量或客户服务，而不是按时送达或服务电话应答率等特定指标。

理想状态下，供应商的绩效期望应支持采购战略和公司战略。定义了供应商绩效期望，就可以明确与绩效期望相关的特定评估指标。先确定计划的整个框架，再斟酌指标细节。有可能发现找不到或者无法建立期望的特定评估指标，因为目前没有这些指标的信息源，可后续逐步解决，表 6-8 为定义绩效期望的要点。

表 6-8　定义绩效期望的要点

任务	决定因素	挑战
按照细分领域定义最关键的绩效领域	定义每一个需要评估的细分领域	理解全部的商务活动和其对供应商的影响
按照细分领域定义绩效期望	在每一个细分领域内，公司希望供应商具有什么样的商务实践和绩效类型	与商务活动相关的、最佳实践的内部知识
明确符合期望的供应商的评估指标	明确满足每一个期望的潜在评估指标，定义可操作性的评估指标	将绩效期望与可用的评估指标联系起来； 发现或确立评估指标的最恰当、最关键的数据

（五）定义关键业绩指标（KPI）和计分卡

把上一阶段定义的绩效期望进行优化。KPI 和计分卡的选择要有充分的理由，而不能人云亦云，其他公司的 KPI 和计分卡在你的公司未必运行得很好。

明确每一个供应商细分指标后，下一步的任务是决定被评估的不同类别的供应商、不同细分指标绩效的可接受水平，这一水平的基准是绩效期望。

确定合理的指标数量，这个数量既要足以覆盖全部的绩效期望，又不能多到难以跟踪，或者难以与供应商回顾和交流。

指标太多比指标不足问题更多，因为这些指标的获得、跟踪会更加耗时，并且最终可能被证明是没有意义的。

选择了指标，就可以设计计分卡了。计分卡的设计要注意区分不同类别的供应商，直接供应商还是间接供应商，一种模式未必可以满足全部需求。但是也不能构建过于复杂、需要大批开发设计和数据维护团队的计分卡体系。

定义 KPI 的另外一个目的就是将这些指标与供应合同中服务水平的约定结合起来，为计分卡的实施提供支持，使得合同的监管更加容易。表 6-9 列示了定义 KPI 和计分卡时的任务、决定因素以及挑战。

表 6-9 定义 KPI 及计分卡的要点

任务	决定因素	挑战
基于绩效期望，定义指标以及数据源	需要收集哪些指标； 采用哪些数据源； 收集多少个指标； 哪个指标能最准确地指出问题所在	最终收集的指标要么太多、要么太少； 指标获得难度大； 数据不够准确； 指标与预期无关
依据供应商类别设定初始基准和目标	初始基准和目标设立在何处	基准和目标的设定太高或太低； 没有易于追踪的途径和系统
设计计分卡	要设计多少计分卡	确定计分卡的最佳数量，以充分地回顾和交流计分卡
让合同条款与 SPM 指标相匹配	哪些指标包含在供应商的合同中	指标的公开讨论； 相关的法律手段； 审核和执行的资源

（六）开发数据收集工具

在作出 KPI 和计分卡的决策时，也需要决定如何收集计分卡所需要的信息，这意味着要弄清所需信息的来源以及如何获得这些信息。

潜在的数据来源包括公司已经收集的数据，例如，公司信息系统中汇集的信息，用各种调查工具从内部利益相关者以及供应商处直接采集的信息。如果需要调查，还需要决定调查方式和调查工具。表 6-10 描述了开发数据采集工具的任务、决定因素以及挑战。

表 6-10 开发数据采集工具的要点

任务	决定因素	挑战
开发标准问卷	RFI、购买者问卷、供应商即时反馈	利益相关者对问卷的响应性； 良好问卷的专业性
建立恰当的评估模型	供应商评估是否可用	建立稳健模型的内部专业意见
根据需要开发内外部的数据源	数据源是否可得、是否必要，外部软件和服务是否必要	开发需求； 系统输入需要资源支持

（七）从设计指标到实施计划

评估供应商绩效的目的在于揭示潜藏的成本驱动因素和风险，并减少这些成本驱动因素，降低风险，建立供应商合作伙伴关系，找到质量和绩效改进的机会。既然明确了这个目的，就必须将收集数据和信息的计划转变为行动和结果。这个过程需要与供应商交流，包括与其分享成果，策划改进方法，明确纠正措施以及推进供应商合作项目。

一项到位的计划应该细化到采用什么方式、以什么样的频率与供应商回顾绩效成果。一旦为各类供应商设定了绩效基准和目标，应该设立绩效基准和目标完成的奖励机制。

项目开始实施，要有特定的人和程序承担供应商改进和提出纠正措施的任务。当出现重要客户绩效的改进机会并实施改进时，追踪机制及对改进中节约的量化绩效能够被证实并带来收益，要把项目进展持续地向管理层汇报。

行动计划的指标是供应商绩效管理中必要的部分，是影响成功的重要部分，表 6-11 汇总了从设计指标到实施计划的要点。

表 6-11 从设计指标到实施计划的要点

任务	关键决策	挑战
计划与供应商沟通的频率、方式	与哪些供应商沟通以及多长时间沟通一次； 供应商多长时间得到一次绩效信息； 通过人工还是电子方式获得	实现沟通制度化并保持沟通的组织机制
规划认可、奖励以及解除行动	如何应用 SPM 信息	资源、机制、跟进直至成功执行
供应商纠正措施、改建战略和流程	是否会要求供应商基于 SPM 信息改进	如果没有改进计划或流程，SPM 的投资回报就会很少或未知； 实现投资回报； 运用资源配置

（八）创设 SPM 商务流程

要有意识地创设 SPM 商务流程，在心里形成一个清晰的计划，这样就可以清晰地界定系统运行中的角色和责任。把新的程序及流程连同新规则一并归档，并与组织内涉及的全部人员交流沟通，包含任何新的规则和绩效期望的变化。

SPM 的流程、政策和程序都要整合到日常的工作中去，表 6-12 介绍了创设 SPM 商务流程的要点。

表 6-12 创设 SPM 商务流程的要点

任务	关键决策	挑战
确定角色、职责	决定 SPM 团队的额外职责	处理供应商关系管理的技能
建立 SPM 的工作流程	配置 SPM 工作流程的最佳途径	开发资源
内外部的流程交流	谁需要知道； 外部对供应商的影响； 有效的交流方式	利益相关者接受并支持新流程的意愿

参考资料 6-1

有一段时间，波音公司正处理子层供应商问题，因为整个航空业对该领域的重视程度越来越高，子层供应商有很高的质量和安全标准。创设子层供应商评估体系之前，波音公司试图对评估内容达成共识，并先在其供应商质量组织及供应商管理组织中进行试点。

为了避免创设两个相互分离的子层评估体系，供应商经理查尔斯·巴拉德创建了关于评估内容达成共识的商业模式。随后，这种商业模式就变成了一种可以在整个供应链中部署下去的评估模式，其评估结果也可以由供应链或各子层评估体系综合得出。在这个模式中，波音公司的一组供应商共同参与并实施了子层评估体系，每个试点供应商都被要求做出反馈。

波音公司试点项目团队、采购经理和供应商经理在参与评估之前，都接受过软件和子层评估体系的培训，都访问过他们的试点供应商。在每一个试点供应商中，客户公司（波音的一级子供应商）连同客户公司的几个供应商（波音的二级子供应商）都集中在同一个房间里集中召开远程会议。

波音公司介绍了子层评估体系，解释了供应商为什么被评估、如何评估供应商、评估供应商什么内容，软件如何运行等。参与者都同时完成了评估，生成了报告，讨论了结果，并且都做出了反馈，额外的反馈是通过电子邮件问卷征集到的。

部署这个子层评估体系有助于波音公司在全面展开该体系之前就发现问题。另外，试点有助于建立与供应商的合作关系，这些供应商都喜欢快速反馈，都关心其从软件中获得的供应链绩效。

（九）设置 SPM 试点

就像大多数关键的新举措一样，SPM 项目需要一波接一波地推出，而不是根据“大爆炸”理论爆发式实施。由于涉及多重职能和多个利益相关者，开始时取得一些小胜利显得非常重要。

SPM 是一个持续的、迭代的过程。没有必要也不必奢望从实施的第一天开始，就能完成所有的调查，列示所有的指标，让所有的供应商良好地运行。试点是整个项目的缩影，表 6-13 列出了设置 SPM 试点的要点。

表 6-13　设置 SPM 试点的要点

任务	关键决策	挑战
试点目标	组织和供应源的构成	没有太多风险的概念证明
时间轴	收集试点信息需要多长时间	数据采集耗时长或比预期难
选择供应商	跨部门沟通	供应商合作
必要的审查和专门调查	采用大部分的通用数据采集方法或者对试点供应商专门调查	采集的数据要么太宽泛，要么太具体
沟通（内外部）	如何对接内外部利益相关者	缺乏支持或参与度不够
培训试点参与者	培训谁	培训结束后立即使用培训知识
审查、监控结果	试点目标和关键成功要素	试点期间获得的数据没有用处；流程可行性的审查
必要的修正	修正是否必要，对全面铺开是否有影响	优先顺序

试点供应商在检验整个 SPM 流程的时候，也可以检验数据采集技术、新 KPI 和计分卡的应用以及与被评估供应商间的沟通，试点供应商可以检验新的内部和外部软件。试点供应商为检查问卷设计和数据采集工具提供了机会，试点供应商提供了培训流程负责人和高级用户的机会。

选择试点供应商很重要。需要确定有效的、可控的供应商数量，以检验工具和流程。选择 SPM 试点供应商需要考虑的因素如下。

（1）高绩效供应商。它们是合作性的，也希望给予好的投入，与它们的关系是健康的。

（2）涉及较高的利害关系的供应商。这代表了关键性、战略性或成本型的重要供应商，因此，可以在全面铺开之前测试系统。

（3）有较高投入的成本型供应商。

（4）代表不同类型数据和不同绩效数据源的供应商。评估这些供应商可以监测采集数据的方法及其可行性，也是纠正问题的机会。

（5）问题供应商。就是那些需要更高绩效的供应商或出现过问题的供应商。包括处处高调的供应商、难对付的供应商或运行不佳的供应商，它们有助于测试系统，有助于员工应对困难局面。

（6）新供应商。就是那些想与公司巩固关系的供应商。这些供应商希望从你的公司赢得更多的生意。它们更开放、灵活，能够成为新流程完美的、诚实的反馈源。

（7）部分公司优先检验最关键的供应商，这些供应商代表了未来要评估的关键供应商。在试点阶段、在全面铺开之前就能揭示问题，应对危机并固化 SPM 流程，这就会使后续评估更容易部署。

经历过一个给定的试点阶段以后，应该回顾试点供应商的初始目标、关键成功因素，以明确哪些地方需要改变或改进。要从涉及的包括供应商在内的各利益相关者那儿得到反馈。

（十）全面部署 SPM

全面部署 SPM，定义流程并通过试点细化。在这一阶段，沟通很重要，利益相关者需要理解其角色、责任。对于进展和成果的跟踪和沟通、后续跟进有助于验证和保持 SPM 流程，表 6-14 展示了全面部署 SPM 的任务、关键决策及挑战。

表 6-14　全面部署 SPM 的要点

任务	关键决策	挑战
选择分阶段部署的供应商及类别	选择供应商，决定哪些供应商经理应该纳入	—
按要求增加内外部沟通	决定如何有效沟通，与谁沟通	供应商或许不了解 SPM 团队对它们地位的界定
采纳计划	决定是否需要必要的额外培训；确保实行利益相关者支持计划	变革的阻力，主要是内部的阻力
部署供应源	设定监控额外供应商绩效的目标；决定是否需要按照流程做出调整	保持对行动过程指标的关注，将 SPM 整合到日常工作中

与 SPM 流程所有者、SPM 执行发起人以及采购监督委员会的持续沟通保证了 SPM 团队在实施过程中获得支持。对于进展和成果的跟踪有助于验证和保持 SPM 流程，对 SPM 流程在公司内的全部应用是一个比较大的组织性挑战。SPM 流程所有者需要支持和推动应用。总之，成功实施 SPM 流程的关键因素如下。

（1）高层管理者的介入和支持。

（2）与公司和组织目标、意图保持一致。

（3）一个定义清晰、运行良好的流程。

（4）采用 SPM 并将 SPM 整合进日常工作。

（5）在客户组织中与供应商沟通。

（6）保持对行动过程中的指标的关注。

（7）可评估的结果。

参考资料 6-2

沃尔玛所处行业的特点决定了其对供应商绩效考核的关键性。零售业效益提升的关键就是零售资源的抢夺问题，即谁能以最快的速度、最低的成本，将优秀的产品送达给顾客，谁的效益就会提升。所以，供应商管理能力成为零售业发展的核心竞争力。沃尔玛的供应商管理能力体现在设计供应商考核指标、进行供应商等级划分、对供应商进行绩效管理三个方面。

首先，沃尔玛设计了九个供应商考核指标。

第一个指标是陈列单位销售量，也就是说每一陈列单位商品的销售量是多少。这需要非常精细的测量，例如，每一米货架上的商品，一天的销售量是多少，能够带来的毛利是多少，一年的销售总额有多少等。

第二个指标是资金回报比率，也就是沃尔玛把某个地方划给供应商来陈列商品，资金回报比率是多少，这个指标的权重最大。

第三个指标是营业外收入，也就是供应商除主营业务外的收入有多少。

第四个指标是财务收益，供应商在账期内产生的收益有多少。账期天数（沃尔玛和供应商之间结算的天数）和库存天数间存在差异，沃尔玛的商品周转速度越快，供应商的账期就越短。对于供应商来说，只要账期天数大于等于库存天数，它们的考核就合格了。

第五个指标是促进支持频率，也就是对供应商支持促销活动的考核。一般来说，沃尔玛每个月都会有至少两次的促销活动。那么，供应商愿意支持多少个促销单品，就是促进支持频率所要考核的内容。

第六个指标是促销力度，也就是在沃尔玛进行促销活动时，供应商愿意就产品价格进行多大幅度的降价。

第七个指标是商品的质量投诉次数，也就是对供应商商品质量的考核。沃尔玛的理念是“总成本最低”。即商品的销售成本和退货成本的总和最低。商品质量不能让客户满意而引起的退货一样会增加企业的成本。所以，在与供应商的合作中沃尔玛要求可以随时对供应商的商品进行质量检验，同时也要求可以在未经供应商同意的情况下允许第三方对商品进行抽查，这就迫使供应商的商品必须达到一定的质量标准。

第八个指标是送货的缺货次数，也就是判定与供应商是否进行长期合作的评价指标。对于零售业来说，资源就是竞争的砝码，特别是对于畅销商品来说，缺货是面临的最棘手的问题。因此，一家供应商缺货次数的多少对于沃尔玛选择长期合作伙伴也是一个不可或缺的评价指标。

第九个指标是退货期限，也就是沃尔玛对供应商在一定期限内给予退货的配合情况的考核。很多时候，供应商很愿意给沃尔玛送货，而不重视退货。沃尔玛会开出退货通知单，希望供应商能够在 14 天内给予积极配合。于是，退货期限内，供应商的配合情况，也就成了一个考核指标。

实际上，沃尔玛还制定了供应商守则对合格供应商资格进行界定。只要在供应商中发现雇佣童工、体罚及殴打员工等现象，该供应商资格就会被一票否决。

其次，沃尔玛会对供应商进行等级划分。

考核分数在90分以上的，可以划为A类供应商，表示其业绩优秀。考核分数在76~90分的，划为B类供应商，表示其业绩合格。考核分数在60~75分的，可以划为C类供应商，表示其业绩还需要改进。考核分数在60分以下的，就要划为D类供应商了，这部分供应商的业绩基本不合格。

最后，沃尔玛会根据考核结果，对供应商进行绩效管理。不仅停留在考核本身，根据考核的分数，划分完等级之后，沃尔玛还要对不同等级的供应商进行绩效的管理。

对于A类供应商，也就是所谓的优秀供应商，沃尔玛提供一系列优惠的政策，以此激励更多的供应商更加努力，争取得到这些优惠，例如，优先考虑优秀供应商商品摆放的位置，对优秀供应商商品放置通道的费用进行减免，对优秀供应商开放相关数据，增加对优秀供应商的订单数量等。对于B类供应商，也就是所谓的合格供应商，按照原先的正常程序进行。对于C类供应商，其商品放置通道的费用会进行加收，订单数量也会相应减少，其商品摆放的位置也不会特别好，但是，为了提高它们的业绩，沃尔玛还为其组织专门的培训。对于D类供应商，它们就有被替代的风险，很有可能被淘汰。

对于任何行业的企业来说，从整个产业价值链入手，抓其关键环节，进行绩效管理，都是非常必要的。比如，在零售业的产业价值链当中，其关键环节就在于零售商和供应商的博弈，也就是零售商和其上游企业之间的关系。因此，就有必要对供应商的绩效进行管理。

第三节 供应商绩效考核指标体系

虽然，采购和供应链绩效评估系统代表了一种正式的监控和评估采购绩效的方法，但是，往往很难指导员工按预期目标履行职责。一些企业仍然依赖那些不能支持，甚至破坏长期绩效目标的考核指标。例如，从供应商处获取较低的价格仍然是一些价格/成本的绩效考核指标体系中的重要目标。然而，如果采购商持续通过各种方法在供应商处得到短期的价格削减，那么供应商是否有资金来源或是否愿意就长期绩效改善进行投资将是供应商持续经营的决定性因素。

一、制定绩效考核指标原则

（1）客观，每种考核指标都应尽可能客观。考核系统应依定量数据评定指标而不是靠感觉评价。主观评价会使评价人与履行绩效目标的个人或团队产生冲突。

（2）清晰，员工必须明白绩效标准的要求，认同与考核指标相关的绩效目标，并懂得如何达到这种考核指标，以便引导绩效行为按要求达到的方向发展，并使误解最小化。只有直接的、清楚明确的考核指标才能得到理解。

（3）成本可获得性，生成和收集所需数据的成本不应该超过使用该方法所获得的利润。

（4）创造性，关于考核指标体系有一个理解的误区，就是认为应该对每项可能的活动都进行考核，但如果这样会抑制个人创造力的发挥。如果考核指标对个人行为的控制过于紧密，系统会消除个人发挥创造力的空间。成功的体系不仅要考核最重要的方面，还要鼓励个体发挥主动性和创造力。这可能意味着，体系要包含 5 种或 6 种重要的定义清晰的考核指标，而不是 25 种模糊的考核指标。

（5）直接与企业目标相关，采购与供应商绩效管理的目标是建立在支持企业目标的基础之上的，必须同企业目标一致。

（6）联合参与，即负责达到每种考核指标的人员都应该参与考核指标内容的制定和考核指标绩效目标的制定。这样有利于从负责达到考核指标的人员那里获得支持。

（7）实时变化，实时变化的动态系统是一种管理层用来进行定期回顾的系统，以确定现有考核指标是否仍支持采购部门的最终目标和具体目标，是否需要新的考核指标，或者是否需要更新绩效标准或具体目标。

（8）不可操纵性，即员工不能随意影响绩效考核结果（即考核指标是防欺诈的）。理想情况下，负责达到考核指标的工作人员不能同时负责向汇报系统提供数据。一般地，通过自动化或计算机化的系统输入数据的考核指标体系可以减少对数据的人为操纵。

二、供应商绩效考核指标

供应商绩效考核指标体系是指对供应商达到各种要求的状况进行计量评估的评估体系，同时也是综合考核供应商的品质与能力的体系。不同类型、不同规模的企业对供应商的考核指标体系也不同，同时，不同行业对供应商的要求也不尽相同。

一个企业应根据不同供应商制定不同的评分要求，以便更好地管理和正确地评估供应商。现实中存在着成百上千种采购与供应链绩效考核指标。通过汇总大量单独的考核指标得出如下指标。

首先是大部分企业供应商绩效考核指标体系都包含的基本的质量指标、交付指标、价格指标和服务配合指标，此外还有技术创新指标、共同改进与参与开发指标、收入考核指标、管理体系指标、其他支持指标、环境与安全指标和政府与社会指标等。

（一）质量指标

该考核指标表示任何特定产品、组件或服务可允许出现次品的最大数量或水平。

质量始终是企业关注的重点之一，相应的指标包含来料批次合格率、来料抽检缺陷率、来料在线报废率、来料免检率、特采率、售后故障率和质量改进状况等。

其中售后故障率用于监控售后产品绩效，管理售后支持成本，并通过追踪故障根源为改善供应商绩效、改进产品设计和寻求新设计方法提供支持。在一些行业（如设备租赁行业）中，该考核指标是考核客户满意度的关键指标。

（二）交付指标

该指标用来说明供应商可以满足客户计划需求的程度。其中关键要素包括：准时交付率、交付差异时间、交付差异率等，用来评估实际交付时间同约定时间的差异程度。

交付周期是自订单开出之日到收货之日的天数，缩短交付周期指通过消除延迟及持续改进交付质量来缩短交付周期。缩短交付周期可以缩短实现投资平衡的时间，加快产品投入市场的速度。

由于市场千变万化，供应商对于订单变动的接受程度与应对订单变动的反应速度，以及应对订单变动的态度都会给企业带来影响。可用订单变化接受率考核供应商。

（三）价格指标

虽然企业日益关注成本与价格的比较，但价格指标依然很受欢迎，特别是对那些缺乏详细成本数据的企业来说，在采购标准化产品、零部件、系统时也经常使用价格指标。

常用的价格指标包含：价格水平（同采购商所掌握的市场行情比较）；报价是否及时，报价单是否客观、具体、透明；付款条件难易程度。供应商在降低成本（降本）方面的行为考核指标包括：降低成本的态度及行动，消化涨价的能力，成本降低程度，分享降价成果。

参考资料 6-3

底特律汽车供应商的销售代表一直都抱怨戴姆勒-克莱斯勒公司（以下简称“克莱斯勒”）施加的降低成本的压力，这不利于汽车供应商和汽车制造商之间的合作关系。20 世纪 90 年代，克莱斯勒对因供应商提供的建议而获得的成本节约进行了广泛的考核。面对低销售量、高折扣成本和新车投放的高成本，克莱斯勒宣布：克莱斯勒每季度的损失为 6 亿美元。一个和克莱斯勒有 3 亿美元交易量的供应商现在也必须再额外节省 300 万美元，而且很多供应商已经开始在极低利润水平边缘徘徊。

此前的克莱斯勒因与供应商建立的密切合作关系而闻名，并在联合开发新产品从而降低制造成本方面获得了热烈的反响。通过这种战略，到 1998 年，克莱斯勒成了世界上成本最低、单位产品利润最高的制造商之一。

一个抱怨绩效指标发生变化的供应商代表表示，如果这一趋势继续的话，他的公司将把最好的技术推销给其他汽车制造商，而这也将给克莱斯勒带去无法承受的成本。

（四）服务配合指标

服务配合指标可分为支持与合作两方面。供应商的支持与合作情况，是影响采购工作的重要部分。相应的考核指标有：是否将本公司看成是重要客户，是否重视本公司的要求；对订单、交货、质量投诉等的反应和处理速度，是否及时处理退货；是否有合适的人员与本公司沟通，沟通手段是否符合要求；处理问题的有效性，答复是否完整；补救措施是否满意。

（五）技术创新指标

该指标包括供应商的技术开发能力、技术创新和投入能力，产品设计能力，技术问题的反应能力等。

（六）共同改进与参与开发指标

供应商早期参与可以有效缩短新产品技术开发时间和上市周期，对于新产品占领市场、提高市场占有率、提高收益有很大帮助。

相应的考核指标有：供应商对本公司新产品、新技术开发的支持；是否积极参与本公司相关的质量、供应、成本等改进项目，推行新的管理做法；是否积极组织参与本公司召开的供应商改进会议；是否主动解决或预防问题。

（七）收入考核指标

收入考核指标能够证明采购与供应战略及行动对公司收入的影响。对采购与供应收入绩效进行考核之所以重要，是因为它将采购和战略与收入因素联系到一起。然而，实际使用收入考核指标的公司相对较少，这是因为很多公司还没有确切认识到采购与供应绩效能给收入增加带来什么样的贡献。

例如，通过采购与供应管理能够使公司早于其他公司发现新的供应商策略，然后采取行动，取得独有优势，给消费者带来价格优惠，提高市场占有率。

公司将同供应商联合开发的技术卖给其他客户可获得技术使用费、专利费等收益。供应商积极配合，及时推出新产品，使该产品在第一时间以高利润的价位抢占市场，为公司带来收入增长。

（八）管理体系指标

管理体系指标是指对供应商的管理运作体系进行评估的指标，评估通常包括相关认证评估和内部管理评估两部分。

相关认证评估需要根据不同行业的供应商来具体实施。

内部管理评估是指采购商定期在供应商现场审核管理体系进行的评估。可能是定期评估，也可能是发生了多次品质抱怨无改善或发生重大品质问题后进行的全面评估。

（九）其他支持指标

其他支持指标涉及内容较多，如是否积极提供本公司要求的新产品报价与样品；是否妥善保存与本公司相关的文件等并不予泄露；零星订货保证；是否保证不与影响到本公司切身利益的相关公司或单位进行合作；是否积极安排本公司提出的有关参观、访问事宜等。

另外还有环境与安全指标和政府与社会指标等。上述指标较多，而供应商绩效考核指标体系中的指标不宜过多，因为指标过多会增加考核难度，分散考核重点，企业应根据自身战略、目标、行业特点、发展阶段等选择适宜的指标，建立相关考核指标体系。表6-15展示了供应商绩效考核指标。

表 6-15 供应商绩效考核指标

指标	指标内容
质量指标	来料批次合格率＝合格来料批次/来料总批次×100%； 来料抽检缺陷率＝抽检缺陷总数/抽检样品总数×100%； 来料在线报废率＝来料总报废数/来料总数×100%； 来料免检率＝来料免检的种类数/该供应商供应的产品总种类数×100%； 特采率； 售后故障率； 质量改进状况
交付指标	准时交付率＝按时按量交付的实际批次/订单确认的交货总批次×100%； 交付差异时间、交付差异率； 交付周期：自订单开出之日到收货之日的天数； 订单变化接受率＝订单增加或减少的交货数量/订单原订的交货数量×100%

续表

指标	指标内容
价格指标	价格水平； 报价是否及时，报价单是否客观、具体、透明； 付款条件难易程度； 降低成本的态度及行动； 消化涨价的能力； 成本降低程度； 分享降价成果
服务配合指标	是否将本公司看成是重要客户，是否重视本公司的要求； 对订单、交货、质量投诉等的反应和处理速度，是否及时处理退货； 是否有合适的人员与本公司沟通，沟通手段是否符合要求； 处理问题的有效性，答复是否完整； 补救措施是否满意
技术创新指标	供应商的技术开发能力、技术创新和投入能力，产品设计能力，技术问题的反应能力
共同改进与参与开发指标	供应商对本公司新产品，新技术开发的支持； 是否积极参与本公司相关的质量、供应、成本等改进项目，推行新的管理做法； 是否积极组织参与本公司召开的供应商改进会议； 是否主动解决或预防问题
收入考核指标	销售联合开发技术的技术使用费、专利费等； 供应商对新业务、新产品的贡献等
管理体系指标	相关认证评估； 内部管理评估，评估其管理体系是否完整、有效，是否具备合理性、健全性、高效性的运作机制
其他支持指标	是否积极提供本公司要求的新产品报价与样品； 是否妥善保存与本公司相关的文件等并不予泄露； 零星订货保证； 是否保证不与影响到本公司切身利益的相关公司或单位进行合作； 是否积极安排本公司提出的有关参观、访问事宜等
环境与安全指标	环境和安全目标的实现情况； 是否通过了环境认证
政府与社会指标	可持续性和社会责任； 少数民族、妇女等社会考核指标

为每种考核指标制定相应的绩效目标十分重要。明确的目标可以将期望的最终绩效目标和具体目标量化。绩效目标必须现实，意味着考核指标的实现具有挑战性，但又是可以通过努力实现的。

第四节　供应商绩效考核后的处理

绩效考核中很多问题都源于采购商和供应商之间的沟通交流不充分，包括：考核要求，考核指标的目的，考核指标的计算、衡量方法和应用，奖励机制以及考核指标的结果等问题。

如果拥有清晰的、约定的绩效衡量规则，供需双方就对方需求形成共识，构建了良好的沟通系统和相互的反馈机制，那么供应商的态度就能得以改善，其绩效就能得到提高。

一、供应商绩效考核反馈

建立沟通和反馈绩效期望要求的框架和流程，才能实现与供应商的目标一致性。

（一）正式的绩效反馈

1. 计分卡分享

采用计分卡考核供应商需要定期查看评分结果（最少是月度或季度），具体时间根据供应商的重要程度、供应商问题严重程度以及绩效考核周期长短确定，表 6-16 列示了采购商不愿与供应商分享计分卡的问题和建议。

表 6-16　采购商不愿与供应商分享计分卡的问题和建议

问题	建议
考虑到计分卡的数据不准确或站不住脚	审核数据源，开发其他途径以净化数据
不确定计分卡上的指标是否有用	审查指标是否与绩效期望和目标相关
采购商计分卡太多，担心是否有足够的时间和资源来与供应商讨论计分卡	核查评估的是否是正确的供应商，评估内容是否太多；反馈流程需要系统化
计分卡指标太多，但有意义的不多	减少指标的数量，只保留最相关和最重要的指标
缺乏应用计分卡评分结果的措施和行动，分享显得毫无用处	建立基准、目标和行动体系；紧随评分结果开展行动
不清楚如何使用计分卡	重新思考指标体系，组织考核培训

2. 供应商绩效或业务评估会议

考核关键的、战略的和主要的供应商，要召开正式的绩效或业务评估会议。业务评估要比绩效回顾讨论更多的话题，参与讨论的包括合作伙伴、产品研发部门或联盟供应商。与供应商一同协调当前的业务优先级，讨论技术发展方向，分享新的商业机遇，探讨未来趋势、需求、目标以及整个商业战略。

绩效评估是整个业务评估会议的一部分。需讨论的相关绩效问题包括：绩效评估、目标设定、可接受/不可接受的绩效水平以及良好绩效的奖励，也包括未能实现绩效目标的后果以及实现目标的进程。绩效评估会议也是讨论改进行动和持续改善计划的一个很好的机会。

（二）非正式的绩效反馈

实际上有很多非正式的绩效反馈路径。在注意到供应商的改进或者良好服务时，给供应商打电话可以表明对该供应商的重视以及对其所做努力的关注。

并不是所有的绩效反馈都是积极的，有些不可避免出现的问题也需要讨论。假如发生了一些不愉快的事情，最好更加关注如何避免问题的重复出现，而不只是关注问题本身，积极做好分内工作并帮助供应商消除障碍。

二、供应商激励

（一）供应商分层管理

根据供应商的综合考核得分对供应商进行级别划分，可将供应商划分为风险共担供应商、合格供应商和问题供应商三个级别。如表 6-17 所示。企业需要根据所划分的级别及时改进与供应商的合作策略，解决市场变化带来的问题，避免损失及规避风险。

表 6-17　供应商分层管理

综合考核得分	供应商分层管理说明
综合考核得分大于 85 分	为风险共担供应商，应继续加强合作关系，实现双赢
综合考核得分为 70～85 分	为合格供应商，应逐步改进、优化合作关系，向成为风险共担供应商方向努力
综合考核得分小于 70 分	为问题供应商，应视情况调整合作策略： 若该级别供应商为垄断性质供应商，企业应改善与供应商之间的关系，努力向成为合格供应商或风险共担供应商方向努力； 若该级别供应商为非垄断性质供应商，则应根据合作情况决定舍弃与否，并积极引入其他供应商

（二）有效激励供应商

根据绩效考核的评估结果，对供应商实施有效激励，有利于增强供应商之间的适度竞争，通过对供应商的动态管理，提高供应商的服务水平。

1. 供应商激励标准

激励标准是对供应商实施激励的依据，制定对供应商的激励标准需要考虑以下因素。

（1）企业采购的种类、数量，采购频率，采购政策，货款的结算政策等。

（2）供应商的供货能力，如可以提供的物品种类、数量。

（3）供应商所属行业的进入壁垒。

（4）供应商的需求，重点是现阶段供应商最迫切的需求。

（5）竞争对手的采购政策、采购规模。

（6）是否有替代品。

2. 激励的方式

按照实施激励的手段不同，可以把激励分为两大类：正激励和负激励。正激励，就是根据供应商的绩效考核结果，向供应商提供的奖励性激励。负激励则是对绩效考核较差的供应商提供的惩罚性激励。不同的激励方式表现形式见表 6-18。

表 6-18 不同的激励方式表现形式

激励方式	表现形式
正激励	1. 延长合作期限，增强供应商业务的稳定性，降低其经营风险； 2. 增加合作份额和采购数量，提高营业额，提高供应商获利能力； 3. 增加采购的物品种类，降低供应商一次性送货成本； 4. 提升供应商级别，增加竞争力； 5. 颁发证书或锦旗，增强供应商的美誉度和市场影响力； 6. 现金或实物奖励
负激励	1. 缩短合作期限，即单方面强行缩短； 2. 减少合作份额； 3. 减少采购的物品种类； 4. 业务扣款； 5. 降低供应商级别； 6. 依照法定程序对供应商提起诉讼，用法律手段解决争议或提出赔偿； 7. 淘汰，即终止与供应商的合作

需要特别注意的是，企业在对供应商实施负激励之前，要查看该供应商是否有款项尚未结清，是否存在法律上的风险，是否会对企业的生产经营造成重大影响，避免因负激励而给企业带来麻烦。

3. 激励的确定与实施

激励由企业的供应商管理部门根据供应商绩效考核结果提出，由部门经理审核，报分管副总经理批准（涉及法律程序、现金及实物奖罚、证书和锦旗的激励报企业总经理审批）后实施。

对供应商实施激励之后，要高度关注供应商的行为，尤其是受到负激励的供应商，观察它们在实施激励前后的变化，将其变化作为评价和改进供应商激励方案的依据，以防出现各种对企业不利的问题。

管理办法范本 6-2

××公司关于供应商激励及惩处办法

1　目的

为调动本公司的供应商的积极性，规范供应商激励和惩处流程，特制定本办法。

2　适用范围

凡与本公司合作的供应商均适用。

3　激励作业程序

3.1　获得激励的前提条件。经供应商绩效考核和供应商评估后，对供应商进行评分、评级（从高至低分别为 A 类、B 类、C 类、D 类、E 类），对 A 类供应商进行适当的奖励（激励）。

3.2　被激励的对象。可以是企业（即供应商），可以是部门（即供应商的某个部门)，也可以是个人(即供应商中的管理人员或一线员工)。

3.3 激励目标。主要是通过某些激励手段调动供应商的积极性，兼顾供需双方的共同利益，消除由于信息不对称和其他行为带来的风险，使供应链的运作更加顺畅，实现供应链企业共赢的目标。

3.4 激励方式。

3.4.1 价格激励。获此奖励的供应商，享有比同类供应商更优惠的订单报价。

3.4.2 订单激励。获此奖励的供应商，本公司可适当增加订单量。

3.4.3 商誉激励。获此奖励的供应商，本公司可颁发优秀供应商证书，并通过不同渠道予以表扬。

3.4.4 信息激励。获此奖励的供应商，可与本公司共享新产品开发、新技术交流以及双方的运行状况等信息。

3.4.5 战略合作。获此奖励的供应商，可与本公司长期合作，建立战略同盟，享有3.4.1~3.4.4所有奖励。

3.5 激励举措。

3.5.1 A类供应商，可优先取得交易机会。

3.5.2 A类供应商，可优先支付货款或缩短票期。

3.5.3 A类供应商，可获得品质免检或放宽检验机会。

3.5.4 提出价格合理化提案的供应商，品质管理、生产技术改善推行成果显著的供应商，另行奖励。

3.5.5 A类、B类、C类供应商，可参加本公司举办的各项训练与研习活动。

3.5.6 A类供应商年终可获本公司“优秀供应商”奖励。

4 惩处作业程序

4.1 获得惩处的前提条件。经供应商绩效考核和供应商评估后，对供应商进行评分、评级(从高至低分别为A类、B类、C类、D类、E类)，对B类、C类、D类的供应商进行惩处，对E类的供应商实行淘汰。

4.2 被惩处的对象。通常是企业(即供应商)。

4.3 惩处目标。主要是通过某些惩处手段唤起供应商的积极性，通过考核淘汰机制的建立，逐步确定一支相对稳定且诚实守信、质优价廉、服务优良的供应商队伍。

4.4 惩处方式。

4.4.1 凡因供应商提供产品品质不良或交货期延误而造成的损失，由供应商负责赔偿。

4.4.2 C类、D类的供应商，应接受订单减量、各项稽查及改善辅导措施。

4.4.3 E类供应商应停止交易，予以淘汰，三年内不列入潜在供应商名单。

4.4.4 D类供应商三个月内未能达到C类以上供应商的标准，视同E类供应商停止交易，予以淘汰，三年内不列入潜在供应商名单。

4.4.5 因上述原因停止交易的供应商，如欲恢复交易需重新调查考核，并采用逐步加量的方式交易。

4.4.6 信誉不佳的供应商应酌情作延期付款惩处。

以上规定，自核准之日起生效。

本章小结

1. 供应商绩效评估流程为启动项目计划、细分供应源、建立评估战略、定义绩效期望、定义关键业绩指标（KPI）和计分卡、开发数据收集工具、从设计指标到实施计划、创设 SPM 商务流程、设置 SPM 试点和全面部署 SPM。

2. 大部分企业供应商绩效考核指标体系都包含基本的质量指标、交付指标、价格指标和服务配合指标，此外还有技术创新指标、共同改进与参与开发指标、收入考核指标、管理体系指标、其他支持指标、环境与安全指标和政府与社会指标等。

3. 供应商绩效考核反馈包括正式的绩效反馈（计分卡分享、供应商绩效或业务评估会议）和非正式的绩效反馈。

4. 供应商激励分为正激励（延长合作期限、增加合作份额、提升供应商级别、现金或实物奖励等）和负激励（缩短合作期限、减少合作份额、减少采购的物品种类、业务扣款、降低供应商级别、提起诉讼、淘汰供应商等）。

综合案例分析

工业用品公司（IPC）的包装采购经理玛吉正在考虑，明天将如何面对本公司的大供应商 Branco（布兰科）公司的厂长。过去三个季度，Branco 的质量等级在持续下滑。为保证将来不出问题，玛吉必须获得厂长的协助。

IPC 是一个实施多元化经营的制造企业，其产品遍及工业品市场和消费品市场，共有员工约 1100 人。公司的年销售额为 1 亿美元，长期保持着良好的经营绩效。

IPC 的成功与其严把质量关的采购过程分不开。供应商与 IPC 车间的良好协作在避免减产方面功不可没。IPC 的生产人员与供应商销售代表直接沟通，一旦车间出现与供应商产品有关的问题，有关的生产人员就会填写一份不一致情况报告，并立刻传真通知相应的销售代表。销售代表必须传真回来一份标准的反馈表，说明问题原因和解决方案。

不一致情况报告中的供应商偏差材料必须寄送给所有的采购经理。采购经理助理对这些材料进行编辑整理，并和其他供应商绩效评价信息，如交付数量准确率、按时送货率、文书工作准确率等记录在一起。各采购经理每季度都会用收集的信息来评定供应商等级，所有供应商绩效记分标准都一样，如表 6–19 所示。

表 6–19　供应商绩效记分标准

质量		
项目	分值	标准
被拒绝与不一致的送货	4	没有发生过被拒绝与不一致的送货。
	3	被拒绝与不一致的送货比例不超过 5%。
	2	5%≤被拒绝与不一致的送货比例<10%。
	1	10%≤被拒绝与不一致的送货比例<20%。
	0	被拒绝与不一致的送货比例≥20%。

续表

项目	分值	标准
加工能力	4 3 2 1 0	从所有送货批量中抽取样本/数据，超出控制限度的样本/数据比例不超过 1%。 从 90%~99%送货批量中抽取样本/数据，超出控制限度的样本/数据比例不超过 5%。 从 80%~90%送货批量中抽取样本/数据，5%~10%的样本/数据超出控制限度。 从 70%~80%送货批量中抽取样本/数据，10%~20%的样本/数据超出控制限度。 从不超过 70%送货批量中抽取样本/数据，超出控制限度的样本/数据比例大于 5%
交付		
项目	分值	标准
数量	4 3 2 1 0	数量全部正确（可容忍范围内）。 不正确的交付批量比例不足 5%（可容忍范围内）。 5%≤不正确的交付批量比例<10%（可容忍范围内）。 10%≤不正确的交付批量比例<20%（可容忍范围内）。 不正确的交付批量比例≥20%
时间	4 3 2 1 0	所有交付批量均准时（可容忍范围内）。 无法容忍的交付批量比例不足 5%。 5%≤无法容忍的交付批量比例<10%。 10%≤无法容忍的交付批量比例<20%。 无法容忍的交付批量比例≥20%
文书工作	4 3 2 1 0	没有漏记批量数目、包装表列、其他所需文书。 不足 5%的交付批量比例被错记。 5%≤被错记交付批量比例<10%。 10%≤被错记交付批量比例<20%。 被错记交付批量比例≥20%
交付条件	4 3 2 1 0	所有交付批量都在期望条件下收到。 有垫衬被损、包装不全或纸箱破损的交付批量比例不足 5%。 5%≤有如上损坏的交付批量比例<10%。 10%≤有如上损坏的交付批量比例<20%。 有如上损坏的交付批量比例≥20%
持续改进		
项目	分值	标准
改正行为	4 3 2 1 0	针对不一致情况报告，供应商做出反应及实施改进用时不超过 30 天。 针对不一致情况报告，供应商做出反应及实施改进用时在 31~60 天。 针对不一致情况报告，供应商做出反应用时不超过 30 天。 针对不一致情况报告，供应商做出反应用时在 31~60 天。 超过 60 天无反应
单位成本、提前期与批量规模	4 2 0	单位成本、提前期与批量规模稳定。 单位成本、提前期与批量规模有较少波动。 单位成本、提前期与批量规模有较大波动

IPC 标准及其记分系统只在公司内部使用，用以反映 IPC 管理部门认为重要的供应商绩效的评价内容。供应商会收到一份打分标准，因此它们完全清楚自己会得到怎样的评价。每季度末，它们还会被告知自己所处的等级。IPC 有很详细的文件记录，其中既有供应商活动又有对标的差异。

分级标准包括三类：质量、交付和持续改进。其中，质量的比重最大——占总分的 50%。每类别包含许多项目，根据供应商在各个项目上的表现分别打分，然后再加权计总。季度终了的绩效分级便源于各类别得分的加总，供应商的最高成绩是 4 分。当总分为 3 分时，就算是达到能被接受的最低标准了。表 6-20 所示为得分表示例。

表 6-20　得分表示例

类别	项目描述	细项得分	细项权重	类别得分	类别权重	总得分（保留两位小数）
质量	被拒绝与不一致的送货	3	0.65	1.95	—	—
	加工能力	2	0.35	0.70	—	—
				2.65	0.50	1.33
交付	数量	4	0.30	1.20	—	—
	时间	4	0.30	1.20	—	—
	文书工作	4	0.20	0.80	—	—
	交付条件	4	0.20	0.80	—	—
				4.00	0.30	1.20
持续改进	改正行为	3	0.50	1.50	—	—
	单位成本、提前期与批量规模	0	0.50	0.00	—	—
				1.50	0.20	0.30
总计						2.83

玛吉在过去的三个季度里一直关注着 Branco。尽管每一季度发生的问题 Branco 都解决了，但下一季度的问题往往更多。因此，Branco 的绩效评定等级一季不如一季。在最近这个季度终于降到可接受最低标准 3 分以下。当 Branco 的销售代表朗尼收到等级表后，立即打电话给玛吉，并开始关心这个问题。他们一致认为，必须立刻召开会议，IPC 的生产经理比尔和 Branco 的厂长乔必须出席，他们决定在 IPC 召开这次会议。

Branco 是 IPC 包装纸箱的供应商，磨料产品包装纸箱是一个非常规尺寸的和需要自定义规范的产品。因此，Branco 需定制生产业务以满足 IPC 的独特需求。也就是说，Branco 已经成为 IPC 唯一的定制包装纸箱供应商。因此，IPC 定制产品不能很容易或者很快找到一个不同的供应商。Branco 每天向 IPC 交付，其对于 IPC 的年度销售额达到 28 万美元。IPC 和 Branco 之间的关系已经持续了很长一段时间。

请结合所学知识分析以上案例。

第七章　供应商关系管理

学习目标

1. 了解供应商关系类型。
2. 理解供应商关系的生命周期和发展阶段。
3. 掌握供应商关系的评估和改进。
4. 明确合作伙伴关系的建立方法。
5. 了解供应商关系的冲突管理、衰退与终止。

知识要点导图

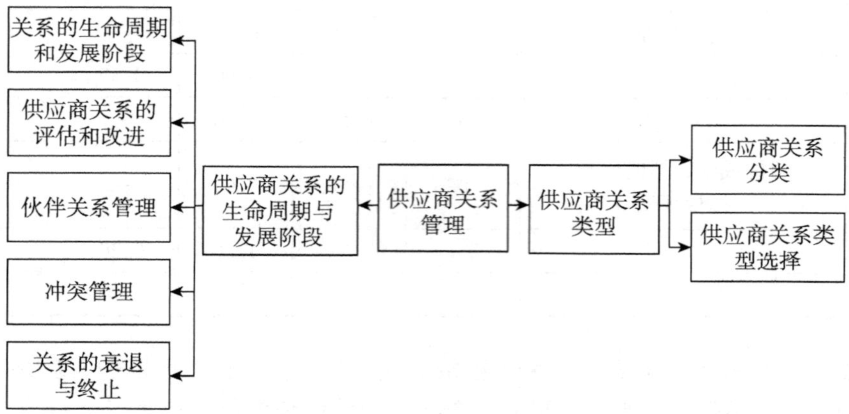

导入案例

美国的波音公司是规模巨大的航空航天公司、民用和军用飞机制造商。波音公司也是美国航天航空局（NASA）的最大的承包商，运营着航天飞机和国际空间站，是国防、太空飞行和运载火箭发射领域的全球市场领导者。此外，波音公司设计并制造旋翼飞机、电子和防御系统、导弹、卫星、发射装置以及先进的信息和通信系统。波音公司还提供军用和民用航线支持服务，其客户分布在全球 140 多个国家和地区。就销售额而言，波音公司是美国最大的出口商之一。波音公司非常重视分布在全球供应商中的人才，他们技术娴熟，经验丰富，为波音公司产品与服务的成功与进步贡献着力量。波音公司素来有着创新的传统，波音公司需要不断扩大产品线和服务范围，满足客户的最新需求，包括开发更高效的新机型，通过网络整合军事平台、防御系统和战斗机，研发先进的技术解决方案，制订创新型的客户融资方案。波音公司目前主要发展民用飞机方面的业务，在全球的运输中起着重要的作用。

我们可以通过考察波音公司商用飞机的业务情况来分析供应商关系在其全盘业务中的重要性。该公司多年来一直把重点放在性能卓越的喷气机系列机型上，尽管那些飞机是由波音公司设计和制造的，但实际上全球的供应商们都为之作出了重要贡献。长期以来，波音公司与日本的四家飞机制造公司建立了良好的合作关系。要想了解波音公司与上述日本供应商的关系，需要从几十年前讲起。当时，波音公司在日本第一次试销飞机，当时的日本政府提出了附加条件，内容是波音公司必须把某些有关的零配件制造业务承包给日本公司。为了打开和占领日本市场，波音公司的管理者接受了这个条件。

这就使双方进入一个动态的策略变化过程，最终导致了双方目前严重的相互依赖关系。到 20 世纪 90 年代末，零部件外购的成本占了一架飞机总价值的 50%。事实上，日本这四家公司在宽体喷气式飞机的机体中已贡献了将近 40%的价值，使用的专业技术和工具在许多方面都是全球领先的。

这是一种双赢的伙伴关系，双方都是大赢家，日本人购买了大量的飞机，帮助波音公司成为全球主导的商用飞机公司。同时，与波音公司的合作也使日本的制造厂家改进了它们的技术能力，从而增加了它们对波音公司和世界范围内其他生产商的吸引力。尽管波音公司对其供应商有很大的依赖性，但波音公司的管理层相信，波音公司的系统设计能力和整合技术可以防止任何供应商或若干供应商联合起来从波音公司那里夺走行业的控制权。

第一节　供应商关系类型

一、供应商关系分类

供应商关系在紧密程度、互惠性、信任度以及专注度方面差异甚大，大致分为以下几种。

（一）对抗性或竞争性关系

对抗性或竞争性关系中，每一方都试图为自己争取最优结果，必要时以牺牲另一方为代价。双方都不考虑对立方式对于未来潜在交易的影响，因为无论如何，采购商都会找很多其他的供应商来刺激竞争。

即使采购商过于强势，和一个供应商谈崩了，还会有其他供应商继续与采购商接触、谈判，可以称之为一种潜在的“非赢即输”局势，例如，采购商通过挤压供应商的利润率获得最低价格，或者供应商通过偷工减料来提高利润率。这类关系是“交易型”的，而非“关系型”的。

对抗性或竞争性关系的特点如下。

（1）缺乏信任，因此很少共享信息。

（2）着眼于一次性或短期交易。

（3）利用优势和谈判来获取最有利的交易结果（甚至为此损害对方利益以及长远关系）。

（4）严格按合同条款行事（对于质量或改进事务不分担责任）。

（5）缺乏合作，或者没有认识到双方利益共享的好处。

对抗性或竞争性关系多用于例行采购的多供应源搜寻、强势谈判、签订短期采购合同，对于供应商没有独特能力的要求。

（二）合作性或协作性关系

各方有意识建立长期、互惠的持续性交易关系。其战略要点在于采购商和供应商不仅分享共同利益，还通过寻求供应链增值的方法来获益。就是“把蛋糕做大”形成一种双赢局面，采购商、供应商以及最终客户都能够获益。采购商会努力与较少数优质供应商建立长期关系，关系管理的基础是信任和相互的义务，而不仅仅是照合同办事。

双方共同寻找改进和创新的机会时，能够让彼此受益的知识都会得到分享，双方会共同设定成本和质量改进的目标，并且定期讨论这些目标的进展情况。信息在一定程度上可以双向自由分享，以支持合作解决问题。

合作性或协作性关系的特点如下。

（1）双方共同探求更高的效率。

（2）采购商与供应商共同制订未来计划。

（3）双方拥有共同目标。

（4）采购商与供应商之间达成共识，为了变得更有竞争力，应该共同努力消除供应链中的浪费。

（5）组织之间公开、透明。

（6）每一方均理解另一方的期望，并且努力达到或超过这些期望。

（7）这种关系是一种平等关系，而且采购商不会采用“主人—仆人”态度。

（8）双方意识到，关系不会永远存在下去，所以共同制定一致同意的退出战略，以备关系终止。

（三）伙伴关系

伙伴关系在关系图谱中，属于高度合作和承诺的一端。这种关系更加具有战略意义，合作时间更长。伙伴之间彼此更加信任，信息交流更充分。供应商被采购商视为组织竞争优势和未来计划的一个不可或缺的部分。

伙伴关系的目的在于将短期的、敌对的、强调运用采购势力达到品优价廉目的的供应商关系转变为长期的、基于质量与创新的以及价值分享和价格竞争力相结合的合作关系。

伙伴关系的特点如下。

（1）顶级管理层的承诺。

（2）所有相关专业和职能部门参与。

（3）采购商与供应商一起协作（例如，在新产品设计早期阶段邀请供应商参与）。

（4）采购商与供应商之间高度信任、知识共享。

（5）具有清晰的共同目标。

（6）具有对长期关系的承诺。

（7）采用积极主动的方法来改善与发展伙伴关系。

（8）采取全面质量管理理念，强调通过合作达到质量最优，确保持续改进。

（9）具有灵活性，这是提高信任与沟通的结果。

（10）系统集成度高。

作为一种供应源搜寻战略，伙伴关系通常只适用于少数大型公司。虽然对于少数几种采购类型而且供应商选择余地很小的情况可能适用，但这会是一种风险性很高的策略，应对其极为慎重。

将外购物品的竞争性供应源搜寻转为伙伴式的单供应源搜寻会增加供应风险并对利润造成影响，因为这种伙伴关系往往会将所有相关的采购物品推向战略物品象限。如果处理得好，战略性采购可以带来丰厚的回报，但是这需要管理层的重点关注，而且一旦出现问题后果会很严重。

二、供应商关系类型选择

根据上述类型特点，也许有人认为合作性或协作性关系是“最好的”或“理想的”，或至少是“更有见识的”，然而，情况不一定是这样，应当为给定的采购情形选取一种最恰当的关系类型。

（一）类型选择的影响因素

对于一个给定的采购情形，如何选择最适合的供应商关系类型需考虑以下因素。

（1）被采购物品的性质和重要性。低值的、日常的或一次性的采购物品不可能在长期合作上进行大量投资。而对于市场上供应不稳定的、复杂的、定制的、高价值的采购物品，进行这种投资则具有适当的合理性，其目的在于保证对供应规格、质量和可用性的控制。

（2）供应商的能力、合作性和绩效及信任程度。信任是发展更密切关系的必要基础。

（3）地理距离。与海外供应商建立和保持密切关系可能更难。

（4）供应伙伴的相容性。如果战略目的、价值观和体系不相容，那么弥补差距或克服困难可能会因代价太大而无法进行（需要有更相容的备选合作伙伴）。

（5）采购职能部门的目标和优先事项。例如可提供的最好价格、供应安全性和质量等。

（6）供应市场状况。如果供应面临着风险，例如由于天气或经济状况，采购商可能会希望选择多个供应商。如果价格波动，采购商可能希望使用投机性的策略采购，或通过固定合同锁定有利的价格。如果市场变化快且采购物品具有创新性，采购商可能会避免被锁定在长期供货合同上。如果优质的、有能力的、声誉佳的供应商很少，采购商可能希望与它们达成伙伴关系。

（二）对抗性或竞争性关系的适用性

在与供应商打交道时，合作性或协作性关系不一定比对抗性或竞争性关系更合适。

（1）更具有对抗性的关系可能更好地保障最好的商业交易方式，并从关系中获得最大的价值份额。

（2）发展合作性或协作性关系费时费力，而且将所有的资源投入关系中不切合实际。对于特定的供应商，这种关系或许不可能（例如供应商不感兴趣）或不合适（例如供应商没有能力），并且对于日常物品（如办公文具）或很少采购的物品而言这种关系不具成本效益性，合作不会实现增值效益。

（3）长期关系存在风险，如由于关系稳定，可能出现供应商自满或投机行为的风险；有被锁定在“错误”伙伴关系上的风险；很难以有意义的方式测量合作效果；在均摊合作风险与回报方面存在问题（如果关系被更有势力的一方所主导）。

（三）合作性或协作性关系的适用性

（1）采购商对供应商的投入很大。

（2）采购商面临着很高的风险。无论市场价值的高低，不间断的产品或服务供应对于采购商的运营来说都至关重要。

（3）需要采购的产品技术复杂度很高，需要供应商具有完备的技术知识（这也导致了更换供应商的成本很高）。

（4）产品很重要、很复杂，管理起来需要大量的时间、精力以及资源。

（5）产品的供应市场变化很快，因此必须时刻掌握相关市场在技术或法律方面的最新变化。

（6）供应市场受限，水平高、可信赖的供应商数量很少，更为密切的伙伴关系可以提高供应的安全性。

（四）合作性或协作性关系的驱动

实际上，有许多驱动因素推动着供应商关系朝着更有合作性的趋势发展。

（1）战略认知得到了拓宽，认识到供应链管理带来的竞争优势是整个供应链的，而不仅仅是单个公司的。

（2）产品生命周期缩短。产品更加迅速地进入市场，要求更加迅速地进行产品开发、更加频繁地推动产品更新换代，以及更有响应性地进行产品定制，所有这些都对供应链沟通与合作施加了压力。只有合作性或协作性关系才能充分发挥供应链关系的竞争力和增值作用，才能适应越来越残酷的商业环境。

（3）采购商越来越多地将非核心活动外包，集中精力提升核心竞争力。这就需要形成密切关系，以便其可以控制输出质量和其他潜在损害信誉的问题，使风险最小化。

（4）国际贸易中心（ITC）的发展推动了企业之间的网络化程度和深层次关系发展。

（5）由于存在着向“精益”供应发展的竞争压力，因此更密切的关系和一体化有助于减少供应链中的浪费。

（6）全面质量管理和准时制供应的实现依赖于内外部供应商关系的加强，人员、计划和系统更为紧密的整合等。

（7）随着服务和知识主导行业的经济发展以及消费品牌化，企业在保护和使用知识产权、关系网络以及品牌价值方面面临压力，这需要供应网络内部进行密切的、信任的合作。

（五）关系组合

企业可能需要针对每种供应情形，建立适当的关系组合。

企业可以用帕累托原理（80/20 法则），将关系投资侧重于能提供 80% 总供应价值的 20% 的供应商或者能提供 80% 总销售收入的 20% 的客户身上。企业还可以根据重要性、风险或价值等其他衡量标准对供应商和客户的优先级进行排序，并与更重要的伙伴发展更密切的关系。

企业可以将各种关系组合。例如，对抗—合作关系也许能使其与供应商在产品开发、降低成本或持续改进上合作，并使其进行强硬的谈判，以便保证尽可能地分享最终价值收益。换言之，合作可以“扩大馅饼”。

参考资料 7-1

空中客车公司（Airbus，又称空中巴士），是欧洲一家飞机制造公司，1970 年于法国成立。空中客车公司作为一个欧洲航空公司的联合企业，其创建的初衷是为了同波音公司和麦道公司竞争。在 20 世纪 60 年代，欧洲飞机制造商之间的竞争十分激烈，于是在 20 世纪 60 年代中期关于欧洲飞机制造商合作方法的试验性谈判便开始了。

空中客车公司（以下简称“空客”）于 20 世纪 90 年代早期开始研发超大型客机，除完善机种，填补超大型客机的空白外，还希望借以打破波音 747 在超大型客机市场的垄断局面。目前空客主要有 A300、A310、A320、A330、A340、A350、A380 系列飞机。

民用飞机的研制是一项投资巨大、周期很长、涉及面非常广的宏大系统工程。为了有效地利用资源，降低成本，从而赢得市场、获取更多利润，世界民用飞机巨头纷纷将大量的工作进行外包，形成了围绕核心企业“利益共享、风险共担”的合作模式。这种供应链管理模式已经成为影响世界民用飞机巨头提升国际竞争力的关键要素之一。

空客与 30 多个主供应商建立了“风险共担合作伙伴”关系，其“非一次性”成本大约 31 亿美元，占整个项目“非一次性”成本的 25%。应该说，供应商在产品设计、研发和制造方面比以往承担了更多的责任。对于空客 A380 项目，空客把研发和制造任务更多地转移给了它的一级供应商，而自己仍是系统集成的核心。几家日本重工企业负责空客 A380 机体的制造。在产品研发阶段，空客仅仅提供高层接口定义，而将供应商之间具体的接口设计工作交给它的一级供应商伙伴去做。当出现冲突时，空客充当协调者。空客与供应商之间以及供应商与供应商之间通过 IT 技术对产品研发设计进行协调与沟通。为了能够将总装所需时间压缩到 3 天，空客采用了高层级的系统集成，大大缩减总装阶段的零部件数目和子系统装配数目。同时在 A380 项目的零部件和系统的交付流程上，空客不仅要求其系统集成商完成相关零部件的系统集成以及调试，以确保交付系统运行正常，而且还要求负责测试与其他系统的兼容性，最终把该组装件再交给空客进行总装。可见，空客的供应商所承担的责任是空前的。

空客 A380 项目的采购战略相对传统，关键机身零部件与机翼设计的核心技术仍然掌握在空客手里。例如，空客在美国威奇托和英国博尔顿建有国际联合设计小组，共同设计机翼。空客的韩国供应商仅仅根据空客的工程设计规范来制造机翼。空客控制了主要零部件的接口定义规范，各供应商之间平行工作，横向沟通与交流很少。然而，在“Power（控制力）8 计划”下，空客也在寻求一种新的合作伙伴部署策略，计划开展成本合理化措施，减少直接供应商数量等。

空客 A380 项目采取了固定的价格管理模式。这对于空客来说，有利于确定项目成本，降低项目风险；而对于供应商来说，则需要承担未知因素可能带来的成本风险。项目中，关键供应商承担了更多的资金风险。而这些关键供应商对于自己的次级供应商也采取了风险共担的合作方式。过去，空客拥有项目所有工程制图的知识产权，但是新的趋势是，主要合作伙伴供应商享有其相应的工程制图的知识产权。而次级供应商虽然与主供应商风险共担，却不享有知识产权。次级供应商之所以能接受这种合作方式，原因是它们可以享受到飞机项目生命周期的独家采购转包合同的益处，只要其产品满足客户期望（成本、质量、交付时间等），就可以获得长期可靠的收入。

合作模式的转变给世界民用飞机巨头带来了成本优势。空客与各层级的供应商在整个飞机项目生命周期内建立了长期的合作关系，因此其供应商也敢于改进生产流程并对技术创新进行长期投资，从而节省了民用飞机制造商的成本投入。再加上允许其供应商和系统集成商捆绑采购原材料，从而可以享受大额合同带来的较大折扣的优惠。固定价格管理以及相应的风险共担模式，使得空客与供应商之间、供应商与供应商之间建立了更为密切的协作方式，同时利于管理产品和系统之间繁多的工程接口，推动了供应商网络朝着互惠互利的方向发展。不过，空客仍然具备对其供应商网络的全面监控、管理与协调能力。

为了同合作伙伴建立一个支持协作的商业模式，波音公司、空客都大胆采用了信息系统来保持与其遍布世界各地的供应商和分支机构的沟通。为了与供应商交换业务文件（订单、需求提案、发货通知等）和技术数据（技术规格、工程制图、加工要求、测试要求等），企业之间都建立了所谓的“供应商入口”信息系统。“供应商入口”基于网络平台，通过密码登录，可以进行库存管理、订单管理、查看更新的工程制图和规范等操作。供应商还可通过“供应商入口”和自己的次级供应商沟通交流。

第二节　供应商关系的生命周期与发展阶段

一、关系的生命周期和发展阶段

我们认为关系也在经历着从开始、成长、成熟、衰退到结束的一个生命周期，如产品生命周期：产品从面世，变得渐渐流行、有利可图，到不再盈利或陈旧、需要更新换代为止。图 7-1 所示为关系生命周期示意。

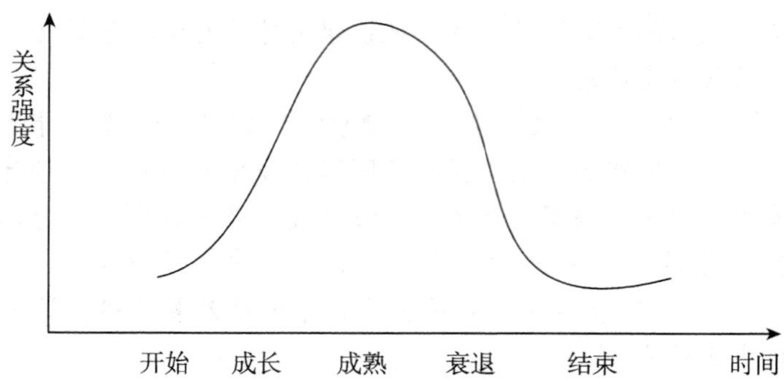

图 7-1　关系生命周期示意

（一）关系的生命周期

关系生命周期的每一个阶段，都会给参与者带来挑战与机会。

1. 关系的开始

选择合适的关系伙伴，将它们吸引到关系中来，就每一方在关系上的条件与期望进行谈判。建立起持续交往、共同活动与沟通的体系。

2. 关系的成长

通过增加联络、合作、紧密感、信任，给双方带来收益，逐渐提升关系，这包括增进沟通一体化，管理新出现的问题与冲突，克服距离与障碍，对所导致的风险进行控制，不断检查有没有达到目标和增加的收益是否令双方满意。

3. 关系的成熟

在双方满意的条件下，彼此建立起信任，关系逐渐成熟。双方可以进一步投资于更紧密的伙伴关系，共享资源，共担成本，从而为建立起长期的交易模式奠定坚实的基础。

4. 关系的衰退

逐渐使关系降温，或淡出这种关系。关系有自己的运行轨道：关系实现了自己的目标，会变得陈旧，遇到限制，或者出现问题。任意一方或者双方的需要和环境都可能会发生变化。随着关系走向衰退，我们不得不对角色进行重新定义，并且对资源进行调动，必须通知内部和外部的利益相关者，要求并支持它们应对这一变化。

5. 关系的结束

关系的结束即终结关系，我们需要建设性地完成这项任务，目的在于为未来的关系或进一步的业务奠定基础、为未来的关系管理吸取教训、避免不必要的冲突和信誉损害（例如裁员带来消极的社会公共影响），以及对利益相关者担负起道德责任和社会责任（例如由于分销合同终止造成消费者无法获得货物）。

（二）关系的发展阶段

有一个更有针对性的关系生命周期模型，常用来分析行业或采购商及其供应商之间关系发展的阶段。

1. 关系前阶段

评估新的潜在供应商。最初会存在惰性，因为对现有供应商较熟悉，寻找与评估新供应商会产生成本，更换供应商会面临风险，与新供应商会有距离（不熟悉，不兼容等）。采购商需要回答的一些基本问题是潜在的成本与投资、收益和兼容性等问题。双方都要思考想从新关系中得到什么，建立新关系要花多少钱，需要作出哪种变化，学习哪些东西。

2. 探索阶段

在探索阶段双方会联络、讨论或协商考验彼此，具体的方式可以是一次性的采购业务。双方均花费时间来了解彼此，拉近距离，但未承诺对方，还未建立起程序。

3. 发展阶段

在发展阶段，双方的业务量在增长，业务特点以一种积极的方式在变化：采购次数不断增多，或者签订了资本采购合同。人员联系更加频繁，熟悉程度加深，信任增加，信息共享程度和问题解决能力得到加强。这是通过对关系的投资与适应，相互学习、建立信任的一个阶段。

4. 成熟或稳定阶段

在此阶段交付变成定期的行为，或者采购商已经完成了几笔大的资本采购订单。现在双方都对对方产生了高度的信任，并且兑现了承诺，增加了互相依赖性。双方可以进一步投资于适应的、一体化的和更紧密的伙伴关系，从而建立成熟的、长期的交易模式。这样可以减少风险，提高效率。

对于什么时候到达成熟阶段，是不可能设定一个时间范围的，有些关系可能从来不会达到该阶段，而有些关系只需要少量投资，就迅速地变得非常稳定。在任一阶段，关系都有可能不再向前发展，可能的原因是供应或需求发生变化、资源不足、缺乏承诺。

二、供应商关系的评估和改进

（一）供应商关系的评估

对于供应商关系的评估经常不是那么清晰的，各方对于自己的成效会有着不同的看法。在长期的伙伴关系中，过往和当前绩效、人际关系、未来预期这几个方面在评估过程中均是不可或缺的，而且评估结果常常会随着时间改变。

林德斯等人提供了一个用于明晰供应商关系的框架。供应商和采购商分别从 1～10 分中给对方打分，图 7-2 为采购商-供应商满意度模型。

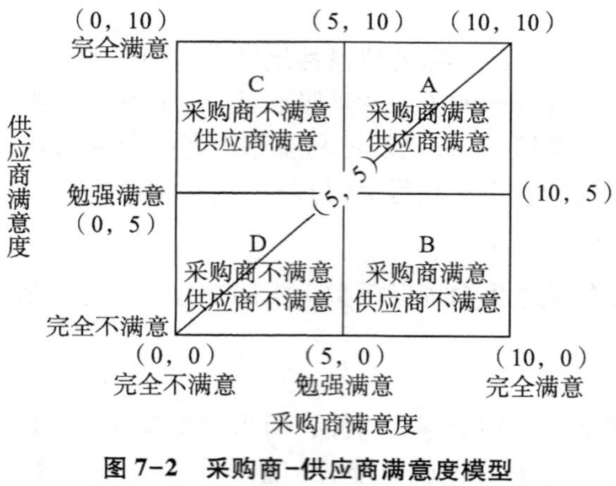

图 7-2 采购商-供应商满意度模型

下面来依次看看该模型的每个象限。

（1）D 象限里，没有人感到满意。双方都希望改变这种关系现状，或者干脆终止。

（2）B 象限里，采购商至少还能感到满意，但供应商却并不满意。

（3）C 象限里，和上述情况正好颠倒。在这两种情况下，不满意的一方都会寻求改变或结束这种关系。

（4）A 象限（理想区域）里，双方都感到满意，尽管还有向终极理想状态（10，10）努力的余地，在这个终极理想状态下，双方都对它们之间的关系完全满意。

图 7-2 中的对角线可以称为“稳定线”或“公平线”。沿着这条线上下移动表示双方境况的同等改善或恶化。越是靠近这条线的上方，总体而言关系就越是稳定（延续下去的可能性更大），因为双方都不太有更换合作对象的压力。

（二）谋求关系发展的原因

在关系生命周期的较早阶段，可能存在从一般松散的交易型关系到合作伙伴关系的变迁。采购商可能出于下列原因希望关系得到发展。

（1）需要在新市场上获得战略立足点，例如通过海外同盟或共享技术知识。

（2）目标、文化、技术或品牌等可能的协同作用（例如个人计算机制造商在其产品上宣传使用了“英特尔”中央处理器）。

（3）与更少的首选供应商发展经常性的交易，从而降低供应商选择和交易的成本。

（4）信息系统的集成性，用于数据共享、信息流动、订单跟催等，并由此提高效率。

（5）需要任意一方或者双方投资于不能转移到其他关系中的专门设备或系统，各方都希望确保关系的延续性以便能保护自己的投资。

（6）抵御市场风险，更具合作性的关系可以保障供应交货期与供应质量等。

（三）供应商关系的改进方法

关系改进方法可分为冲突法和安抚法。冲突法是指可能导致激烈变化并可能断绝关系的消极措施；安抚法是指更积极的、不那么剧烈的方法。表 7-1 列举了改进供应商关系的方法。

表 7-1　改进供应商关系的方法

采购商的冲突法	采购商的安抚法
1. 在未通知对方的情况下，突然停止采购。 2. 拒绝支付账单。 3. 拒绝接收货物。 4. 采取法律措施	1. 承诺大的业务量或长期供应。 2. 共享内部信息，如生产进度计划。 3. 表现出愿意改变的态度。 4. 对于供应商的要求，迅速积极地响应，例如关于价格变化的响应
供应商的冲突法	**供应商的安抚法**
1. 拒绝按承诺发送货物。 2. 不通知对方，单边提高价格。 3. 坚持不合理的合同期限、麻烦的升级条款等	1. 愿意对价格、交付等作出迅速调整。 2. 邀请供应商讨论差异之处。 3. 尽早通知对方价格、前置期等方面的变化

安抚法更有可能用于图 7-2 中的 A 象限，用以进一步增强供应商关系的稳定性。与此形成对照的是，冲突法的使用可能会实现短期目标，但可能损害未来建立稳定的供应商关系的机会。

三、伙伴关系管理

（一）伙伴关系的实施

伙伴关系的实施步骤如表 7-2 所示。

表 7-2　伙伴关系的实施步骤

步骤	项目	具体说明
步骤 1	分析有哪些市场，哪些产品和服务	明确你的供应战略。 对启动伙伴关系的各种产品和服务进行识别并排序。 制订行动计划
步骤 2	推销想法	向管理层推销想法。 向本企业其余的人推销想法。 向潜在的伙伴推销想法
步骤 3	选择你的伙伴	识别候选的伙伴。 审查候选伙伴的表现。 界定选择伙伴的标准。 评估对方管理层对建立伙伴关系的兴趣。 理解对方的目标和战略。 选择伙伴进行试点项目，不要试图一次就发展太多的伙伴关系
步骤 4	明确你想从伙伴关系中得到什么	双方就关系的风格达成一致。 双方对共同的目标达成一致［例如降低总成本，采用全面质量管理，按时交付，共同研究与开发，实施电子数据传输（EDI），降低库存等］。 对于按照目标测量进展的绩效标准双方达成一致（例如服务响应时间，库存价值，前置期，质量标准和退货，服务水平）。 双方就有形的联系达成一致（如行政管理程序和联络程序，合作领域，成本和风险的分配）。 双方就持续改进达成一致。 双方就退出战略达成一致（提前预想可能的关系破裂点，例如违反保密要求。退出战略包括退出方式、程序以及相关惩罚等）。 拟定简单的伙伴关系协议，对伙伴关系作出承诺
步骤 5	让你的第一个伙伴关系发挥作用	将你正在做的事情告诉利益相关者，以赢得利益相关者的支持。 双方就监督和测量体系达成一致。 建立共同改进团队。 建立伙伴关系。 对照目标，持续监督结果（并对整体取得的收益进行量化）
步骤 6	完善与发展关系	进行检查与审计，发现待改进和发展的领域。 将该计划延伸到合作的其他领域（或者延长计划的时间期限）。 为未来发展新的伙伴

（二）伙伴关系的维持

关系生命周期概念是以如下假定为基础的：所有关系都有开始，成长到互相满意的成熟状态，随后衰退，最终结束。长期供应商关系有可能衰退（成长停滞或不成功）并最终结束。对这些过程，必须慎重地加以管理，或者有意识地恢复和重建关系。

采取下列行动是非常有必要的。

（1）制定关系的持续改进目标。

（2）监督并检查改进的进展情况。

（3）为保持优秀的绩效提供激励。

（4）确保供应商保持竞争力。

四、冲突管理

不论是内在因素还是外在因素，都可能阻碍供应商关系的发展，或者引发供应商关系中的冲突。

（一）冲突产生的原因

（1）缺乏来自高层管理者对某特定供应商或某特定类型关系的支持（例如总经理因为存在较大风险而不愿意建立伙伴关系）。

（2）双方之间利益的冲突。这些冲突经常是由于价格和利润率等问题产生的。

（3）采购商或供应商采用对抗性方法，尤其是在另一方想要进入伙伴关系的情况下。

（4）双方势力不平衡，弱势的一方被强势的一方剥削，缺乏信任，原因常常是不能共享信息或未能对关系作出承诺。

（5）人事变动，不论是在高层管理者身上（引起政策的变化和丧失高层管理者对关系的支持），还是在操作人员身上（造成建立起来的联络和沟通渠道瓦解）都可能引发冲突。

（6）沟通故障。

（7）屡次不能满足议定的条款（或者期望），造成不满意和缺乏信任的局面。例如，一个供应商一再延迟交付或产生质量问题，或者采购商一再延迟给供应商付款，或者就很小的合同争议将对方告上法庭。

（8）文化和价值观、流程和程序、体系和技术等的不兼容。

（9）商业因素。例如，关系所涉及的风险和业务成本给每一方的压力，关系投资和一体化的力度，现有协议的期限，备选供应商的可利用性等。

（二）冲突的管理与解决

值得注意的一点是，在供应商关系中，冲突并非总是负面的或破坏性的。冲突可以是破坏性的也可以是建设性的，不同冲突的结果如表 7-3 所示。

表 7-3　不同冲突的结果

种类	结果
破坏性冲突	鼓励了防御性的或破坏性的行为。 造成不满。 观点极端，制造了沟通障碍。 消耗了人们的注意力和精力，以牺牲任务为代价。 升级到永久破坏关系的敌对状态（甚至产生法律纠纷）
建设性冲突	可澄清问题和权力关系。 将注意力集中到改进关系和解决问题上。 将误解、失望、敌对和抗拒公开，对它们早日进行处理。 鼓励对各种想法进行试验和质疑，避免“团组思维”和自满的风险。 强调改善沟通的必要性

冲突管理方法有许多，必须根据具体情形来判断某个方法是否合适，不存在唯一的正确途径。在一些形势下，可以通过妥协实现最好的结果。在一些形势下，可能需要实施"非赢即输"的解决方案。而在另一些形势下，寻求双赢解决方案的过程（不论最终结果如何）本身可能就已经有所帮助了，尤其是在各方希望保持或修复持续的工作关系时。

参考资料 7-2

眼看项目在一个月后就要进入量产阶段，天波公司的采购员小明负责的一个铝压铸件迟迟达不到量产条件。当然，这也不能完全怪小明，因为这个铝压铸件的特殊之处在于，除了装配尺寸、散热和耐腐蚀要求之外，还要在其表面喷漆。因为它是装在一款高档摩托车头上的零部件，有一个面会露在外面，客户要求该面喷漆，不允许有任何水波纹。

在选择供应商时，依照惯例，小明选择了价格最低但长期合作的老供应商。这家供应商的服务一向很好，当然，起决定作用的因素仍然是价格。

可能是对铝压铸件的制作难度估计不足，直到送样阶段，天波公司才发现铝压铸件的外观平整度根本达不到要求，而且有凹坑。这是因为在熔融和成型的过程中，铝材纯度不够，产生的气泡，从表面上看不出来，但是在对表面进行机械加工之后就会被看到。

问题发生后，供应商一直在调整压铸的工艺参数，希望能够解决问题。但是直到项目接近量产阶段，合格率只能达到20%。考虑到进入量产阶段后将要遭受的巨大损失，供应商提出涨价3倍的要求，否则就不做了。

这是典型的采购事故，是在选定供应商前，双方没有进行充分的可行性论证造成的。当然，天波公司是绝不可能同意供应商的涨价要求的。面对供应商的施压，天波公司内部出现了两个派系，一个是以项目部、质量部、生产部等众多部门组成的"更换派"，强烈要求更换供应商；另一个是以采购部和设计部组成的"合作派"，认为项目已经没有时间和资源再开发一家供应商，而且也没有哪家供应商能够承诺解决这个问题，全部都是"试试看"的态度，与其分散资源做无用功，不如集中资源与这家供应商一起解决问题。

"多一家供应商就多一份保障，你们采购部总是把鸡蛋放在一个篮子里。"制造部经理抱怨道。

"往往一家供应商遇到的问题，在另一家也会遇到。表面上看这是供应商的工艺能力问题，实际上是设计要求过于苛刻。"采购部皮经理立即回应。

"我只是给你一个建议，想要帮助你，你如果不听，我就不再说了。"制造部经理摇摇头，完全听不进去皮经理的主张。参会者的意见其实是一边倒的，都倾向于更换供应商。

"我会牵头处理此事，明天就去供应商那里。"皮经理表态。

"影响量产，你自己来负责。"坐在会议桌尽头的总经理，也放狠话了。

……

"你们是专家，我想听听有什么办法提升良品率呢?"第二天在与供应商开会时，皮经理提问。

"现在最主要的问题就是凹坑，在喷漆前打腻子可以提升良品率，但问题是当初报价的时候，我们没有考虑到这个费用。你要知道，打一次腻子的人工费很高，所以我们要求涨价。"

所以啊，有问题还是要到供应商那里面谈，坐在办公室里只能纸上谈兵，皮经理庆幸自己作出了正确的决定。

"所以，其实量产是可以做到的，只是成本太高了，对吗?"皮经理确认道。

"是的，我们不可以干一个赔一个。"

"稍等，我跟销售人员打个电话问问可否将成本转嫁给客户。"

十几分钟后，皮经理回到办公室，一脸凝重。

"客户不接受，因为大家都签了合同的，而且为了这一件事，破坏天波公司的信誉也是得不偿失的。"

"那怎么办呢?"供应商经理也不善罢甘休。

"现在还有几个项目在招标?"皮经理向同来的小明询问。

"有两个汽车项目，体量比这个摩托车项目大很多。"小明回答道。

听闻此言，皮经理立即把脸转向供应商经理，说："我按照预算价格直接给你这两个项目，行不行?"

"那当然好了，我的损失也能弥补回来了。"供应商经理立即露出了满意的笑容。

在一番折腾之后，这家供应商笑到了最后，而皮经理和小明也可以圆满交差了。

五、关系的衰退与终止

(一) 对关系衰退的管理

我们再次审视一下关系生命周期，就会发现有时存在以下情况：内部和外部的环境和要求发生了变化，从而关系不再产生增值效益；关系参与方中，一方或者双方变得对关系不再那么坚定；产生的问题给关系带来了障碍。

那么在衰退阶段，我们可能想要将关系从合作的伙伴关系转变到松散的交易型关系(从不再增值的关系中撤出资源)，甚至是对抗性的关系（榨取可以从关系中获得的最后一点利润)，这种情况下双方应当以一种负责任的和讲道德的方式从互相依赖的局面中撤退，对各利益相关者的期望进行管理，允许双方做好完全退出关系的准备。

从伙伴关系降级到松散的交易型关系或对抗性的关系，在此过程中采购商需要做以下工作。

(1) 建立并加强务实的、客观的采购决策标准，辅之以明确的价格数据等。这有助于采购商和供应商重建一种以商业和竞争为基础的决策和合同签订机制，而不是依赖于假想的（安逸的）优先关系。

(2) 重新指定管理和执行伙伴关系的人员。

(3) 开展松散的交易型采购（例如框架协议或按需分批发货合同)，以便将日常性采购和间接性采购交由预算持有部门来完成。

(4) 为日常性采购建立准确的价格库和质量要求，并为比较供应商和合同签订提供清晰的指导方针，以便采购。

(二) 关系破裂与终止

没有哪种商业关系会永远存在，尤其是在动态的商业环境中，战略方向和外部因素在不断地发生变化。

1. 供应商关系破裂的原因

（1）采购商或供应商的战略目标或状况发生变化，导致另一方不再适应其需求。

（2）进入市场的新供应商提供了现有供应商无法提供的产品、服务或条款。

（3）冲突、缺乏沟通或关系困境使得关系不那么有效、不那么值得进一步投资，或者表明对对方不再履行承诺（对一方或者双方来说都是如此）。

（4）供应商质量或交付绩效不佳，特别是在违约造成采购商与供应商之间严重不和的情况下。

（5）采购商管理不善，例如延迟付款或争议性付款、变更通知太晚、没能提供信息或者违反保密规定等。

（6）经济因素使供应商或采购商在财务上不稳定或处于风险之中，这样另一方需要找到供应或业务的替代来源。

（7）采购商或供应商组织中管理、人事、文化或体系等方面的变革（也许是合并或并购的结果），造成另一方没有能力解决新的不兼容性的问题。

（8）合同完成。双方已经完成了它们在进入关系中时想要实现的目标，所以关系走向自然的、相互满意的终点。

终止或暂停供应商关系的具体情形和原因，将决定我们应当如何处理该问题。在有些情况下，双方通过通知或协议（例如在合同期限结束的时候）相互终止或暂停关系。而在其他一些情况下，关系的终止或暂停可能具有对抗性或惩罚性（例如在供应商违约或履约不令人满意的情况下，或者内部员工有不当行为时）。

2. 终止关系时的注意事项

不论在哪种情况下，建设性地管理关系终止过程，保持未来关系的可能性都是有益的，其中关键问题如下。

（1）时机方面。不论何时，可能的话，终止时间应该与当前协议或合同期满时间相一致。过早地提示关系终止会影响后续阶段的供应质量，而提示太晚可能不太道德。

（2）关系方面。应当建设性地和专业地处理终止过程，以避免双方敌对和信誉损害，并在合适的情况下给未来业务留下可能开展的机会。

（3）法律方面。这些在起草供应合同时就应该预料到，但可能需要进行谈判。终止一个协议不仅会有财务上的纠葛，而且围绕保密协议、退还资产或知识产权（例如图样或设计）等可能也会存在一些问题。

（4）接续方面。在终止供应商关系之前，采购商应该采取措施保证供应的连续性，例如提醒受供应商变化影响的内部各部门、调查并约定新的供应商、对从终止的关系中学到的经验进行反思以便改进未来的协议。

管理办法范本 7-1

××公司供应商关系管理办法

第一章　总则

第一条　目的

为了规范供应商资源管理，建立健全供应商开发、维护、服务、淘汰管理流程，推动我公司相关部门与供应商的友好交流与长期合作，增强供应商与我公司合作的信心，提升品牌效益和社会效益，特制定此管理办法。

第二条　适用范围

适用于向我公司提供产品、技术、服务等相关资源的公司。

第二章　内容及要求

第三条　控制流程图（略）

第四条　职责及要求

1. 营销采购部是供应商关系管理的归口部门，负责组织协调业务经办部门进行供应商开发、供应商走访、供应商服务工作，负责鉴定供应商等级。

2. 业务经办部门负责供应商资料的收集、评级申报及协助实施供应商关系管理，建立健全供应商档案。

3. 行政人事部不定期对营销采购部的归口职能进行监督抽查。

4. 所有供应商档案报经法务部审定后由营销采购部相关人员统一存档。

第三章　供应商等级评定

第五条　供应商等级

供应商等级根据供应商业绩和合作情况划分为战略性供应商、重点供应商、友好供应商和不合作供应商。

1. 战略性供应商是指有较强资源优势和垫资能力，具有供应的物料质量好、提供的服务性价比高等优势及诚实守信的商家。

2. 重点供应商是指有一定资源优势和垫资能力，具有供应的物料质量好、提供的服务性价比高等优势及诚实守信的商家。

3. 友好供应商是指与公司有业务往来的除战略性供应商和重点供应商以外的供应商。

4. 不合作供应商是指难沟通或恶意损害我公司声誉和利益的供应商。如评为该类供应商，公司须终止与其所有合作业务。

第六条　供应商的等级评定

业务经办部门根据收集的供应商资料填制供应商等级评定申报表，并请本部门相关人员按供应商评定标准进行评定，然后报送相关资料给供应商关系管理归口部门，归口部门核实业务经办部门的申报内容并进行等级评定，由首席执行官审核、总经理批准。战略性供应商按照不超过供应商总数的30%进行评定。

第七条　分类建立档案

营销采购部根据已批准的供应商，分类建立供应商关系档案。

第四章　供应商享受优惠政策

第八条　付款优惠

原则上向供应商付款优先支付战略性供应商的款项，其次支付重点供应商的款项，最后支付友好供应商的款项。

第九条　采购优先

在质量、价格等同的情况下，公司采购业务的分配优先选择战略性供应商，其次选择重点供应商，最后选择友好供应商。

第十条　优惠政策实施程序

付款及采购优惠方案必须报总经理审核，董事会批准后才能实施。

第五章　供应商关系管理、维护

第十一条　建立供应商等级评定目录清单

营销采购部根据已评定的供应商建立供应商等级评定目录清单，传送法务部、财务部、行政人事部以及公司相关领导，并及时更新。

第十二条　档案内容

供应商档案内容如下。

1. 单位名称、地址、供应物料名称。
2. 法定代表人、业务负责人及联系电话。
3. 经营规模、企业资信情况简介。
4. 该供应商与其他主要企业合作情况。
5. 年度供应情况分析：供应数量、金额、主要质量指标，有无年度质量异议情况、采购计划完成情况，对我公司每月较稳定的供应量，我公司的计划采购量及供应商重要事件纪要。
6. 双方高层管理者互访或重大合作意向纪要。
7. 战略性供应商领导班子情况。

第十三条　合作关系的维持和加强

1. 业务经办部门对已建立的合作关系，应指定专人（原则上为该业务经办人员）对重要供应商生产、经营相关信息进行收集和管理，密切关注现有供应商的供销现状。遇有重要信息须立即填报市场信息调查表，在市场信息调查表中要分析产生异常的原因，制定措施和对策，寻找资源补救渠道，并传送法务部。
2. 法务部在业务经办部门报告后应即时组织调查，并制定相关处理方案报公司总经理审批后会同业务经办部门执行。
3. 营销采购部牵头策划每年1~2次大型走访活动，增强双方的合作与交流。业务经办部门必须参与，必要时可请公司相关部门和公司领导参加。
4. 供应商法人、法人代表、供销业务负责人或企业资产、注册资金等变化后，业务经办部门应及时督促对方提供相关证件或证明材料，并把相关资料纳入供应商档案。

第六章　提供服务及评价

第十四条　指派专人负责供应商业务

法务部应督促业务经办部门建立健全服务体系，对每个供应商、每笔业务须指派专人（原则上为具体的业务经办人员）对外衔接。应及时协调处理供应商提出的物料质量、数量等异议，并及时将信息反馈至法务部。

第十五条　法务部开通供应商服务热线

如供应商对业务经办部门的服务有意见或有其他服务要求，可直接与法务部联系。法务部在收到供应商要求后应予以登记并在1个小时内征询相关部门及领导意见，提出解决方案并向供应商回复沟通处置意见。

第十六条　综合评价供应商

我公司每年对供应商服务进行一次综合评价，并按标准进行升降级。如发现供应商恶意诋毁我公司信誉造成我公司直接或间接经济损失或名誉损失的，将据情节轻重降级供应商资格直到终止合同，断绝一切业务往来。

第十七条　满意度测评

供应商满意度测评由营销采购部提供表格，由财务部、物管部、生产车间等使用单位填写，由营销采购部组织回收并统计测评结果汇总后报公司总经理审批，作为供应商等级评价的重要依据。

第七章　附则

第十八条　下发权与解释权归属

本办法经董事会下发，由董事会解释。

第十九条　处罚规定

任何单位违反本办法任一条款将按每项100元/次分别考核责任单位和责任人，后果特别严重的将以5~10倍数额考核并给予相应处分。

本章小结

1. 供应商关系依据紧密程度、互惠性、信任度以及专注度分为对抗性或竞争性关系、合作性或协作性关系和伙伴关系；供应商关系类型选择的影响因素包括：被采购物品的性质和重要性，供应商的能力、合作性和绩效及信任程度，地理距离，供应伙伴的相容性，采购职能部门的目标和优先事项，以及供应市场状况。

2. 关系的生命周期分为关系的开始、关系的成长、关系的成熟、关系的衰退和关系的结束；关系的发展阶段分为关系前阶段、探索阶段、发展阶段、成熟或稳定阶段。

3. 伙伴关系的实施步骤：分析有哪些市场，哪些产品和服务；推销想法；选择你的伙伴；明确你想从伙伴关系中得到什么；让你的第一个伙伴关系发挥作用；完善与发展关系。

4. 伙伴关系的维持方法：制定关系的持续改进目标，监督并检查改进的进展情况，为保持优秀的绩效提供激励，确保供应商保持竞争力。

5. 冲突可以分为破坏性冲突和建设性冲突。破坏性冲突：鼓励了防御性的或破坏性的行为；造成不满；观点极端，制造了沟通障碍；消耗了人们的注意力和精力，以牺牲任务为代价；升级到永久破坏关系的敌对状态（甚至产生法律纠纷）。建设性冲突：可澄清问题和权力关系；将注意力集中到改进关系和解决问题上；将误解、失望、敌对和抗拒公开，对它们早日进行处理；鼓励对各种想法进行试验和质疑，避免“团组思维”和自满的风险；强调改善沟通的必要性。

6. 终止关系时的注意事项：时机方面，尽量选择与当前协议或合同期满时间相一致的终止时间；关系方面，应建设性地和专业地处理终止过程，以避免双方敌对和信誉损害；法律方面，包括合同、财务、保密协议和知识产权等方面问题；接续方面，应注意保证供应的连续性。

综合案例分析

联邦快递陆运公司（以下简称“陆运公司”）每年的技术采购额达2.8亿美元，负责业务的副总裁为此把供应商的关系管理看作是公司的战略行为，并在完善与供应商的关系方面花费了很多精力。陆运公司根据业务特点把供应商分为三种类型：一种是信任级合作伙伴，如惠普公司、国际商业机器公司等；另一种是重要供应商，如美国电话电报公司、美国易安信公司等；还有一种是临时性合作伙伴，如太阳计算机系统（中国）有限公司等。

副总裁对不同类型的供应商所花费的时间和精力是不同的，因为他认为并不是所有的供应商地位都平等。对三种不同类型的供应商，副总裁与之接触的周期安排分别是每两个月、每季度、每一到两年。

在与信任级合作伙伴会面时，陆运公司会向其提供最新的财务状况、中长期目标、业务方向、最优采取的行动、技术要求等信息，旨在让供应商对公司的业务发展和技术要求有更多的了解，从而为陆运公司提供更适合的产品和服务。陆运公司对供应商的付出也得到了相应的回报，遇到突发状况时，都会得到供应商的全力支持。比如，陆运公司下属的一家货运公司，由于其竞争对手的垮台业务量激增，以至于原有的IT设施无法应付，为此副总裁联系惠普公司，要求提供更多的硬件设备，第二天惠普公司就把产品运送到位。

为了管理和维护稳定的供应商关系，陆运公司表现出最好的态度，惠普公司的业务代表就驻扎在陆运公司的货物分类点，能够迅速推荐合适的解决方案，这些方案能够让惠普公司更灵活。作为信任级合作伙伴的惠普公司公司对陆运公司的供应商关系管理给出了上述那样的反馈。事实上，陆运公司也正是由于重视供应商的关系管理，才始终处于技术应用前沿，正是由于开展与供应商的战略合作关系，才使得其自身的业务产生了更多的价值。

案例解析：

陆运公司的供应商关系管理之所以能够取得如此成效，离不开三项举措。首先是对供应商进行合理的分类，以对业务的重要性为标准；其次是采取不同的对策，对关键供应商投入更多的精力；最后是关注影响关系的因素，从建立信任做起。值得称道的是，陆运公司通过提高公司业务的透明度，让供应商知道公司的目标、熟悉业务的流程、了解技术的要求，进而达到了获取更多优质产品和服务的目的，拓宽了公司的增值途径。

第八章　供应商风险管理

学习目标

1. 了解风险管理的定义和风险的分类。
2. 掌握风险识别、风险评估和风险应对的方法。
3. 学会应用风险管理策略管理风险。

知识要点导图

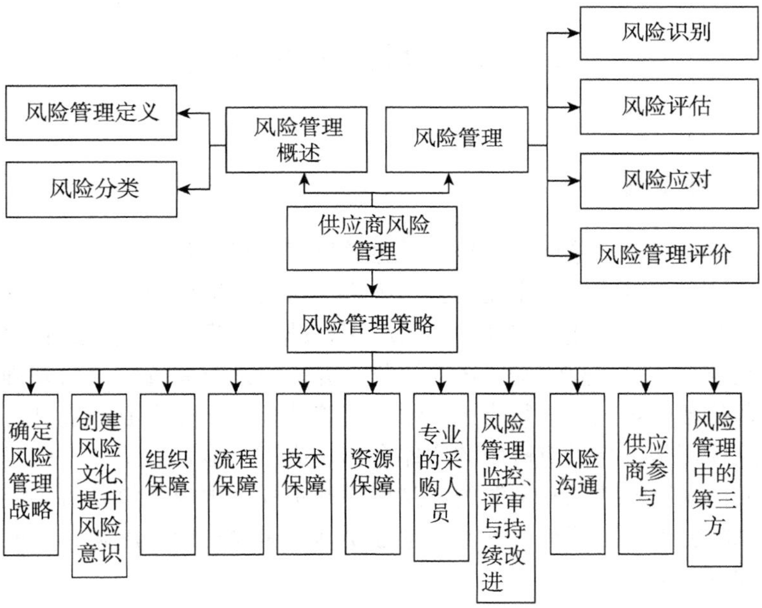

导入案例

2011年初36家国内民间环保组织披露苹果公司的产品在生产过程中涉嫌使用有毒物质正己烷。苹果公司一向把所有的产品都委托其他代工厂生产。一些代工厂违背了苹果公司的“绿色承诺”，使用有毒化学溶剂正己烷擦洗电脑标志和屏幕，大量员工受伤、致残，而苹果公司对此无任何回应。这种默许无异于是对代工厂的鼓励和纵容。

据媒体报道，苏州联建科技有限公司（以下简称“联建公司”）受害工人们经诊断，上下肢周围神经已经受到损害，发生病变，肢体周围神经的传导速度变慢，四肢瘫软、乏力。这就是正己烷慢性中毒导致的。据了解早在2007年2月多个部门就联合发文表示：禁止电子生产企业使用正己烷、三氯乙烯等有毒物品。

正己烷的挥发速度比酒精快5秒，工厂为赶进度不顾工人安全，要求工人们使用正己烷擦拭屏幕。正己烷明显优于酒精，而且可以明显降低次品率、提高产品良品率。据调查，苹果公司代工厂联建公司原先也使用酒精擦拭，后来订单越来越多，2008年为提高产量，开始违规使用正己烷进行擦拭。2009年5月起许多工人无端患上四肢无力、手脚疼痛的"怪病"，甚至晕倒在车间。当时总共有60多名工人陆续住院检查，但代工厂完全无视这类现象，不为工人配置防毒设备。苹果公司的供应商行为准则显示：供应商必须尽可能地消除化学危害，当化学危害无法消除时，供应商必须找到适当的工程控制方法，必须为工人配备适当的个人劳保设备。而实际情况并非如此，苏州、东莞均有苹果公司代工厂的工人被正己烷毒害。环保专家认为要想苹果公司代工厂采取行动的话其实很简单，只要苹果公司加强供应链管理，要求其上游生产厂商践行环境责任，如发现厂商在生产过程中有严重违规行为，应当督促其改善或撤销订单，而苹果公司所做的只是一味地逃避和沉默，冷眼旁观。

第一节　风险管理概述

一、风险管理定义

风险有一种定义为：不希望的结果所发生的概率。概率是某一事件或结果发生可能性的量度。除此之外，也曾将风险定义为：不确定性对目标造成的影响。

风险管理是指个人、企业或其他社会组织用以减少、降低、避免或转移风险消极结果的决策过程，它通常通过风险识别、风险评价，并以识别与评价结果为基础，选择各种风险优化组合管理技术，对风险进行有效控制与妥善处理，以最小成本获得最大安全保障。

供应链风险管理是指与供应链中的伙伴合作，应用风险管理工具来应对由物流活动和资源所导致的或影响物流活动和资源的风险或不确定性。国内外学界对供应商风险管理的研究与供应链风险管理一脉相承。基本原理也是基于风险管理的思路，也就是供应商风险的识别、评估和应对措施。

二、风险分类

（一）一般风险类型

风险类型一般分为以下两种风险。

（1）财务风险。从内部来说，财务风险产生于组织财务结构；从外部来说，财务风险产生于与其他组织的财务交易。财务风险影响组织为了获利进行经营（或者满足公共服务目标）的能力，财务风险包括汇率和利率、流动性和现金流、利润率和生存能力、成本和信用风险。

（2）合规性风险产生于确保遵守法律、法规和政策框架的需要以及组织或其供应链的不合规或不合法活动曝光引起的可能损失，包括信誉、运营和财务处罚，如税收要求、环境法规、道德和内部控制。

（二）按影响组织的决策层次分类

按影响组织的决策层次，风险可分为战略风险、运营风险和项目风险。

（1）战略风险产生于组织的愿景和方向以及组织在某一行业、市场或地理区域的定位。一些关键的战略风险领域如表 8-1 所示。

表 8-1　一些关键的战略风险领域

战略风险领域	风险表现举例	减轻方法
经济风险	供应商经营不善、供应链欠佳、供应或客户市场条件变化	产品或市场规划，采购研究，供应商管理
财务风险	资金缺乏流动性，财务成本增加，投资风险增加，信用管理不到位	财务管理，投资评估，内部控制
方向性风险或竞争风险	竞争者的举措或反击，不适当战略造成失败，核心能力的丧失，品牌的损失	系统地分析、选择、评审供应商； 竞争者研究与监测； 竞争情报收集与分析
发展风险	兼并或收购：财务风险增加、文化和系统不兼容； 战略外包：成本增加、不兼容、信誉损失、员工抵触	制订广泛的伙伴选择标准； 管理利益相关者； 制订过渡计划； 制订退出战略
国际化风险	汇率损失，存在文化和法律差异，市场不熟悉，市场准入受限，运输风险加大	货币管理； 选择合资企业或机构； 研究和分析保险； 熟悉国际商会《国际贸易术语解释通则》

（2）运营风险主要涉及组织的核心生产或服务交付运作以及有关的活动（如进厂和出厂物流采购和质量管理）。包括：产品质量和过程设计问题，运营能力不足（或者过剩），人力或技能短缺、关键人才流失或员工关系问题（影响生产率），健康风险，安保风险（关系到房屋、资产和人身的安全），技术脆弱性、物流复杂性和供应安全问题（如供应中断或供应商故障），运营层次的财务风险（如现金流问题或无法降低成本基础）等。

（3）项目风险即基于项目的复杂性，项目天生会面临时间延迟、成本超支、无法按规定交付、由于外部中断或资源耗尽而被取消的风险等。由于项目一般涉及战略计划的贯彻实施，所以项目风险可能会被认为是运营风险的一种。事实上，项目常常有别于“照常经营”的运作性流程，它具有特定的、独立的目标，时间范围，组织结构和资源配置。

产生项目风险的原因包括：项目所有人对项目定义不合理，对规格和里程碑变来变去；没有将协议记录在正式项目章程中（常常是急于执行下一个项目）；缺乏责任制度和个人责任规定；项目人员的技能或经验不足；项目管理不善，控制不到位；缺乏项目风险管理技能等。

(三) 按产生风险的环境分类

依据产生风险的环境分为内部风险和外部风险。

内部风险是指在组织或供应链内部环境中产生的风险。

外部风险是指在组织外部环境中产生的风险。组织依靠其所处的外部环境获取其所需的输入信息,并将最终产品输出投放到市场,因此外部风险是风险管理中必须考虑的。外部风险主要包括政治风险、法律风险与合规风险、社会文化风险、技术风险、自然环境风险、市场风险、产业风险、信用风险等。

第二节　风险管理

风险管理是所有组织战略管理中的核心部分,它是组织系统地解决其活动中相关风险的过程,目的是从每项活动和所有活动组合中取得持续的收益。

风险管理包含四个关键要素:风险识别、风险评估、风险应对、风险管理评价。组织通过对风险的预测、理解和控制,实现对风险的管理。通过这一过程,组织与利益相关者沟通,征求利益相关者的意见,并且对风险及改变风险的控制措施进行监督和检查。

一、风险识别

风险识别是指对导致某一活动可能出现问题的所有可能因素(即风险来源)进行识别并且估计其发生概率的一个过程。如果没有发现风险,就不可能对其进行评估并管理,风险识别是风险管理中努力发现潜在问题或不确定性领域的一个正式的过程。

风险识别是一门不精确的学科,它依赖于人们在潜在风险领域的认识和经验。由于组织的风险状况可能会持续地发生变化(新风险的产生或者微小风险转变为潜在危机),所以风险识别应该是一个持续的过程。

(一) 风险识别方法

下面介绍几种常用的风险识别方法。

1. 供应链分析法

供应链分析法通过展示供应链经营活动的全过程,对过程的每一个阶段和环节进行逐项分析,以识别风险和脆弱点。组织可以绘制从向供应商采购原材料开始到成品送到用户为止的流程图,甚至扩展到供应商的供应商,延伸到整条价值链,来发现薄弱环节和风险点。

参考资料 8-1

爱立信通过分析供应链风险结构(见图 8-1),建立起所有的供应商与产品之间的对应关系,定义出关键的风险源,更好地理解风险发生的概率及影响。爱立信把产品按照供应商类型分成如下四类。

1. 产品从多个被认可的供应商采购。

2. 产品从一个被认可的供应商采购,其他渠道得到认可并可以使用,但没有使用。

3. 产品从一个被认可的供应商采购，其他渠道得到认可并可以使用，但现场没有装备配套必需的工具、设备。

4. 产品从单一供应商采购，没有其他可以利用的渠道。

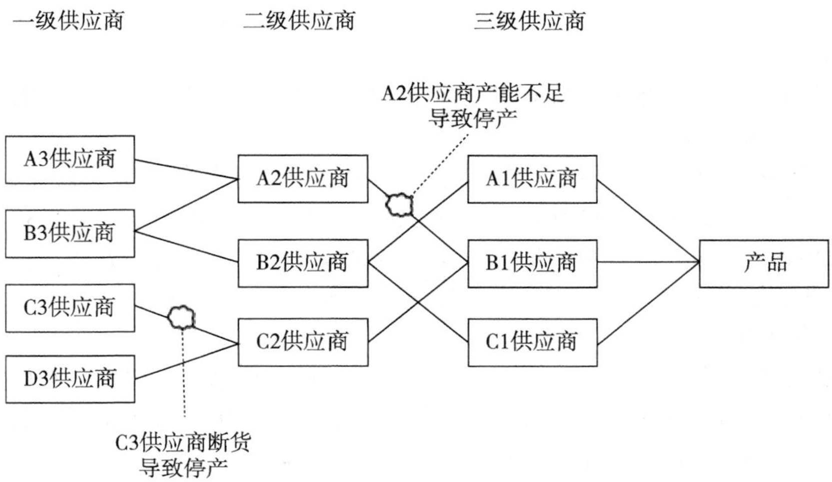

图 8-1　供应商风险结构

2. 问卷调查法

可以通过问卷调查来识别供应商的风险，核心在于设计一套完整、清晰的问题体系，表 8-2 是供应商风险调查问卷所设问题的示例。

表 8-2　供应商风险调查问卷所设问题的示例

供应商名称	供应商代表
问题	答复
你认为贵公司面临的关键风险有哪些	
产生这些关键风险的主要原因是什么？来自内部还是外部	
针对这些关键风险，贵公司是否制订了相关的风险处理计划？如果有，实施效果如何	
贵公司是否有正式的风险管理流程？请说明流程与要求	
贵公司是否有负责风险管理的专职人员？组织架构如何	
贵公司是否有应急计划、业务连续性计划以及灾难恢复计划	

3. 德尔菲法

德尔菲法又称专家意见法，在进行风险识别时，特别是原因比较复杂的重大风险，德尔菲法非常有效。其过程包括以下内容。

（1）采购风险管理人员制订风险调查方案和计划，调查内容的设计尽量结构化，确定调查的风险领域和内涵，避免发散。

（2）邀请相关内外部专家参与，以调查表的方式向专家提出问题。

（3）专家反馈问题，采购风险管理人员汇总、整理专家的意见。

（4）采购风险管理人员将不同意见及其理由反馈给每位专家让他们再次提出意见。

（5）多次反复循环，得到基本趋于一致的结果，最后进行汇总分析。

在使用德尔菲法来识别风险前最好提前做好采购风险列表的顶层设计，这样可以提升讨论的效率。

4. 情景分析法

经过多年的发展，情景分析法有了很多创新的应用，它被证明是一种有效处理组织各种不稳定性因素的工具。

情景分析法可以由一系列的“头脑风暴”开始，挖掘出影响采购绩效的关键因素，如经济因素、技术因素或者内部的战略、运营等因素。通过关键因素来描绘各种场景，对描绘出的未来场景进行分析，理解它们对采购提出的新要求。通过这种方法，将采购暴露在一些未来预期的情景之下，可以挖掘出很多现有和潜在的风险因素。

5. 历史事件分析法

历史事件分析法是通过对历史上出现过的风险事件进行总结，识别将来可能发生的潜在风险。例如，采购人员可以针对过去发生的质量事故，分析导致质量事故的原因，评估问题是否得到了有效解决，未来是否还会存在同样的风险。

6. 故障树分析法

故障树分析法是分析问题的常用方法，在识别采购风险时，可以利用图解的形式将大的风险分解成若干小的风险，也可以将产生风险的原因层层分解，找到真正产生影响的原因。例如，对采购成本上涨的原因进行层层分解，主要原因包括定价策略不当、供应商管理不当等。其中供应商管理不当又可以分解为供应商结构不合理、供应商绩效管理不到位等。

7. 流程图分析法

流程图分析法是通过绘制流程图，对流程图中的每个环节和步骤进行风险分析。图 8-2 是某公司通过采购流程识别采购风险的例子。

（二）识别风险来源

风险管理流程的第一步是识别风险来源，只有正确识别组织的风险来源，组织才能采取适当而有效的方法处理风险。为了全面正确识别出采购风险，应对采购活动所处的环境进行扫描。采购活动离不开微观、中观、宏观三种环境，每一个环境都有可能存在风险的来源。

1. 微观环境

微观环境是指组织内部环境，包括组织战略、组织结构、流程、财务、人事、文化、技术等。

结合内部风险管理的要求和采购的具体实践，表 8-3 对采购各阶段对应的风险控制要点进行了总结。采购部门可以结合自身业务的实际情况，梳理出关键风险点，在流程设计与优化中将风险控制要点考虑进去，并且在做内部审计与监督的时候，可以参照这些风险控制要点审查执行是否到位。

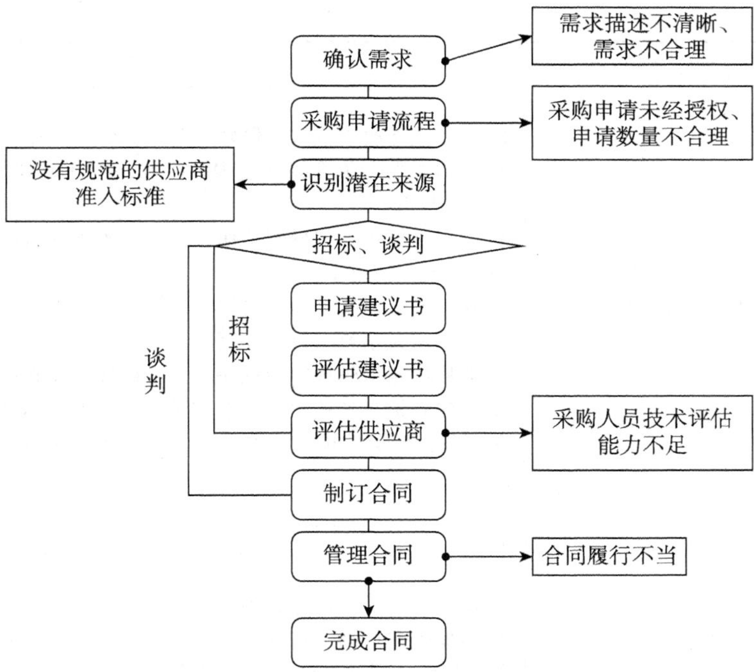

图 8-2　某公司通过采购流程识别采购风险

表 8-3　采购各阶段对应的风险控制要点

采购阶段	关键风险点	风险控制要点
制定采购战略	1. 自制还是外包决策； 2. 单源还是多源决策； 3. 全球还是本土决策； 4. 战略关系还是战斗关系决策； 5. 联合采购决策是否合理	1. 要在充分的环境分析和风险评估的基础上，选择合适的采购战略； 2. 在制定外包决策时，应综合考虑各项因素，利用成本效益原则评估外包是否能明显带给组织最大利益，要充分识别外包带来的风险，注意核心业务不能外包； 3. 制订风险管理计划，持续监控； 4. 单源供应和多源供应决策要充分考虑是否会造成过度依赖，是否属于充分竞争的市场，需要以多源供应来保证价格合理以及单源供应是否合规等问题； 5. 尽量避免单源供应，必须时需增加谈判筹码，增强议价能力； 6. 建立长期合作伙伴关系，确保产能和交货期，确保供应连续； 7. 在决定全球采购前必须做好充分的风险评估，关注全球采购可能带来的风险点； 8. 决策同供应商的关系是战略关系还是战斗关系，分析利弊和风险； 9. 建立战略合作协议，拟定收益共享机制、风险共担机制，建立双向沟通渠道，确保有效沟通

续表

采购阶段	关键风险点	风险控制要点
申请采购预算	1. 预算不合理； 2. 预算执行偏离； 3. 权责不清晰	1. 建立预算决策机构，做好采购预算管理工作； 2. 加强对采购预算编制过程的控制，包括编制依据、程序、方法、目标等； 3. 做好预算责任的分解工作，分解后的预算指标要明确、具体，便于执行和考核； 4. 建立预算执行反馈、监控、预警制度； 5. 建立重大预算项目关注制度； 6. 严格按照事先规定的程序和审批权限，控制预算； 7. 在建立预算考核制度的前提下，合理界定采购预算考核主体和对象，科学地设计考核指标，按公开、公平、公正的原则实施考核
制订采购计划	1. 预测不合理； 2. 提前期设置不合理； 3. 订货方法不合理； 4. 随意变更采购计划	1. 派专人负责采购计划相关工作； 2. 根据生产计划、销售计划，结合需求分析与库存情况相匹配的计划编制方法，合理制订采购计划； 3. 对采购计划的变更进行约束与管理； 4. 确保相关人员具备相应的数据分析能力与协调能力； 5. 利用系统进行自动化运算，并提升数据的共享度与透明度
提出采购申请	1. 需求不清晰； 2. 指定供应商； 3. 需求不合理； 4. 需求申请不及时； 5. 存在合规隐患	1. 完善采购申请的授权和审批制度，确定采购申请工作的归口部门； 2. 对需求的描述进行规范，如对实物类的采购明确其规格说明书，对服务类的采购明确其工作说明书； 3. 对需求的合理性与完整性进行专业审核，确保满足生产经营的需要； 4. 拒绝有合规风险的采购需求
进行采购验收	1. 验收标准不明确、不合理； 2. 退货条件不明确； 3. 未及时索赔	1. 设立单独的验收部门，培养相关人员的专业化技能，专门负责物料验收工作； 2. 规范各类物料的验收标准，包括检验方式、抽样方法、检验设备和工具、验收程序、通过标准等，对于自身不具备检验能力的特定物料，经评估如有必要，可以让第三方专业检测机构介入； 3. 明确退货的条件与程序，对于满足退货要求的，及时办理退货； 4. 及时处理验收中的异常情况，若造成损失按合同约定索赔

续表

采购阶段	关键风险点	风险控制要点
监督采购交货	1. 生产状况不佳； 2. 进料管理不善； 3. 订单异常； 4. 订单变更不规范； 5. 双方沟通不善； 6. 物流出现问题	1. 加强对采购订单的审核，并要求供应商确认能否按时交货； 2. 合理安排生产计划，确保产能充足及技术、工艺设备能力能满足需求，控制不良率； 3. 加强进料管理、品质管理和供应商管理，并有效落实各项管理制度； 4. 需求说明更加详细，减少订单和设计变更等； 5. 对采购订单进行全程监控，对供应商的备货、运输和交付进行过程跟进； 6. 加强交货期管理意识； 7. 加强供应商关系管理，建立长期合作关系； 8. 加强信息交流和沟通，及时发现问题和风险状况； 9. 对到期订单和超期订单进行预警，发出催货通知，防止交付延误
审查采购质量	1. 供应商管理层对质量体系的重要性认识不足； 2. 供应商缺乏规范流程； 3. 人员技术能力不足、稳定性差； 4. 员工质量意识淡薄； 5. 质量管理能力欠缺； 6. 缺乏供应商质量管理评价和改善机制； 7. 机器设备缺乏维修、保养； 8. 物料供应不足； 9. 不遵守相关制度、操作规程等； 10. 不重视质量教育培训	1. 主导供应商建立完善的供应商质量监督和考核体制，建立质量目标，完善质量改进工作； 2. 加强人员培训，提高效率，加强质量保障； 3. 增强人员的稳定性和凝聚力、加强团队建设； 4. 增强组织安全意识，加强安全管理，确保人员安全； 5. 按时制定、执行保养计划，保存维修记录、完善备品备件库存，定期检修和保养，保持稳定生产； 6. 加强对上游供应商的选择，加强来料检验管理，加强来料库存管理； 7. 建立长期供应商合作关系，关注供应商质量改进，维持质量水平的稳定性； 8. 建立质量相关规章制度、规程、操作标准等，并严格执行相关规程，保障质量稳定； 9. 指导供应商完善质量管理体系文件，开展质量培训，保障质量体系有效运行，促进质量管理水平不断提高； 10. 辅导供应商开展质量改进工作，持续实现质量方针和目标； 11. 加强质量检验和检测，提高检验人员技能

续表

采购阶段	关键风险点	风险控制要点
进行采购付款	1. 预付款条款不规范； 2. 重复付款、金额不符； 3. 付款方式不当； 4. 不及时付款； 5. 实际付款与合同规定不一致； 6. 未及时识别供应商财务、信用等方面的风险	1. 严格审核合同的支付条款，按条款规定的要求付款，防范付款方式不当、付款时间不正确带来的法律风险和财务风险； 2. 严格审查发票、合同、订单等资料的真实性与合法性，确保满足付款条件； 3. 完善采购付款流程和制度，对付款审核与审批进行分离控制，明确付款审核人的责任和权限范围； 4. 加强对预付款、定金和折扣的追踪和管理，评估预付款的合理性与风险，大额款项应当定期进行追踪审查，发现可疑款项情况应及时采取收回措施； 5. 保证供应商数据的准确性，避免因信息错误导致的付款问题； 6. 对供应商的付款条件进行跟踪，如果出现严重的信用或履约问题，应及时申请锁定供应商并停止付款； 7. 定期与供应商对账，确保双方财务往来准确无误； 8. 确保会计记录、采购记录、仓储记录、合同的一致性，保障账物相符，并对会计记录进行妥善保存
供应商选择	1. 调查与审核不充分； 2. 审核标准不合理； 3. 审核人员能力不足； 4. 审核过程舞弊	1. 合理制定供应商准入制度，根据准入门槛和标准要求开展供应商资质、信誉及各项能力的审核，确保与相关要求相匹配； 2. 提升供应商审核人员的能力水平，持证上岗； 3. 根据品类特点和竞争环境等因素，使用合适的供应商选择策略； 4. 加强供应商审核制度建设、执行及监督监管
与供应商谈判	1. 谈判准备不充分； 2. 信息泄密； 3. 谈判技能不足	1. 做好谈判前的准备工作，包括信息收集、需求及市场行情分析、确定谈判底价和谈判策略等； 2. 合理规划谈判内容，包括质量、价格、数量、服务水平和包装要求等； 3. 确保谈判人员具备相应的谈判技巧和商务礼仪知识
供应商成本分析	1. 忽视 TCO（总拥有成本）风险控制，忽略部分成本； 2. 定价机制不合理； 3. 成本分析能力不足； 4. 核价能力不足； 5. 对市场行情、价格趋势掌握不足； 6. 价格信息被泄露	1. 建立“全流程”“全方位”“全员”风险控制理念，在各环节进行采购成本的控制； 2. 关注 TCO，重视 TCO 模型的建设，逐项分析产品成本，寻找成本控制的突破点； 3. 合理制定品类的定价机制，选择合适的采购模式来确定采购价格，完善价格审批决策机制； 4. 对于标准化程度高、需求计划性强、价格相对稳定的物料，应通过竞争性方式确定价格； 5. 建立采购价格数据库，定期进行开支分析、行情分析，并设定重要物料的参考价格以指导采购工作； 6. 培养专业的核价人员，提高其成本分析及价格审核能力； 7. 定期分析大宗商品等的市场动态，确定相关参考价格； 8. 增强保密意识，员工、供应商签署保密协议，严格价格管控，保护价格信息

续表

采购阶段	关键风险点	风险控制要点
供应商合同管理	1. 合同不成立； 2. 合同内容不完整、条款不严谨； 3. 未能正确履行合同； 4. 纠纷处理不当； 5. 合同被泄露	1. 采购合同订立前，充分了解对方的主体资格、信用状况等，确保对方当事人具备履约资质； 2. 做好采购合同签订控制工作，明确相关的授权； 3. 加强对采购合同的审查，对合同中的质量、数量、价格、运输、保险、义务、违约责任、索赔和仲裁等各项条款进行逐项审查，确保合同内容符合需求和相关法律法规的要求； 4. 明确采购合同的签署权限，避免因权限不明或越权等造成合同风险； 5. 对高价值的海外采购物料，应选择安全合理的运输方式； 6. 对于重大采购合同，要求法务人员参与，由其审查合同条款，避免法律风险； 7. 采购合同履行中，应做好检查、监督和验收等工作； 8. 对合同变更进行严格审查，严格按照相关规定执行公证、授权等变更程序； 9. 避免舞弊、成本或交付上的风险
供应商合规管理	1. 合作过程出现违规行为； 2. 存在行贿受贿行为； 3. 存在合同违约行为； 4. 存在知识产权合规风险	1. 与选定的供应商签署质量、供货、反贿赂等各项协议； 2. 开展合规尽职调查，包括诚信记录、过往法律诉讼事件、处罚记录等； 3. 关注知识产权、技术壁垒，做好知识产权管理工作，采购要避免侵权也要避免被侵权； 4. 核实供应商相关知识产权权属证明，如专利证书、版权证书等； 5. 增强知识产权保护意识，建立知识产权保护机制，增加知识产权保护、知识管理相关培训； 6. 合同保护，对于不确定性的因素、内容，写进合同，有效保护产权归属； 7. 动态管理供应商合规名单，建立合规黑名单，禁止同合规黑名单中的供应商合作，建立合规等级管理制度； 8. 建立合规文化和合规意识，组织、流程和系统等需保障合规业务的开展，加强违规管理和问责

续表

采购阶段	关键风险点	风险控制要点
采购招标	1. 招标方式、模式选择不当； 2. 招标策划分析不足； 3. 资格审核不充分； 4. 标书表述不清晰、不明确或错误； 5. 投标人串标、围标、低价中标后加价； 6. 评标不公、违规违纪； 7. 招标过程不公开、不透明； 8. 决标前后压价、越权定标、延迟定标、违规定标； 9. 招标执行偏离	1. 针对项目情况，选择合适的采购方式和招标模式； 2. 规范招标制度和流程，严格按照招投标流程和相关标准开展各项工作，严格管理各环节时间； 3. 做好招标准备工作，充分开展需求分析、供应市场分析、宏观环境分析以及项目和目标分析等，完善招标策划工作； 4. 严格审查资格，规范撰写招标文件； 5. 确保评标专家具有专业性，公平公正地对待所有投标人； 6. 加强信息化管理，建立电子招标平台，提高招标过程的透明度，减少暗箱操作； 7. 规范招标制度，明确评标标准，确保招标过程的公开、公平，并对敏感信息进行保密； 8. 招标完成后，应对实际订单执行的偏离情况进行监控； 9. 建立招标全过程管理制度，监控招标结果的执行情况； 10. 加强招标监督监管； 11. 对于招标过程中的违法行为，要追究相关责任，建立黑名单； 12. 加强信息保密工作，签署保密协议； 13. 严禁肢解招标，违法分包
供应商信息管理	1. 存在数据泄露风险； 2. 存在滥用数据风险； 3. 存在数据完整性风险； 4. 存在系统故障和数据丢失风险； 5. 缺乏系统、版本等变更控制规程； 6. 关键人员流动导致信息、知识流失	1. 在系统设计阶段进行风险识别与评估（包括请利益相关者参与系统设计与实施）； 2. 系统层面设置强大的访问控制和机密保护系统； 3. 遵守信息系统的规定和规程，对员工开展正确使用系统和加强安全意识方面的培训； 4. 存储数据的备份资料，防止由于系统故障或数据损坏造成损失； 5. 针对灾难性的故障，制订业务持续性和灾难恢复计划； 6. 签署保密协议并严格执行； 7. 信息保证
供应商绩效评估	1. 绩效指标太多或错误； 2. 评价标准模糊； 3. 缺乏长期综合评价； 4. 评价结果未能有效利用	1. 对供应商开展绩效管理，绩效管理需支持企业战略； 2. 对评价指标进行量化，评价指标不宜过多； 3. 确保评价指标数据可有效、准确获取，避免人为操纵等； 4. 定期共享和追踪供应商绩效水平，督促绩效差的供应商进行改进，跟踪改进情况

续表

采购阶段	关键风险点	风险控制要点
供应商全生命周期管理	1. 存在财务危机、风险； 2. 存在信用风险； 3. 供应商财务状况不稳定； 4. 存在供应商关系风险； 5. 存在外包、离岸及转包风险	1. 开展供应商关系管理，派专员负责关系的维护，与战略供应商形成风险共担、利益共享的长期合作关系； 2. 加强信息保护； 3. 关注供应商的财务状况，资产、负债、盈利、现金流等，做好尽职调查； 4. 严格管理外包业务； 5. 关注供应商社会责任、建立环境质量体系、加大违法处罚等

2. 中观环境

中观环境是指对运营产生直接影响的供应商、客户等，可以简单理解为供应链。在中观环境中，组织需要与供应商协作与交互。供应商是组织资源的一部分，需要“关心”和“关注”供应链上合作伙伴的风险，避免它们给组织带来输入型风险。

我们可以用五力模型来分析中观环境。迈克尔·波特认为，在每一个产业中都存在五种基本竞争力量，即潜在进入者、替代品、购买者、供应商、现有竞争者。采购人员可以针对这五种力量，对供应商进行持续监控，识别出潜在的威胁与机会，如图 8-3 所示。

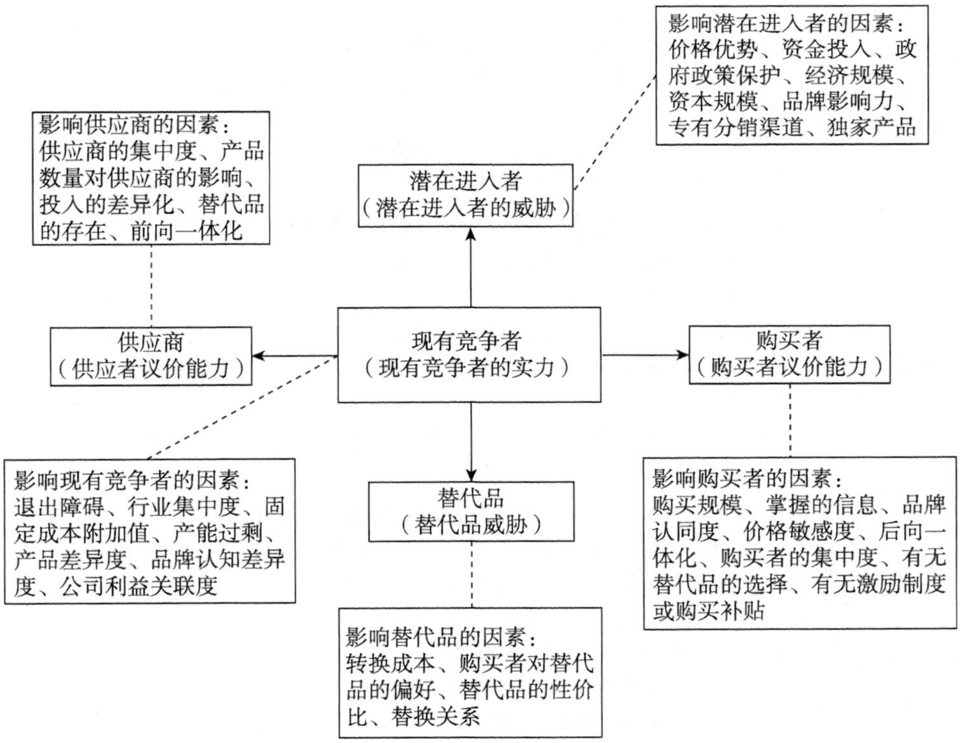

图 8-3　五力模型

3. 宏观环境

宏观环境是指组织所处的外部市场和社会环境，包括经济、政治、法律、文化、道德、技术和环境等。它也包括与政府、媒体、非政府组织（NGO）之间形成的关系。

分析宏观环境一个常用的分析工具是“PEST”工具，最全面的版本是“STEEPLE”工具，如表 8-4 所示。我们选出了一些 STEEPLE 因素示例，这些因素属于组织和供应风险因素。

表 8-4 STEEPLE 因素

因素	示例
社会文化因素（S）（社会文化是如何影响客户、供应商或其他利益相关者的需求或期望的）	1. 影响产品和服务需求、劳工需求的人口统计特征（如年龄、性别、地理分布和人口流动等）； 2. 消费者购买偏好； 3. 教育和职业技能基础（影响劳工雇佣和工资）； 4. 价值观（如重新整合社会责任和多样性）； 5. 工作态度、就业公平和员工关系； 6. 文化差异（对跨文化和多文化管理具有影响）； 7. 性别角色（影响对公平权利的预期）。 例如：欧洲企业社会责任协会（CSR Europe）进行的消费者态度调查表明，在 12162 名接受采访的消费者中，44%的人表示他们愿意为社会责任和环保产品多付一些钱，这意味着可持续采购成为一种趋势
技术因素（T）（是否存在发展机会或者过时的风险）	1. 信息与通信技术（ICT）的发展改变了产品的商业运营模式（如电子商务）； 2. 自动化和 ICT 促进劳动力结构合理化； 3. “虚拟”组织（指一种区别于传统组织的以信息技术为支撑的人机一体化组织）； 4. 外包（通过完善的沟通、整合和控制）。 例如：很多公司以前通过采购外包服务来开展电话接听业务，但随着人工智能的发展，开始使用智能机器人来替代人工接线员
经济因素（E）（经济因素的变化是如何影响产品需求和供应及成本的）	1. 经济力量和行业或市场稳定性（如影响就业、人力资源投资、生存的优先事项、竞争优势来源）； 2. 通货膨胀率和税收（影响可支配收入、财务成本、工资费率）； 3. 在国际供应市场，汇率、绩效工资和税收、人才流动和资本移动的自由、贸易协定等。 例如：目前全球供应链的产能正在发生新的迁移，很多制造企业将工厂搬迁到东南亚国家
环境因素（或生态因素）（E）（哪些因素会引起供应问题、合规性问题、市场压力和信誉风险）	1. 对环保产品的消费需求以及公众对环保制造过程的要求； 2. 环境方面的法规，如关于污染、碳排放和废弃物管理方面的法规； 3. 新出现的或当地应优先考虑的绿色生态问题，如水资源的污染、森林砍伐、气候变化和温室气体排放； 4. 自然资源的可利用性、稀缺性； 5. NGO（非政府组织）对环保要求的监督。 例如：中国生态文明论坛南宁年会上提到，2019 年新一轮环保督察将全面启动，计划再用 4 年时间开展第二轮中央生态环保督察工作，这预示国内环保政策不断收紧，很多工厂可能面临倒闭风险

续表

因素	示例
政治因素（P）（政策变化和政治形势的影响因素是什么）	1. 政府政策（例如，在国际贸易方面的政策、支持工商业和创业的政策、公共开支削减政策、人事政策）； 2. 雇员、供应商和地方发展所能享有的资助和补贴政策； 3. 地缘政治； 4. 战争或恐怖主义。 例如：2019 年日本对韩国多种芯片制造材料实施出口限制，存储芯片价格一周内猛涨 15%
法律因素（L）（组织为了做到合规，需要如何遵守法律法规）	在很多方面存在法律和法规问题，如就业关系中雇员和雇主的权利和义务、工作场所健康和安全、平等就业权利、工作时间、最低工资、环境保护、消费者权利、数据保护和政府采购程序。 例如：欧盟出台了《通用数据保护条例》（GDPR），万豪酒店集团因未能充分保护客户数据而面临英国信息专员办公室（ICO）的 1 亿多美元罚款
道德因素（E）（哪些道德问题会造成市场压力或信誉风险）	1. 对采购或生产环节符合道德要求的货物和服务的消费需求（如公平定价、供应链的用工标准、避免动物实验、不可再生资源的可持续性采购等）； 2. 专业团体、工会等制定的道德准则和标准； 3. 供应链上不道德行为的曝光或关联所产生的道德或信誉风险，影响组织的"雇主口碑"（在人才的眼中，组织是否达到了雇主的道德要求。这种认识影响着组织吸引人才和挽留人才的能力）。 例如：苹果公司的"血汗工厂"事件

二、风险评估

组织面临各种各样的风险，如果不加以区分，那么资源的分配便没有重点，也会降低组织对重大或颠覆性风险的敏感度，进而导致严重的后果。

风险评估是指对已识别的潜在风险概率和不利后果的评估。换句话说，就是提出"它的可能性有多大，影响可能有多坏"这样的问题。要回答这些问题，常常需要用基本公式来量化：风险水平＝风险可能性（概率）×风险影响（不利后果）。

风险可能性是指在判断组织当前所处环境和当前风险管理做法的前提下风险发生的概率。它可以将风险发生概率的等级用百分数（100%表示确定发生）或分值（1～10 分，等级越高分值越高）等来表示。风险发生的可能性越高，风险的总水平越高，风险管理的优先级就越高。

风险影响是指风险发生给组织可能造成的损失或成本，或者对组织完成其目标的能力可能产生影响的水平。对影响的严重性可以进行量化（例如，估算成本或损失）、计分。

高概率风险不太可能找到将风险发生概率最小化的方法，我们要调动资源来使它们造成的影响最小化。低概率风险不值得我们投入资源。然而，如果它们的影响很大，那么我们还需要制订应急和恢复计划，这样组织就可以在事件发生的时候有效地进行响应。更应该引起我们重视的是那些发生的可能性很低却会造成灾难性后果的风险，而不是发生可能性大但造成轻微影响的风险。

我们可以利用风险图或矩阵来进行简单的风险评估。

（一）风险图析法

风险图析法指根据威胁和危险发生的可能性及其一旦发生所造成影响的严重性，在图上绘出相应的点。

塞德格洛夫通过对影响的严重性（微小、较小、严重、惨重）和发生概率（非常不可能、不太可能、相当可能和确定/非常可能）进行了简单的定性分类，建立了风险图析法。然后，将风险绘制在一个简单的方格上，如图 8-4 所示。对角线代表一个分界线，即将大体上可以接受或不可以接受的风险区分开，分为风险管理的高优先级（分界线上方）与低优先级（分界线下方）两类。

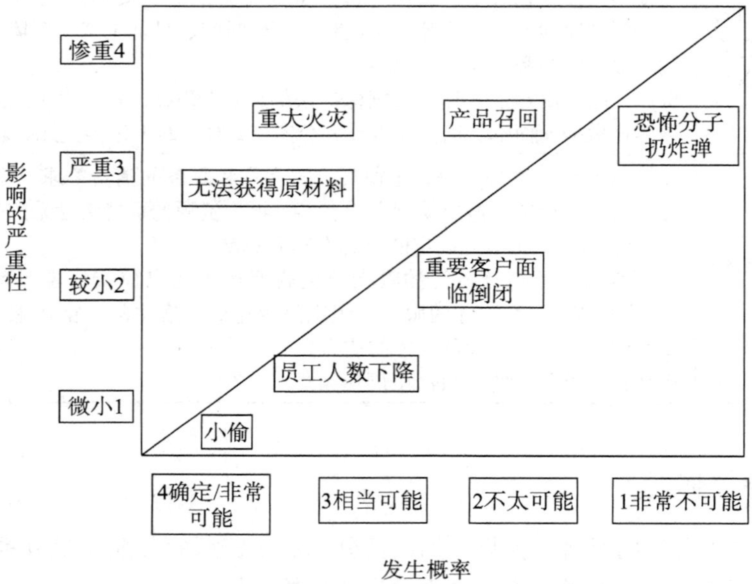

图 8-4　风险图析法

（二）风险分析矩阵

根据“风险水平=风险可能性（概率）×风险影响（不利后果）”的公式，建立一个简单的风险分析矩阵。概率是用百分数来表示的，后果是用从 1 到 10 的数字（1 表示可以忽略的后果，而 10 表示灾难性的后果）来表示的。例如，在评估一个信息技术职能的外包合同时，可以识别出一些关键风险要素，风险分析矩阵如表 8-5 所示。

表 8-5　风险分析矩阵

风险要素	概率	后果	风险水平
系统故障	20%	10	2.0
员工罢工	80%	6	4.8
（项目、新产品的）初期问题	30%	4	1.2

我们可用多种方式来利用这一分析矩阵。

员工罢工的风险水平最高，所以这是需要优先得到管理层重视的风险（例如，从供应商那里获得在员工关系谈判上的保证，开展员工沟通和征求意见活动等）。

事实上，可以设置对后果的容忍标准（例如，对后果达到7以上的所有风险，必须采取相应的措施）。因此，系统故障就成为管理层优先采取行动的因素（例如，确保应急计划和支持系统到位）。

风险的不同要素可以用图的方式来表示，如图8-5所示。据此我们可以制定出决策指导方针：对于“可接受的”风险水平，暂时进行记录，接受/容忍风险；对于“适中的”风险水平，需要进行风险管理；对于“不可接受的”风险水平，则要避免或消除风险。

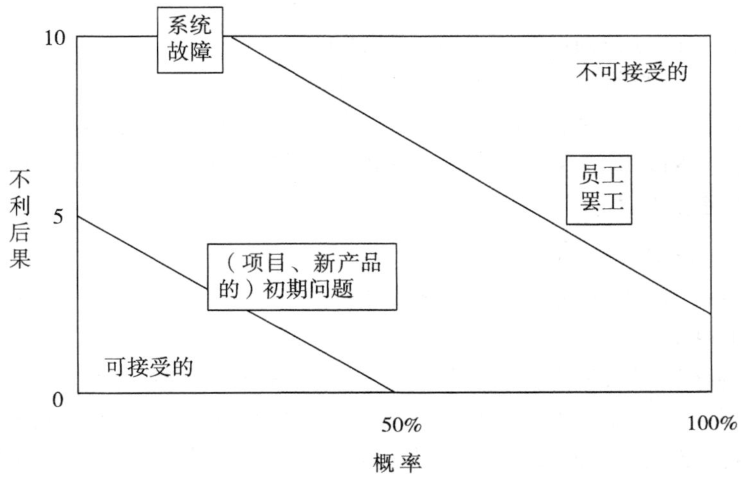

图 8-5　风险要素

三、风险应对

风险应对是指在风险评估的基础上，根据风险的不同，制定针对性的风险应对措施。人们通常把风险应对管理（“我们能做些什么”）总结为“四个T”。

（一）容忍（或接受）风险

如果评估后风险的可能性或影响可以忽略不计（或者没有可行的方法来降低风险）那么当下就不需要或者没有理由（根据成本收益分析论证）采取进一步的措施。这种情况下，我们仅仅是确认并记录风险。如果风险的可能性或影响升级到预先确定的可接受范围，则将其标出来以便进行监督和定期重新评估。不论在哪种情况下，都应该对容忍（或接受）风险的理由和根据进行清晰记录。举例如下。

（1）在引入供应商时，审核标准上的某项要求供应商不达标，但是经过整体评估，该风险可以接受，最终决定引入该供应商。

（2）虽然非核心岗位的人员存在一定比例的流失，但是对业务的影响很小，可以不采取风险处理的措施。

假定对于资源需求存在竞争性，那么对于低水平的风险，容忍（或接受）风险可能是合适的应对措施。

（二）转移（或分散）风险

转移（或分散）风险指组织将风险损失通过合同或保险等方式转移给更有能力或者愿意处理风险的另一方承担。举例如下。

（1）通过缴纳保费来转移高价值物料发生货损的风险。

（2）利用合同条款，确保风险事件的成本由对方来承担或分担（如明确合同执行各阶段风险的责任、利用违约金条款、坚持供应商承担保险，或者将共同分担风险监督的责任作为合同管理过程的一个组成部分）。

（3）当原材料价格波动较大时，通过期货等金融工具来稳定成本，规避价格波动风险。

（4）对不擅长的业务领域开展采购外包活动。

（5）风险共担，与供应商建立风险共担的机制。

转移风险减少了组织发生风险后的损失，但无法消除风险，并且组织也要为此承担一定的成本和代价。例如增加保险成本、可能的规模经济损失（由于经济体分解），以及可能对供应链关系造成损害。

（三）终结（或避免）风险

如果与某一具体项目或决策有关的风险太大，并且不可能减轻，组织则可以考虑不投资或不参与此项活动。举例如下。

（1）某个地区地缘政治不稳定，放弃在该地区进行采购寻源。

（2）某个供应商产能跟不上，采购部门决定不再继续与该供应商合作。

终结风险貌似规避了风险的发生，但是也意味着失去了潜在的收益和机会，因此被认为是一种消极的做法。

（四）处理（减轻、最小化或控制）风险

组织采取积极的应对措施对风险进行控制，将风险可能性或潜在影响降低或最小化，或同时将二者降低或最小化。举例如下。

（1）组织与供应商开展战略合作，进行信息共享，减少库存与交付风险。

（2）提升采购人员专业能力，减少人为风险。

（3）提前制订应急计划，以减少风险发生后的不良影响。

（4）将质量管理渗透进产品设计、原材料采购、生产等各个环节，以提升产品质量。

（5）建立多个工厂，相互备货，提升供应的柔性。

（6）加强供应商监控和绩效管理，加强供应商认证或资格预审，对关键采购事件或采购出现偏差的报告和分析、供应商情况变动时制订应急和恢复计划（如替代的供应源）等。

处理风险的目的是将风险降到可接受的水平，与此同时它也会产生措施成本，而且会产生次级风险（由处理风险措施引起的风险）。

四、风险管理评价

风险管理评价是指对整个风险管理技术的准确性以及有效性进行分析检查、评估与修正的过程，通过风险管理评价发现风险管理中的不足。

风险管理评价通常包括评价准备、评价实施、出具评价报告、评价等级认定、评价结果利用和后续审计等。首先，组织应针对每一个识别的风险都任命一名风险责任人，旨在监控风险状况、更新风险登记簿，并定期向风险管理团队汇报情况。组织面临的风险通常有很多，并且不断地发生变化。为了便于跟踪与管理，需要用到一个记录的工具——风险登记簿。

出具评价报告、评价结果利用和后续审计（发生了什么，并且我们能学习到什么）是风险管理评价的一个重要组成部分，其目的有以下几项。

（1）弄清组织风险状况是否正在发生变化并且识别最近出现的或升级的生产、市场、资源、管理、财务和环境风险。

（2）通过有效处理风险，确保组织的风险管理流程是有效的。

（3）指出合同风险管理流程哪个环节需要改进，或者从紧急事件和涉及合同条款或内容的问题中能吸取哪些教训。

（4）确保每年至少审查一次风险管理流程的所有环节，及时发现问题并优化风险管理流程。

（5）确保以合理的频率检查组织自身风险（针对管理层自己的风险审查和独立审查或审计，有合理的规定）。

（6）针对新风险或已识别风险发生的变化，建立风险管理信息交流与监督反馈系统，这样才能适时、适当地应对变化。

管理制度范本 8-1

供应商风险管理制度

1 目的

为了保证供应链的稳定性，减少供应商在质量、成本、交货期、技术、服务方面的风险，提高在行业内的竞争力，制定供应商管理的风险管理制度。

2 范围

本制度适用于潜在供应商及与公司签约的供应商，直接、间接提供公司最终产品所需要的各种原材料、辅助材料、外购件及外协件的供应商。

3 术语和定义

高风险供应商：已经或很有可能在供应商资格评价时业绩下滑，影响公司的生产运营，但又不够删除其供应商资格的，称为高风险供应商。

低风险供应商：供应商提供的产品和服务，虽然有潜在不符合的可能性，但这种可能性被证实已实施了有效的控制措施或方案，这类供应商称为低风险供应商。

风险管理：考虑各种风险因素产生的条件，判断风险发生的时间范围以及以何种方式表现，并针对每个风险因素发生的概率和可能造成的损失进行正确评估，使损失达到最小。

4 职责

品质保证部：负责考核供应商在质量方面的绩效。

研究部：负责考核供应商在技术方面的绩效。

采购部：负责收集风险因素信息，并对风险因素进行分析，制定规避风险的措施以及跟踪后续的措施实施效果。

5　风险识别的因素

5.1　技术因素。

5.2　质量因素。

5.3　成本因素。

5.4　信用因素。

5.5　交付因素及服务因素（包括物流因素）。

5.6　行业因素。

5.7　供应商股东结构及财务状况。

5.8　员工稳定性因素。

5.9　产品品质变更因素。

6　评估小组

6.1　每年12月对供应商的绩效考核结果进行评估，识别风险因素，同时要求供应商进行内部风险评估并提交风险项目及风险应对措施的报告。

6.2　确定风险项，对风险应对措施进行跟踪验证。

6.3　评价风险控制效果。

6.4　遇到特殊风险时及时到达现场进行风险评估及记录。

7　工作流程

7.1　建立供应商风险预警机制。

7.1.1　建立要求。

a. 建立起对零部件的事前控制而非事后控制的机制，要达到预防和警示的效果。

b. 不同的制造工艺和不同的部门对零部件的要求不同，风险预警机制的要求也会不同。

7.1.2　框架。

a. 成立风险管理小组。

b. 明确信息收集和传递要求。

c. 风险分析。

d. 风险处理。

e. 风险控制。

7.2　风险识别。

7.2.1　技术因素识别。

a. 是否具有与顾客要求相匹配的技术设计能力。

b. 是否具有及时有效处理技术问题的能力，保证在试装过程中出现的突发状况得到及时处理。

c. 技术团队是否具有经验。

d. 是否具备与工艺相匹配的技术装备（设计开发与样品生产为同一工厂）。

e. 是否建立了技术资料及经验数据库。

f. 是否进行了前期质量策划。

g. 是否进行了产品可行性分析。

7.2.2　质量因素识别。

a. 对供应商的质量保证能力进行动态评价。

b. 质量因素的识别按照供应商管理手册执行。

7.2.3　成本因素识别。

a. 从产品生产到使用过程的角度理解成本，即包括产品的制造成本、采购成本、使用和维护保养以及废弃成本、设计变更成本等因素。

b. 质量成本是否在控制。

c. 安全库存量的成本控制。

d. 运输成本的控制。

7.2.4　信用因素识别。

a. 是否按照质量协议和供货协议执行。

b. 其他信用因素如下。

保证供货的资金能力。

供应商的运营情况和失信记录调查及信息库的建立。

失信情况的及时处理程度。

7.2.5　交付因素及服务因素识别。

a. 交付因素如下。

是否进行了生产能力分析。

是否进行了生产能力规划。

是否进行了安全库存的规划。

是否考虑了紧急订单的应对措施。

是否考虑进行二元化开发减少独家供应商所带来的风险。

b. 服务因素如下。

包装的合理性：是否根据产品的特性、运输方式及路况的不同进行包装设计。

包装的环保性：是否考虑到可回收和可降解的材料。

包装运输的效率性：是否适应大批量生产的生产加工需要。

物流的保证：时间、质量是否能够保证。

服务人员的保证：是否具备及时处理问题的素质，是否能够在发生突发状况时快速反应，是否能够保证与顾客的顺利沟通。

7.2.6　行业因素识别。

a. 是否进行了汽车行业分析。

b. 是否进行了竞争对手分析。

7.2.7　供应商股东结构及财务状况识别。

a. 是否为股权集中度过高（高风险）状态。

b. 是否存在股东结构变化频繁（高风险）问题。

c. 财务状况评估。

7.2.8　员工稳定性因素识别。

a. 包括从产品开发部门到操作部门的所有员工。

b. 是否建立了激励措施。

c. 是否有办法激发员工的知识和技能的潜能。

7.2.9　产品品质变更因素识别。

a. 在量产后与产品相关的4M不得随意变更［包括作业员（Man），机械设备（Machine），原材料（Material），作业方法（Method）的变更］，可能会造成产品的产品质量不稳定、可靠性变差或意外事故等，尤其是特殊工序和关键零部件的生产工艺，涉及的变更必须通知顾客，待顾客批准后方可变更。

b. 定期进行现场评审，评估产品品质变更的影响。

7.3　风险分析。

对识别出来的风险，利用图表方式进行分析，确定出风险项目，并向风险供应商发出风险预警。

7.4　风险处理。

根据得到的风险预警信号，针对风险采取应对的措施，将可能出现的损失降到最低水平，避免造成影响公司正常运营的情况，应对措施包括临时措施和长期措施。

7.5　风险控制。

7.5.1　对风险控制的措施进行跟踪，将风险损失降到最低。

7.5.2　建立风险案例数据库。

7.6　资料存档。

将所有风险管理的相关资料保存，以便追溯。

8　风险管理记录。

8.1　风险项目的整理和汇总记录。

8.2　风险发生可能性和产生不良影响的分析记录。

8.3　风险处理方案的记录。

8.4　风险案例数据库的建立。

第三节　风险管理策略

供应商风险管理策略的有效实施离不开风险管理战略、风险管理组织架构、流程支撑、风险文化等相关管理措施，相关内容如图8-6所示。

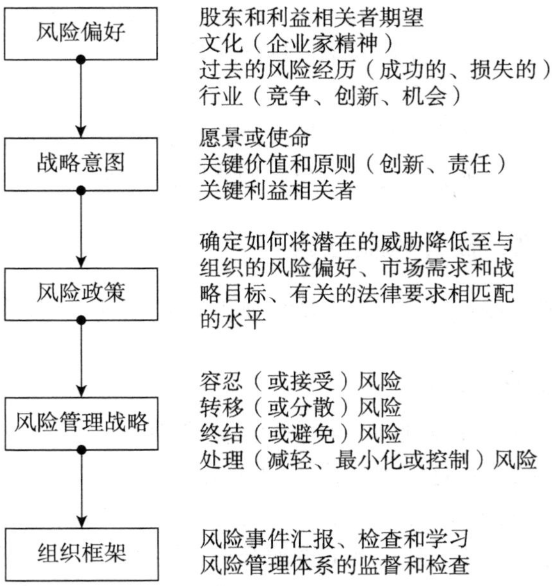

图 8-6　供应商风险管理策略的有效实施

一、确定风险管理战略

制定组织（全组织范围的）长期的、积极主动的战略框架用以管理组织和供应链风险，前提是有一个广泛的风险管理战略计划和实施框架，该框架一般包括以下六个部分。

第一部分：战略目标。

风险管理战略通常要界定组织面临的风险是什么，并且概述组织的战略目标及风险管理在保证达成这些目标过程中的作用。

第二部分：战略原则和实施要求。

战略原则陈述应表述组织在风险管理方面的核心价值（如透明性、跨职能和供应链的整合、对利益相关者的保护、创业精神、社会责任等），应尽可能地对组织的风险偏好进行明确和说明。

实施要求应规定战略实施的各种角色和职责。

第三部分：战略风险识别。

战略应定义和详述组织面临的主要风险的类型，同时说明组织应如何识别新的风险。

第四部分：战略风险分析与评估。

对已识别的风险，评估其可能性和影响，任命风险责任人（持续负责对风险评估进行检查和维护风险登记簿）。

应制定出风险评估方法、风险承受度和升级指导方针，当自下而上报告风险事宜，确保所有风险都以一种系统的、协调的方式，在适当的组织层级上得到监督和评估。同时也应明确制定出对组织的风险登记簿的要求。

第五部分：战略风险处理。

对于处理风险的战略选择（容忍、转移、终结、处理）以及应何时使用何种选择，都要提出相应的指导方针。另外，还应说明针对某特定层级或类别风险的应急计划的重要性，包括业务持续性和灾难恢复计划的必要性等内容。

第六部分：战略风险检查与汇报。

该战略必须确保适当有效的检查与汇报安排，包括利益相关者沟通计划（识别利益相关者的风险信息需求，以及确定如何开展与它们之间的沟通）。

二、创建风险文化、提升风险意识

供应链脆弱性管理、持续性管理和恢复弹性供应链等方面成功的关键变量，具体如下。

（1）顶层管理者的风险意识。

（2）作为供应链管理不可分割的一部分的风险意识。

（3）每个员工对其在风险意识中的作用的认识。

文化是组织的灵魂，是组织发展的动力。良好的风险与合规文化能激发员工的使命感和责任感，使员工有风险意识，促使员工主动合规。要将风险意识和合理的风险偏好思想渗透进组织，在政策和程序的层面，也在核心价值观、态度和行为准则层面。

风险意识的提升方法如下。

（1）愿景宣传：通过对风险政策、组织形象和故事、顶层管理者模范事迹的宣传。

（2）逐级分解风险管理目标：通过员工和利益相关者沟通计划、部门和团队短会，在内部网页、程序手册中增加风险事宜。

（3）教育和培训员工：在风险意识和风险识别方面以及相关的风险管理程序等方面对员工进行思想教育和相关培训。

（4）共享风险信息：例如，通过对风险登记簿、风险管理手册（印制的或者发布在内部网页上的）、风险审计和报告在不同职能部门负责人之间展开讨论。

（5）对成功识别风险和使风险最小化的员工进行奖励和认可。

（6）鼓励在风险问题上“跳出框框思考”、勇于质疑、挑战与其有分歧的观点；不鼓励“团组思维”，即亲切友好的、自鸣得意的、思路狭窄的强迫合议思维。

（7）监督和检查风险意识：通过内部的和外部的审计、评估等对组织风险管理的计划和实施及时监督和检查。

领导力是风险管理成功实施的核心因素。领导要重承诺、带头做、投资源、亲自教。领导一旦做出身体力行的表率，将会对员工的风险防控行为和意识产生巨大的影响。

三、组织保障

风险与合规的管理，要在组织上有所保障。

（一）组织架构

（1）要有风险与合规管理的组织，确保相关职责落实到各个岗位中。采购部门作为第一道防线，需要对该项工作负首要责任。在设计采购部门职能的时候，要将风险与合规管理的职能考虑进去，让其风险管理职能显性化。

（2）风险管理部门、内控管理部门、合规管理部门等作为第二道防线。这道防线可以介入采购风险工作，事前对采购的主要风险事项进行审核，比如对可疑供应商的资质情况进行审核，事中监督采购风险管理工作的开展，事后评估采购风险管理的效果。

（3）审计部门、纪检部门、监察部门作为第三道防线，对采购业务的真实性、合规性进行监督，发现采购业务存在的问题及风险，督促整改。

通过三道防线的组织架构，让采购的风险控制与合规工作形成闭环管理。

（二）不相容职务分离原则

不相容职务分离是组织内部控制管理一个非常重要的手段。不相容职务分离要求组织全面系统地分析、梳理业务流程中所涉及的不相容职务，实施相应的分离措施，形成各司其职、各负其责、相互制约的工作机制。一般来讲，分离的原则包括以下四种。

1. 职务分立，相互制衡

“采”侧重于供应商的寻源、成本的管控以及品类的选择，偏战略层面；“购”侧重于订单管理、合同执行，偏操作层面。现在，越来越多的组织开始推行采与购的分离，还有采购与验收、交付的分离，一方面可以减少因“一条龙”式管理带来的舞弊风险，另一方面也可以提升采购的专业性。很多领先的组织，还单独设有采购技术的职能部门，与采购验收部门、采购支付部门形成相互制衡的“铁三角”。

2. 执行与决策分离

执行与决策的分离意味着针对特定的采购活动，一个人不能既是执行者又是决策者。例如，采购经理必须经过采购总监的批准才能给供应商下达采购订单。

3. 审批权分离

审批权的分离有多种形式。例如，将采购的审批权分配给一个人，再由另一个人进行审查；或者由不同的人共同审批，如“研发领导+采购领导”；或者成立一个采购控制委员会来进行审批决策。

4. 业务与审计分离

采购的审计要保持独立性。一个人不能既负责采购业务，同时又负责采购审计工作。审计部门不能和采购部门一样，向同一个领导汇报，要保证审计工作的客观与公正。

（三）组织管理机制

采购组织的形式、授权机制、岗位轮换机制等，都与风险管理有着密切的联系。组织应结合风险敞口，对业务场景进行区分，灵活设计组织的授权与岗位轮换机制。

在设置岗位轮换机制时，不要仅因为防止员工舞弊而轮岗，还需考虑专业性、业务连续性、岗位性质和人才培养等方面全方位设计轮岗制度。

（四）知识管理

在知识经济时代，开展知识管理，建设学习型采购组织对于风险的防范也起着至关重要的作用。提高采购人员业务能力和专业技能水平的同时，加强知识管理、开展知识共享、关注知识资产和传播，保护知识产权与降低风险有着密切的关系。

组织保障不能孤立使用，需要将其与流程保障、技术保障和资源保障结合起来，系统性地解决问题。

四、流程保障

组织的所有活动都涉及风险。业界一些优秀的首席合规官、首席风险官以及风险与合规管理专家几乎达成了一个共识——只有将风险与合规管理的要求融入采购的全流程中，才能确保相关要求的落实。

采购风险与合规管理的流程保障包括两层含义：第一，要将风险控制与合规的要求融入采购的全流程中，通过流程来控制风险，确保合规。第二，在采购全流程的各环节作业中需要建立一套风险管理的程序，对风险进行识别、分析、排序，根据不同等级采取相应的风险策略。

五、技术保障

传统的风险识别手段主要是人工识别，然而风险无处不在，增加再多人手也无法保障能及时而全面地识别出风险，靠人盯人来控制风险实在是低效和落后。想要更为前瞻性地管理风险，并且避免过多的流程控制、组织控制带来的低效问题，必须从技术上进行革新。以实现风险管理的“四可”。

（1）风险可记录：将风险记录下来，呈现出来，实现全程可追溯，一切皆数字，一切皆可控。

（2）风险可控制：有效控制，降低风险，让违规行为无法发生。系统化阶段追求的目标是将风险控制与合规管理要求嵌入技术系统，利用技术手段控制风险，让不合规的行为无法实现。

（3）风险可视化：路径透明，让管理者看见，以便实时监控，发现异常；让行动及时，以便及时采取措施，寻求改善。

（4）风险可决策：利用大数据分析技术，洞察风险，挖掘规律，智能预警。通过预警系统，对风险的发生提前发出警示，更好地未雨绸缪，防患于未然。

数字化采购将应用数据捕捉和采集技术，基于大数据进行前瞻性的预测分析，实时洞察潜在的供应风险，帮助组织建立风险管理系统。

六、资源保障

分配给风险管理的资源反映了组织运营所处的业务领域、脆弱性的性质及暴露的程度。

（一）分配给风险管理资源的考虑因素

管理层根据一系列商业论证或损益因素，作出将资源调配给风险管理的各种战略决策和战术决策。这些考虑因素包括以下内容。

（1）风险的不可容忍性（例如合规需要）和脆弱性及暴露的优先级。

（2）管理层时间的可利用性和成本以及风险经理人的效率及排序技能。

（3）现有的风险管理基础设施、风险管理体系（例如质量保证体系）和信息资源的可利用性。

（4）计划和实施的偏差、潜在进入者和替代品的威胁、自动识别和报告系统的可利用性。

（5）得到控制的风险给组织带来的潜在好处，通过定性或定量的方式来衡量。

（6）实施风险管理体系的成本。

（7）开发和维护风险管理体系的成本。

（二）实施有效的风险管理战略需要多类资源

1. 信息资源

风险识别必须以全面的信息为基础，这就要求组织建立一个强大的管理信息系统（MIS），通过该系统以适当的形式提供适当的、及时的数据。和风险管理相关的信息资源包括：内部风险报告记录和数据库，管理信息和决策支持系统（例如用于情形模拟和统计风险测量的信息支持系统），采购环境或市场调查报告和风险评估建议，以风险为中心的利益相关者商讨出的战略和计划。

2. 人力资源

风险管理的实施，需要分配管理人员和执行人员进行风险识别、评估和处理活动。风险管理人力资源包括：给予支持的管理层，有风险管理意识的员工，风险委员会和审计团队。

3. 基础设施

新的风险管理举措可能需要完善基础设施建设，如完善风险管理信息系统设备、风险预警信息网络等。

4. 技术资源

技术资源包括风险管理信息系统、自动风险监控和报告系统、基于技术的风险减轻措施（如安全设备、风险提醒和警告装置、危险任务的自动化处理设备、用于风险事件分析的“黑匣子”录音机、计算机库存管理系统等）。

5. 时间资源

时间资源是指管理人员和执行人员为风险管理活动分配足够的时间，进行进度安排和时间管理，进而减轻项目风险。

6. 物质资源

物质资源包括安全的和维护良好的建筑物、设备和运输工具；用于危险物质和一般库存货物的安全而设立的仓储设施；由需求控制的库存水平等（很大程度上取决于危险或脆弱性的类型）。

7. 财务资源

财务资源包括提供足够的预算，支撑信息资源、人力资源、基础设施、技术资源和时间资源，实施减轻风险措施的成本，以及把握机会的成本（如投资、创新、产品开发等）。

七、专业的采购人员

风险管理关乎组织的每一个人，而采购人员作为采购和供应商管理的核心参与者，其专业知识、风险管理能力、道德素养等对于供应商风险管理至关重要。采购人员所需具备的素质包括五个方面：一是采购知识；二是管理知识；三是配套知识；四是风险管理能力；五是道德素养。采购管理人员必备素质如表 8-6 所示。

表 8-6　采购人员必备素质

<table>
<tr><td rowspan="4">采购知识</td><td>采购要领知识</td><td>包括采购的对象、类型、模式、方法、架构、流程、技术、趋势等</td></tr>
<tr><td>采购产品知识</td><td>包括采购产品的特征、功能、定位、种类、标准、专利、包装、仓储要求、流通条件等</td></tr>
<tr><td>采购市场知识</td><td>包括采购产品在市场上的地位、供应商的分布、产品价格区间、同类产品的优劣等</td></tr>
<tr><td>采购业务知识</td><td>包括需求分析、信息收集、预算计划、渠道评估、商务谈判、合同签订、物流管理、订单跟进等</td></tr>
<tr><td rowspan="4">管理知识</td><td>管理原理</td><td>包括管理的体系和理论，如管理的概念、特征、作用、载体、主体、客体、环境以及管理理论的起源、演进和发展</td></tr>
<tr><td>管理内容</td><td>包括采购管理的范畴和流程，如需求管理、信息管理、决策管理、渠道管理、合同管理、库存管理、风险管理、人员管理、成本管理、绩效管理等</td></tr>
<tr><td>管理术语</td><td>包括采购活动中经常使用的术语，如生产用料、非生产用料、转卖品、经济订购量、最小订购量、永续订单、周转率、日平均销售量、营业额、询价、比价、议价、请购、订购、账期、账额、交货条件、短交、发货周期、付款条件等</td></tr>
<tr><td>管理经验</td><td>包括适用于采购管理的成功经验和管理思想，如即时制采购法（JIT）、ABC 分类法、供应链管理（SCM）、物料需求计划（MRP）、企业资源计划（ERP）等</td></tr>
<tr><td rowspan="4">配套知识</td><td>工商知识</td><td>包括组织类型、组织性质、生产规模、经营范围、注册资本、运行模式、纳税种类、业务资质、专业认证等</td></tr>
<tr><td>财税知识</td><td>包括与采购相关的财务和税务知识，如资产负债、损益、现金流量、进价、成本、毛利、结款、付款方式、报销流程、应纳税税种、应纳税税率、纳税抵扣项、纳税抵扣率、纳税期等</td></tr>
<tr><td>法律知识</td><td>包括采购过程中可能涉及的相关法律，如《中华人民共和国公司法》《中华人民共和国广告法》《中华人民共和国招标投标法》等</td></tr>
<tr><td>基本常识</td><td>包括政治、经济、科技、人文、社会以及与采购相关的心理学、行为学、关系学、语言学知识等</td></tr>
<tr><td rowspan="3">风险管理能力</td><td>风险意识</td><td rowspan="3">想要敏锐地捕捉风险信号，采购人员要学会“四看”：
第一看宏观环境，可以利用 STEEPLE 工具来帮助识别相应的风险；
第二看供应商，采购人员要关心和关注供应商，供应商的风险就是你的风险；
第三看自己，采购人员要清楚地知道自身问题所在；
第四看同行，别人的风险极有可能会发生在自己身上</td></tr>
<tr><td>风险洞察力</td></tr>
<tr><td>风险应对力</td></tr>
<tr><td rowspan="2">道德素养</td><td>道德品质</td><td rowspan="2">保持忠诚；
在客观考虑各种因素的基础上，从提供最佳价值的供应商处采购；
坚持将诚信作为工作和行为的准则；
规避可能危害商业交易的供应商以及其他与自己有生意来往却会带来损失和风险的对象；
拒绝接受供应商的赠礼；
不断努力提高自己对工作方法、管理能力和影响采购作业流程的知识不断学习的兴趣；
在交易中坚持采用良好的商业准则等</td></tr>
<tr><td>工作原则</td></tr>
</table>

八、风险管理监控、评审与持续改进

由于内外部环境的变化和发展，不断有风险的消失、转移和升级，风险管理需持续监控、记录。针对风险管理技术的准确性以及有效性等评估风险管理绩效水平。基于监督和评估结果，结合组织管理目标、资源、组织架构等，协调资源，作出改进策略，持续调整，提升风险管理能力。

九、风险沟通

沟通是风险管理的一个关键要素，但它常常是个人技能和组织结构中的一个薄弱环节。利益相关者风险信息需求分析可以帮助组织确保针对风险的沟通目标明确、快速、及时，而且以利益相关者最易接受的方法来发布。

十、供应商参与

随着供应链管理的盛行，供应商已逐渐成为风险管理的重要参与者，供应商可以通过下列机制参与实施风险管理战略。

（1）完全参与。在供应网络的所有接触点（采购人员、合同经理、项目团队、核算经理、高级管理联络人、专家等）中增强风险意识。

（2）跨职能合作。开发一个整合的、以过程为中心的方法，用来进行内外部供应链的风险识别和风险处理，避免责任的条块分隔和对风险沟通与问题解决造成的障碍。利用项目和合同管理团队、风险委员会展开与供应商之间的跨职能合作。

（3）供应链的协作与贡献。

（4）从供应商那里正式或非正式地收集有关供应商市场风险因素的信息（尤其是供应商脆弱性）——不仅要在特定项目的供应商评估和资格预审阶段进行收集，而且要在长期内对供应商的市场风险进行评估。

（5）收集供应商关于采购商采购系统和流程中产生的风险因素的反馈（如沟通或需求管理的失败）。

（6）通过谈妥的协议和合同条款，供应商与采购商在合作中努力将风险最小化（如公平地分担风险和责任、切实履行成本或价格协议以及保险、担保和赔偿金等条款要求）。

（7）供应商早期参与新产品和技术开发，或者分包商早期参与项目定义时利用供应商的知识进行风险、脆弱性和机会的识别。

（8）提高供应商分担风险的意愿（如分担有合作伙伴关系的企业或合资性质的企业风险、运输或储存风险等）。

（9）促进供应链的信息流通（取决于信任），提高风险可视性，通过改进风险预测手段支持风险减轻，支持精益的和敏捷的供应，优化成本等。

（10）对供应商在质量、道德和社会责任问题上的合规行为进行保护、激励和管理，将双方声誉损失、环境损害、外包质量问题等的风险降到最低。

十一、风险管理中的第三方

第三方作为供应链风险管理的一个组成部分，我们可以利用一系列第三方商业服务来评估风险和降低风险。

（一）第三方信用评级服务

商业风险管理机构可以为组织提供有关其他组织信用和财务信息的信用报告和财务报告的服务。例如，对投标供应商进行资格预审时，在合同签订之前对供应商进行评估，或者对目前的供应商进行供应商等级评定时，采购商常常会使用这类服务。

（二）风险审计服务

根据组织的特定风险状况，组织可以从不同的风险审计人员或机构获取外部风险审计服务，例如外部审计员、风险和安全顾问或风险研究公司。

外部审计员（一般在会计师事务所工作）从事集中在组织的财务流程及与财务信息有关的内部控制等方面独立调查的工作。外部审计员一般会调查组织中运转的内部控制体系。这种检查的结果常常包括对潜在脆弱性和未管理风险领域的识别。外部审计员的一个重要优点是他们的独立性，即作为第三方，他们处于要他们评价的体系和运营范围之外，而且这样就不太可能有利益冲突。

目前有许多风险和安全顾问，常常专门从事（或者提供专业技能）已知的风险类别评估服务。例如对国际风险，勒索风险，健康与安全风险的评估。

组织可能会委任第三方风险研究公司研究供应商，开展环境扫描、市场和竞争者情报收集、消费者或行业趋势分析和其他形式的风险研究。作为一种选择，也可能向这类公司购买一般的出版报告（关于行业、市场、政治或商品风险的报告等）。

（三）保险

保险是风险处理的一种形式，用来对冲偶然的、不确定的损失或可能不会发生的损失。“对冲”是一种技术，即利用一个市场中的头寸（开展一项投资），专门用来抵消或平衡另一个头寸或投资引起的损失。利用对冲技术，可以防止各种类型的风险。如商品价格风险、信用风险、货币或汇率风险、利率风险、股票风险和需求量风险。

我们可以利用一系列财务工具进行对冲，包括远期外汇、期货、期权、金融衍生性商品（如针对商品价格或股票价格波动的对冲）和保险。

针对如下风险，例如偷窃与欺诈，财产损害，火灾与洪水，海运、空运和陆运风险，公众责任风险（如果公众中有人在投保公司的建筑物中遭受伤害），产品责任风险（如果公众中有人在使用产品过程中遭受伤害），雇主责任风险（如果雇员在工作中遭受伤害）等，可利用的保险有很多种。

本章小结

1. 风险一般分为财务风险和合规性风险；按风险影响组织的决策层次分为战略风险、运营风险和项目风险；按产生风险的环境分为内部风险和外部风险。

2. 风险管理包含：风险识别，风险评估，风险应对和风险管理评价。

3. 风险识别的方法有供应链分析法、问卷调查法、德尔菲法、情景分析法、历史事件分析法、故障树分析法和流程图分析法等。

4. 风险应对的方法有容忍（或接受）风险、转移（或分散）风险、终结（或避免）风险、处理（减轻、最小化或控制）风险。

5. 风险管理策略有确定风险管理战略，创建风险文化、提升风险意识，组织保障，流程保障，技术保障，资源保障，专业的采购人员，风险管理监控、评审与持续改进，风险沟通，供应商参与，风险管理中的第三方。

综合案例分析

谷歌母公司按美国政府要求停止与华为公司相关的业务和服务，涉及硬件、软件和技术服务方面，包括旗下移动设备操作系统（安卓）。这意味着华为的新型移动设备将失去对安卓的更新访问权限，只能使用安卓开源版本。对于这一点，华为在中国境内的销售不会遭受过多影响，但是对于华为手机的海外市场，无异于晴天霹雳。当时华为表示，安卓作为智能手机操作系统一直是开源的，华为作为重要的参与者，为安卓的发展和壮大作出了非常重要的贡献，华为有能力继续发展和使用安卓。之后华为公司相关人员曾对外表示：华为有属于自己的自研操作系统，一旦发生了美国科技巨头不再向其授权的情况，公司不能够再使用这些（来自谷歌和微软的）操作系统的情况下，就会做好启动 B 计划的准备。根据华为披露的 2018 年年报发现实际上华为公司已经为此做好了心理准备，并增加了物料储备。华为公司表示针对极端情况下的供应安全，公司十几年来的创新投入可以确保不会出现重大问题。在华为披露的 2018 年年报中“业务连续性”这一关键词在其中出现了 20 多次。同时还列举了研发和采购阶段的关键举措，制造、物流、备件方面的关键举措，而这在以往的财报中不曾出现过，早在 2014 年的年报中，华为就提到了供应链的潜在风险，虽然华为力求避免单一来源供应商的解决方案，为此华为公司定期进行供应商审核和评估，提前启动替代供应商或重新设计产品以降低风险。华为公司实行多元化的供应策略，通过多技术方案、多供应商选择、多生产基地、多运输路线等手段来保障整个供应链的连续性，根据产品生命周期预测做足了备件储备。值得一提的是，华为历来重视研发投入，在当前国际环境下，为保障云计算、人工智能和智能终端以及面向未来研究与创新、品牌与渠道建设等持续加大投入。华为公司已做好打“持久战”的准备。当然，部分核心供应商的“断供”势必给华为带来“阵痛”，但绝不会让华为“低头”。国产化产业任重道远，我国集成电路产业链和软件开发产业链的能力面临着严峻考验，对我国本土企业而言，机遇与挑战并存。

结合华为断供事件后续发展情况分析华为供应商风险管理方面有哪些值得借鉴的地方。

参考文献

[1] 翟光明．采购与供应商管理［M］．北京：中国物资出版社，2009.

[2] 辛童．中小企业供应商管理实战全书［M］．北京：化学工业出版社，2018.

[3] 冯永华．丰田精益管理：采购与供应商管理（图解版）［M］．北京：人民邮电出版社，2014.

[4] 采购与供应中的合同与关系管理［M］．北京中交协物流人力资源培训中心，译．北京：机械工业出版社，2014.

[5] 雪莉 R. 戈登．供应商评估与卓越绩效：构建指标体系　实现成功业绩［M］．刘玉奇，译．北京：中国财富出版社，2014.

[6] 肯尼斯·莱桑斯，布莱恩·法林顿．采购与供应链管理（原书第 9 版）［M］．胡海清，译．北京：机械工业出版社，2018.

[7] 张旭凤，于杰．供应商管理［M］．北京：中国财富出版社，2014.

[8] 宫迅伟，等．供应商全生命周期管理［M］．北京：机械工业出版社，2020.

[9] 梁勤峰．丰田精益管理：现场管理与改善（图解版）［M］．北京：人民邮电出版社，2015.

[10] 罗伯特·B. 汉德菲尔德，罗伯特·M. 蒙茨卡，拉里·C. 吉尼皮尔，等．采购与供应链管理（第 5 版）［M］．王晓东，刘旭敏，熊哲，译．北京：电子工业出版社，2014.

[11] 彼得·贝利，大卫·法摩尔，巴里·克洛克，等．采购原理与管理（第 11 版）［M］．王增东，王碧琼，译．北京：电子工业出版社，2016.

[12] 宫迅伟，等．采购全流程风险控制与合规［M］．北京：机械工业出版社，2020.

[13] 弗布克管理咨询中心．采购业务全流程风险管控工作手册［M］．北京：化学工业出版社，2020.

[14] 供应链风险管理［M］．北京中交协物流人力资源培训中心，译．北京：机械工业出版社，2014.

[15] 姜珏．我在 500 强企业做采购：资深采购经理手把手领你入行［M］．北京：人民邮电出版社，2020.